指南针
—助学丛书—

| 第二版 · 新形态 |

电子课件 · 视频讲解

文献检索与分析

Research & Analysis of Literature

李楠　陈荣　曾媛　主编

上海交通大学出版社
SHANGHAI JIAO TONG UNIVERSITY PRESS

内容提要

本教材以面向数字化和智能技术应用背景下知识溯源、技能习得、应用创设等素养能力为培育需求，在继承传统文献检索与分析知识体系的基础上，从理论、工具和应用三个层面融入人工智能的技术思维、应用策略以及工具运用中的伦理考量和道德法律问题。全书共 19 章，第 1 章至第 5 章为信息检索基础知识，第 6 章至第 11 章为信息检索工具，第 12 章至第 16 章为信息分析，第 17 章至第 19 章为写作应用。

本教材可供高等院校所有专业的本科生和研究生使用，也可供图书馆等信息服务机构从业人员使用。

图书在版编目（CIP）数据

文献检索与分析：新形态 / 李楠，陈荣，曾媛主编.
2 版. — 上海：上海交通大学出版社，2025.6
ISBN 978 - 7 - 313 - 32759 - 8

Ⅰ. G254.9

中国国家版本馆 CIP 数据核字第 2025E6F218 号

文献检索与分析（第二版·新形态）
WENXIAN JIANSUO YU FENXI (DI-ER BAN · XIN XINGTAI)

主　　编：李楠 陈荣 曾媛
出版发行：上海交通大学出版社　　　　　地　　址：上海市番禺路 951 号
邮政编码：200030　　　　　　　　　　　电　　话：021 - 64071208
印　　刷：上海景条印刷有限公司　　　　经　　销：全国新华书店
开　　本：787mm×1092mm　1/16　　　印　　张：15.5
字　　数：318 千字
版　　次：2021 年 8 月第 1 版　　　　　　印　　次：2025 年 6 月第 3 次印刷
　　　　　2025 年 6 月第 2 版
书　　号：ISBN 978 - 7 - 313 - 32759 - 8　电子书号：ISBN 978 - 7 - 89564 - 339 - 0
定　　价：45.00 元

编写委员会

主 编 李 楠 陈 荣 曾 媛

副主编 （以姓氏笔画为序）

刘 颖 张 红 张 慧 赵 阳

胡 琨 康 健 霍丽萍

你想知道的东西 99% 都在互联网上，

只是你不一定能找得到！

智能时代掌握检索、

获取和分析有效信息的能力，

你将拉开人生的差距！

写在前面 | Preface

本书是一部全面覆盖从文献检索与分析到学术论文写作规范的教材。全书共 19 章，旨在为科研新手及希望提升学术写作能力的学者提供一套系统、实用的知识体系。

第 1 章至第 5 章，为信息检索基础知识，旨在帮助读者重新认识信息获取、分析和利用的过程，以及智能技术在其中发挥的颠覆性作用。第 1 章主要介绍基本概念，包括信息素养、数据素养、人工智能素养，以及信息、知识和情报的区别。第 2 章主要介绍文献检索的匹配方式与检索语言。第 3 章重点介绍文献类型和题录识别。第 4 章主要介绍布尔逻辑检索、截词检索和位置检索方式。第 5 章重点介绍查全率和查准率的计算，以及提高查全率和查准率的方法。

第 6 章至第 11 章，为信息检索工具部分。第 6 章介绍了主要搜索引擎和文献数据库、典型的文献检索工具的基本要素及其特色，以及新型生成式人工智能工具的使用技巧。第 7 章重点介绍了中国知网、万方数据库、WOS、Scopus 等常用检索工具的使用方法，并介绍了维普、读秀、ScienceDirect、SpringerLink、Wiley Online Library 及 PQDT 的特色。第 8 章介绍了化学化工、生物医学、理学信息和社会商科类数据库的使用方法。第 9 章介绍了专利文献的检索方法和检索工具。第 10 章介绍了词典、年鉴、百科全书、人物传记、机构名录等事实性数据的检索方法。第 11 章重点介绍了检索工具使用技巧，包括通过特定作者文献检索、特定主题文献检索、开放网络资源、文献数据库、文献传递。

第 12 章至第 16 章，为信息分析部分。第 12 章从发文、引用和主题角度，重点介绍了信息分析的基本指标。第 13 章重点介绍如何利用检索工具查询期刊评价指标，如何获取高质量期刊，以及如何获取学术图书评价。第 14 章重点介绍如何利用文献数据库、文献信息分析工具进行研究主题分析。第 15 章重点介绍如何进行学者、机构、学科的学术影响力分析，用到的工具包括 WOS、ESI、InCites 数据库。第 16 章主要以案例的形式分享了信息分析的方法，完整的步骤包括背景分析、案例要求、实施过程和案例总结。

第 17 章至第 19 章，为写作应用部分。第 17 章主要介绍学术规范要求和学术不端行为的认定，以及学术出版中人工智能生成内容使用的边界，学术写作部分提供了相关编写规则及学术论文的构成，帮助读者规范写作。第 18 章重点介绍了参考文献管理工具 EndNote 和 AI 科研辅助工具 CNKI AI 学术研究助手、Scopus AI、DeepSeek 等的具体使用。第 19 章主要以案例的形式分享了学术写作的方法，包括如何进行探索性研究和写作准备，如何进行课程论文选题与撰写。

为了帮助读者更好地理解和应用本书中的核心技能，我们制作了相关视频。读者可以在以下页码处，扫描二维码进行收看。相关主题内容及页码如下：

1. GenAI 使用技巧（第 57 面）

2. SciFinder 工具使用指南（第 85 面）

3. 如何进行作者检索（第 126 面）

4. 如何进行主题检索（第 129 面）

5. 如何利用文献数据库进行主题分析（第 150 面）

6. 如何利用文献信息分析工具进行主题分析（第 152 面）

7. 如何利用信息分析方法进行研究热点和学科前沿追踪（第 169 面）

8. 如何利用 EndNote 建立与管理个人文献数据库（第 183 面）

9. 如何利用 GenAI 工具辅助开展科研工作（第 188 面）

10. 如何利用 CNKI AI 学术研究助手收集和分析文献信息（第 201 面）

为了便于教师更好地备课，我们特意制作了电子课件，供有需要的教师扫码下载。此外，本书还特别提供参考文献著录规则和学术论文编写规则电子版，供有需要的读者扫码下载。

电子课件

参考文献著录规则
学术论文编写规则

再版前言 | Foreword to 2nd Ed.

本书初版面市至今已三年多，在这个科技日新月异的时代，三年多来，我们见证了一次次技术的飞跃，感受到一轮轮思维的冲击与理念的碰撞，人工智能技术的蓬勃发展正在以前所未有的深度和广度重塑着人们的生产生活方式，也让文献检索的核心范式面临数智新生态的挑战。毋庸置疑，传统的文献检索知识体系至今仍然是信息素养塑造的根基，"知源""知取"和"知用"的能力核心依旧，但数字化元素的深度融入和智能技术的快速迭代使得我们不得不重新思考当前信息环境下来自知识溯源、技能习得、应用创设等方面的挑战。在 DeepSeek 等生成式人工智能的推动下，信息素养、数据素养向智能素养的延展势不可挡，"会问""能思"和"善创"必将成为新时期核心素养的基本外延。

本书将延用传统文献检索的知识主线，并在此基础上，从理论、工具和应用三个层面融入人工智能的技术思维、应用策略以及工具运用中的伦理考量和道德法律问题。

在理论层面，本书引入智能素养及相关概念，全面呈现新时期素养教育从信息素养、数据素养到智能素养的拓展路径，帮助学习者重新认识信息获取、分析与利用的过程以及智能技术在其中发挥的颠覆性作用。

在工具层面，我们对照传统文献检索的工具化范式，以生成式人工智能的技术原理、工具形式及其功能使用介绍为基础，系统揭示文献检索的智能化范式转变，让学生更加深刻地理解他们所面临的信息生态与技术环境。

在应用层面，我们在完善原有信息分析应用场景的基础上，增加对人工智能技术应用场景的案例化设计，以学术写作应用为基础学习情境，有效接入参考文献管理、人工智能科研辅助等智能化技术的赋能路径，方便读者从实际需求出发科学规范地选用智能化工具。

本次修订过程对初版内容进行了全面审核更新，新增人工智能相关知识内容主要分工如下：第 1 章 张红、李楠；第 6 章 胡琨、李楠；第 17 章 陈荣、李楠；第 18 章 刘颖、赵阳、张慧；第 19 章 赵阳、霍丽萍；附录 张慧；视频制作 康健。

本次修订后的内容基本上完成了从信息素养向智能素养发展的基础知识框架搭建，希望能为学习者通过互联网等多元学习途径的自主式、碎片化学习提供有效的学习支架。

特别感谢从事信息素养教育工作的专家同行一直以来的关心和支持。在教材编写过程中，也得到了同济大学图书馆、上海大学图书馆等兄弟单位的帮助和指导，还有三年多来将此书作为课程教材和参考读物的师生和读者们，在此一并表示诚挚的谢意！

快速变化的信息环境和技术趋势使得信息素养教育的未来充满复杂性和不确定性，本次修订希望能为智能时代能力塑造和素养教育提供启示和借鉴，如有不足疏漏之处，恳切希望专家学者和广大师生读者不吝指正。

2024 年 10 月于华东理工大学

前言 | Foreword

大数据时代,海量数据带来的信息风暴改变了我们的思维方式,也深刻地影响着我们的生活、学习和工作:我们拥有搜索引擎等丰富的信息工具,能够快速获取各种信息,但与此同时,却又不得不面临从大规模信息中进行有效知识发现与利用的难题。由此可见,除了熟练掌握基本的信息获取技能,当今信息社会对信息素养提出了更高的要求,也为传统文献检索的核心理念——"知源""知取"和"知用"——赋予了新的内涵。

本书突破了传统文献检索教材以检索策略为主线、检索工具为主体的知识内容编排模式,将教学内容划分为检索基础、检索工具和信息分析三个部分。其中,检索基础部分包括第 1 章至第 5 章,系统地介绍新时期信息素养能力培育必备的基础知识,书中所涉及概念与定义均有权威的术语审定来源,与时俱进地融入了现代信息社会新环境、新问题给我们带来的新型知识元素,并通过深入浅出的教学实例加深了对有关概念及原理的理解,借助触手可及的真实事件与案例提高教材内容的可读性。检索工具部分包括第 6 章至第 11 章,则更加突出对检索工具基本要素及主要功能特色的归纳和梳理,让学习者能在了解检索工具特点的基础上举一反三,避免了清单式工具介绍导致的"只见树木不见森林"的缺陷,在检索工具介绍的过程中还特别设置了面向化学化工、生物医学、理学信息、社会商科等不同学科大类的专业检索工具推介,以及专利文献检索、事实数据检索等独立章节,方便读者有针对性地选择学习。信息分析部分包括第 12 章至第 16 章,包含了支撑数据素养的知识储备和方法指导,系统地总结了基本信息分析指标,并结合常见的分析应用场景,包括了学术出版物评价、研究主题分析、学术影响力分析等内容,以实用案例为牵引将与分析方法相关的知识点融入具体的检索与分析过程,帮助学习者轻松掌握常用的信息分析技巧。

在教材的编写中,李楠承担全书的策划、组织、统筹工作,李楠、陈荣、曾媛、霍丽萍承担教材大纲修订工作,李楠、陈荣、曾媛、霍丽萍、刘颖、张红、胡琨共同承担审稿和统稿工作,全书各章节分工如下:

检索基础:第 1—2 章 张红、李楠;第 3—5 章 曾媛。

检索工具:第 6、8、10—11 章 李楠;第 7 章 胡琨;第 9 章 陈荣。

信息分析:第 12 章 陈荣、李楠;第 13—15 章 刘颖、李楠;第 16 章 霍丽萍。

附录 1 文献检索报告:胡琨、陈荣;附录 2—3 和索引:李楠。

案例提供:张慧、毛静华、吉久明、朱世琴、严素梅、洪道广、周莉。

特别感谢华东理工大学图书馆对本次教材编写工作的支持及馆领导一直以来对信息素养教育工作的关心和指导。教材编写过程中还得到华东理工大学图书馆教学指导委员会专家孙济庆、吉久明、刘云老师以及文献检索任课教师团队的大力支持和指导帮助,在此谨向各位老师表示衷心的感谢!上海交通大学出版社一直密切关注并大力支持文献检索教材建设,对书稿进行了认真而细致的编辑加工工作,贡献良多,借此机会一并表示诚挚的谢意!

本教材凝聚着全体编者的心血与积累,但由于所涉及知识内容和学科领域广泛,书中难免有疏漏与不足之处,敬祈专家学者和广大师生读者多提宝贵意见和建议。

2021 年 5 月于华东理工大学

目 录 Contents

附件

1. 扫码获取文件

（1）参考文献著录规则
（2）学术论文编写规则

2. 扫码看视频

第 57、85、126、129、150、152、169、183、188、201 面

3. 扫码获取本书思考题

第 1 章 基本概念

提升信息素养是文献检索学习的重要目标,在真正接触文献检索的知识范畴和技能要素之前,我们首先来了解信息素养、数据素养、智能素养,同时对与文献相关的信息、知识与情报等基本概念有更清晰的认识,为本书后续内容的学习做好准备。

本 章 重 点

◇ 了解基本内涵:信息素养、数据素养、智能素养

◇ 理解概念与区别:信息、知识、情报

1.1　信息素养

随着科学技术环境的发展与社会信息化水平的提高,信息素养已经成为现代信息环境要求人们具备的基本素养,其重要性已经得到世界各国的普遍认可。

"信息素养"最早由美国信息产业协会主席保罗·泽考斯基(Paul Zurkowski)于 1974 年提出,他认为具备信息素养的人能够在掌握信息工具的使用和熟悉主要信息源的基础上解决实际问题。1989 年,美国图书馆协会(American Library Association,ALA)提出了目前普遍认同的信息素养定义:能够充分地认识到何时需要信息,并有能力去有效地获取、评价和利用所需要的信息。

在此基础上,美国大学与研究图书馆协会(The Association of College and Research Libraries,ACRL)于 2000 年首次制定了《高等教育信息素养能力标准》,明确了具有信息素养能力的学生应达到的基本标准,包括:能确定所需要信息的性质和范围,能有效而又高效地获取所需要的信息,能批判性地评价信息及其来源并能把所遴选出的信息与原有的知识背景和价值系统结合起来,能有效地利用信息达到某一特定的目的。该协会还在 2015 年更新了此标准,进一步提出《高等教育信息素养框架》,明确了信息素养的内涵是对信息的批判性发现、对信息如何产生和评价的理解、利用信息创造新知识并合理参与学习团体等一系列综合能力。

具体而言,信息素养可以从信息意识、信息能力和信息伦理等三个方面来理解。

(1)信息意识。信息意识是人们对信息的感知和需求的反映,通过使用信息工具和其他信息技术手段来解决自己工作、生活中的问题的意识,包括对信息的感受力、判断能力和洞察力等。能够敏锐地捕捉有用的信息,能够充分利用各种信息渠道发挥信息的作用,都是具备较强信息意识的表现。

（2）信息能力。信息能力泛指人们在解决问题时查找、获取并利用信息的技术和技能，是信息素养的核心内容。人们只有具备一定的信息能力，才能在海量信息中有效地识别、获取、处理和利用信息，从而提高学习和工作效率。我们可以从"知源、知取、知用"三个层面来理解信息能力：

知源是指识别和选择适当信息源的能力，能够根据信息需求确定有效的信息获取途径。

知取是掌握必要的信息检索技能，能够快速而准确地利用各种资源和工具查询并获得所需信息的能力。

知用则包含了评价和鉴别信息的能力、管理和分析信息的能力以及合理利用与传播信息的能力。

（3）信息伦理。信息伦理是人们从事信息活动的共识性准则，是调整人与人以及个人与社会之间信息关系的行为规范和基本原则，决定信息生态环境的构建和信息开发、信息传播、信息管理和利用等方面的道德规范。近年来，随着互联网的快速发展和信息环境的变化，各种信息伦理问题层出不穷，信息犯罪、信息侵权、网络暴力、信息污染等严重影响我们的生活。信息伦理教育已成为信息素养教育的重要内容，人们应当从自身做起，自觉遵守信息伦理，构建良好健康的信息环境，自发、自主抵制各种信息活动中的伦理失范乃至违法行为。

案例 1－1　借助图书馆门户快速熟悉图书馆的资源和服务

某大学新生刚入校就被图书馆舒适的学习环境和丰富的图书资源吸引住了，为了更好地利用图书馆，该同学通过图书馆门户网站深入了解了图书馆的资源和服务，同时关注图书馆微信公众号，及时掌握图书馆发布的最新资讯。该同学很快学会了利用图书馆提供的各项服务，安排好时间参加各项活动，极大地丰富了学习生活。

分析：目前大多数图书馆通过网页版和移动端的门户系统提供各类资源介绍和服务入口，提前了解有关信息能够给同学们的学习生涯带来很多便利。

案例 1－2　从信息线索到文献获取

2014 年 2 月 12 日，新华社刊发了一则科技新闻：德国研究人员研发出一种坚固的微结构轻质材料，单位质量承重能力超过高强度钢。卡尔斯鲁厄理工学院的研究人员受到骨头与蜂窝的启发，研发出这种多孔和非实心的壳体结构轻质材料，坚固且不易破裂。这种材料的密度小于水，抗压强度为 280 兆帕，承重能力超过骨头、实心钢或铝，最新研究成果已发表在美国《国家科学院学报》上。根据这则新闻，某同学希望进一步了解该成果的技术内容，因此借助百度搜索引擎，利用"德国""微结构""轻质材料"等关键词进行了相关文献的检索和原文获取。

分析：本案例中提及的科技新闻包含了大量的信息线索，比如技术关键词（微结构、轻质材料）、研发地（德国）、研发机构（卡尔斯鲁厄理工学院）、出版物（美国《国家科学院学报》）等，可根据这些信息线索获取报道该技术的原始文献。

案例 1-3　规范使用数据库资源

某高校发布了如下通告：

最近，频繁出现 ScienceDirect、ACS、Lexis 等数据库恶意下载的情况。在数据库出现过量下载之后，数据库商均采取了对我校多个 IP 段停用的措施，导致我校大量师生无法正常使用此数据库，学校声誉受损。敬请有关读者立即停止过量下载行为，正确合理使用数据库。

分析：各单位已购买的文献数据库仅限于浏览、个人学习和以研究为目的的少量下载与暂时保存，用户只拥有使用权。对商业数据库资源中的数据记录、文献全文等进行未经允许的批量下载、连续下载以及借助工具进行自动检索和下载都属于恶意下载行为，会导致非法使用者或其所在单位对于相关资源的访问权停止或冻结，严重时非法使用者所在单位将会因侵权行为被起诉。

1.2　数据素养

当今的信息社会，数据逐渐成为一切定性或定量描述的数字、文本、符号、图像、视频等的统称，从传统的专业化数据的生产，如科研数据、财务数据、社会调查数据等，到如今全媒体环境中各种信息行为数据的产生，如社交网络数据、互联网访问数据等，数据的范畴正在不断扩大。

与此同时，对于数据的开发与利用也越发引人关注，从大数据预测推动公共卫生变革，到数据思维助推商业智能的发展，数据已然成为人们获得新认知、创造新价值的源泉。正如维克托·迈尔-舍恩伯格（Viktor Mayer-Schonberger）在《大数据时代》（*A Revolution That Will Transform How We Live，Work，and Think*）一书中写道："当今社会所独有的新型能力：以一种前所未有的方式，通过对海量数据进行分析，获得有巨大价值的产品和服务，或深刻的洞见。"

数据无处不在，人们是数据的生产者，也是数据的使用者。查找数据、获取数据、利用数据的意识与能力成为人们从大数据环境中获益的前提，由此形成的数据素养也作为信息素养在大数据时代的一种延续和扩展，成为人们在学习、工作和生活中必备的基本素养。关于数据素养的概念目前尚未形成统一的认识，但一般认为其主要体现为：具备数据意识和数据敏感性,能够有效且恰当地获取、分析、处理、利用和展现数据,并对数据具有批判性思维的能力。[①]

案例 1-4　微软与谷歌的拼写检查

　　为了规范用户的文字输入,微软为 Word 软件开发了强大的拼写检查程序,其基本原理是根据词典比对用户输入的字符串进行词汇拼写错误判断,为此微软每年需要花费数百万美元保持词典的持续更新。谷歌同样为其搜索引擎工具提供拼写检查器,但其更多地依赖搜索引擎用户在查询输入过程中的拼写记录数据,借助统计模型对高频词汇进行分析处理后用于拼写检查,几乎是"免费"地获得了可持续的拼写检查支持,同样获得良好的效果。

分析：用户的网络信息行为记录是一种宝贵的数据资源,用户输入的信息、浏览的页面、停留的时间等,虽然被称为"数据废气",但却可以循环利用以改善现有服务或开发新服务。目前,有意识地从数据中提取信息已成为业界共识,并广泛应用于语音识别、垃圾邮件过滤、在线翻译等,充分发挥数据的深层价值。培养个人的数据意识包含了对与自己学习、工作或生活相关的数据敏感性,能够关注并发现有用的数据,同时也要注意数据使用过程中的安全与规范。

案例 1-5　坐姿研究与汽车安全系统

　　日本先进工业技术研究所的越水重臣教授长期专注于驾驶坐姿研究,通过压力传感器等设备采集车辆乘坐人的坐姿信息并深入研究其在汽车防盗、安全预警等领域的应用。比如:系统利用身形、姿势、质量分布等数据建立乘坐人特征模型,能实现高准确度的身份识别,用于汽车防盗系统的驾驶员身份判别;也可以利用事故发生过程的乘坐人姿态变化情况,进行行驶安全与坐姿特征的相关性分析,提供行驶过程的安全预警机制。

分析：从数据中提取有用知识并加以应用需要一系列的技能和技术,涉及数学、统计学及计算机科学等多学科的融合,包含了数据获取、数据存储与管理、数据安全、数据分析及数据可视化等,由此也形成了"数据科学"这一新兴学科。具备基本的数据能力是数据素养的核心,也是进一步利用数据的前提。

---

① 郝媛玲,沈婷婷.数据素养及其培养机制的构建与策略思考[J].情报理论与实践,2016,39(1):58-63.

案例 1-6 科学知识图谱视角下的科学研究

科学知识图谱(mapping knowledge domain)是指对科学文献信息进行数据化处理,借助于统计学、图论、计算机技术等手段,以可视化的方式来展示科学学科体系的内容结构、学科特点、研究前沿等的计量学方法。CiteSpace、VOSviewer 等都是常见的科学知识图谱绘制工具。目前科学知识图谱已成为常用的定量研究方法,普遍应用于各研究领域,尤其受到管理学、图书情报等学科的青睐。

以期刊论文《国外创新生态系统研究热点与演进脉络——基于科学知识图谱视角》为例,该文献以 Web of Science(WOS)数据库中的 272 篇创新生态系统领域文章为研究样本,运用 CiteSpace 软件绘制了关键词聚类图谱(见图 1-1),展示创新生态系统领域的研究热点。[①]

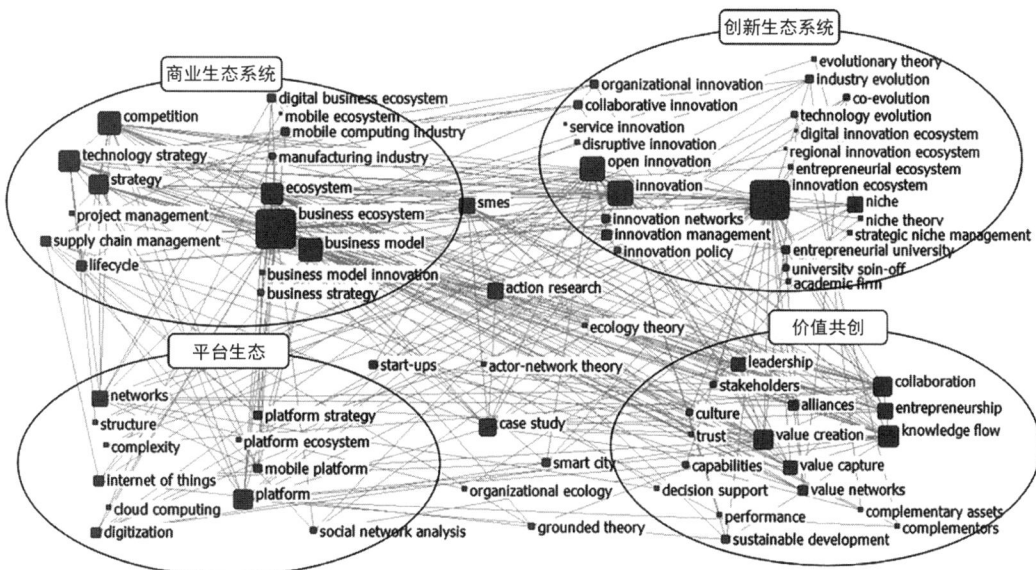

图 1-1 创新生态系统研究的关键词聚类图

1.3 人工智能素养

人类社会已进入第四次工业革命,以人工智能为代表的先进技术成为新一代科技革命和产业变革的重要驱动力量,深刻影响着政治、经济、文化等各个领域。智能技术的社

---

① 解学梅,余生辉,吴永慧. 国外创新生态系统研究热点与演进脉络——基于科学知识图谱视角[J].科学学与科学技术管理,2020,41(10):20-42.

会化丰富了信息的生成、传播以及获取等方式,"信息—知识—智能"的转化也为人类素养发展提供了新的目标与方向,人工智能(artificial intelligence,AI)素养,又称"AI 素养",成为信息素养在数智环境下的进阶表征。对此,联合国教科文组织提出所有公民及社会各个层面都需要具备一定程度的 AI 素养,以适应新环境变化与时代发展要求。[①]

目前关于 AI 素养的概念尚未形成统一的认识,有学者将 AI 素养定义为一组能力,使个人能够批判性地评估人工智能技术,与人工智能有效沟通和协作,并将人工智能作为线上、家庭和工作场所的工具。[②] 也有学者从 AI 素养教育内容的研究视角将其划分为 AI 认知、AI 技能、AI 应用、AI 伦理四个组成部分。[③] 伴随人工智能技术的泛在应用,日常学习和生活所需的知识技能正转向强调更具适应性的通用人机协同能力,如批判性思维、创新创造力和终身学习能力等,AI 素养也随之发展为一系列个体综合素质的集合。

案例 1-7 生成式人工智能使用规范

2023 年 9 月,联合国教科文组织发布《生成式人工智能在教育与研究中的应用指南》(Guidance for Generative AI in Education and Research),是 ChatGPT 出现后的首份国际层面规范生成式人工智能相关内容和行为的指导性文件,随后生成式人工智能在教育和研究中的使用规范逐渐明确细化。

例 1:多所高校陆续推出关于在教育与教学中规范使用生成式人工智能的报告或指南,如康奈尔大学 2023 年 7 月发布《生成式人工智能教育与教学使用指南》(Generative Artificial Intelligence for Education and Pedagogy)提供将生成式人工智能工具融入教学和学习的指导方针与建议,包括教学过程中常见的工具应用场景以及在不同类型课程中的应用。上海交通大学于 2023 年 6 月发布的《生成式人工智能教师使用指南》、华东师范大学传播学院与北京师范大学新闻传播学院于 2024 年 7 月联合发布的《生成式人工智能学生使用指南》,分别面向教师和学生提供教学和学习过程中规范使用生成式人工智能工具的指导性建议。中国传媒大学、福州大学等高校专门出台了针对毕业论文(设计)中规范使用人工智能的相关规定细则。

例 2:开展负责任的科学研究是国际社会科技治理的广泛共识,2023 年 12 月科技部监督司发布《负责任研究行为规范指引(2023)》[④],旨在为引导科研人员和科研机构、

---

① 联合国教科文组织(UNESCO). 人工智能与教育:政策制定者指南[EB/OL]. [2024 - 08 - 01]. https://unesdoc.unesco.org/ark:/48223/pf0000378648.

② LONG D, MAGERKO B. What is AI literacy? competencies and design considerations[C]. Proceedings of the 2020 CHI conference on human factors in computing systems. Honolulu, HI, USA: ACM, 2020:1 - 16.

③ 黄如花,石乐怡,吴应强,等. 全球视野下我国人工智能素养教育内容框架的构建[J]. 图书情报知识,2024,41(3):27 - 37.

④ 科技部监督司. 负责任研究行为规范指引(2023)[EB/OL]. [2023 - 12 - 22]. https://www.most.gov.cn/kjbgz/202312/W020231221582942330036.pdf.

高等学校、医疗卫生机构等规范开展负责任的科学研究提供实践指南。该指引提出了开展负责任研究应普遍遵循的科学道德要求和学术研究规范,其中特别从研究实施、数据管理、成果署名与发表、文献引用等方面对如何依规合理使用生成式人工智能作出了具体指引,如:"依规合理使用生成式人工智能参与研究实施","依规合理使用生成式人工智能处理文字、数据或学术图像,防范伪造、篡改数据等风险","不得直接使用未经核实的由生成式人工智能生成的参考文献","生成式人工智能不得列为成果共同完成人","应在研究方法或附录等相关位置披露使用生成式人工智能的主要方式和细节"等。

1.4　信息、知识与情报

(1)信息。广义的信息是指客观事物存在、运动和变化的方式、特征、规律及其表现形式,而狭义的信息是指用来消除随机不确定性的东西。

(2)知识。知识是与使用者的能力和经验结合在一起的信息,或通过学习、实践或探索所获得的认识、判断或技能用以解决某个问题或创造新的知识。

(3)情报。情报有两种含义:一是被视为等同于"信息"(information);二是关于某种情况的报告,通常具有机密性质或对抗和竞争性质(intelligence)。而在管理科学领域,情报则被定义为针对特定需求被激活的知识。常见的情报包括领域研究进展信息、竞争对手信息、政策法规信息、市场信息、消费者信息、股市行情等。其中,竞争情报是指关于竞争环境、竞争对手和竞争策略的信息与研究。著名的竞争情报分析方法有专利分析法、关键成功因素、SWOT方法、定标比超法、价值链分析法、情景分析法等。

案例 1-8　信息、知识与情报

例1:1935年,瑞士作家伯尔托尔德·雅各布出版了一本名为《战斗情报》的小书,向外界披露了德军的内幕。书中详尽地描述了德国军队的组织结构,包括各级司令部、各师和各军管区的番号、编制、装备、人数、驻扎地点,还有过百名陆军各级指挥官的姓名、年龄、经历和任职时间等,甚至还谈到了最新成立的装甲师。值得深思的是,这些情报的来源都是公开发行的报纸等出版物,雅各布从一些新闻报道甚至讣告、启事等内容中收集了大量的信息,结合其对军队编制等背景知识的了解,整理出了军队组织状况及部署的清晰描述,其情报的准确性震惊世界。

例2：施乐公司是美国复印机产业的巨人，一直在世界复印机市场上保持垄断地位，而在20世纪70年代末，由于忽视全球性竞争威胁，同时受日本佳能公司的低成本销售策略影响，施乐公司的复印机全球市场份额从83%锐减到35%。由此施乐公司开展了大量竞争情报研究，通过对佳能公司等竞争对手的信息收集和对比分析，重新调整了复印机产品的开发战略和战术，降低生产成本，提高产品质量，最终重新夺回了市场份额。

第 2 章　文献与文献检索

本 章 重 点

◇ 掌握文献的内涵及其特征
◇ 熟悉文献检索及其基本原理
◇ 了解相关性匹配及主要匹配方式
◇ 掌握常用的分类检索语言、主题检索语言与
　代码检索语言

文献是用文字、图形、符号、声频、视频等技术手段记录人类知识的一切载体,其中不同类型的科技文献在科学研究和技术创新中发挥着十分重要的作用,也是本书主要关注的对象。

2.1　文献及其特征

为了便于获取文献,人们对文献的特征进行标引,可分为内容特征与外部特征,其中内容特征是指与文献内容所表述的主题、观点相关的特征,如题名、关键词、分类等;外部特征是指内容特征以外的文献其他相关特征,如作者、出版者、出版物名称、作者单位、出版日期、文献类型等。检索的过程就是依据文献的内容特征和外部特征作相关性匹配的过程,文献的内容特征与外部特征共同组成文献的检索入口,满足用户的文献检索需求。以中国知网(CNKI)数据库中检索到的期刊论文为例(见图 2-1),其内容特征包括文献题名、关键词、分类号、专辑、专题等,外部特征包括作者、作者单位、来源出版物(期刊名)、出版年、卷、期等。

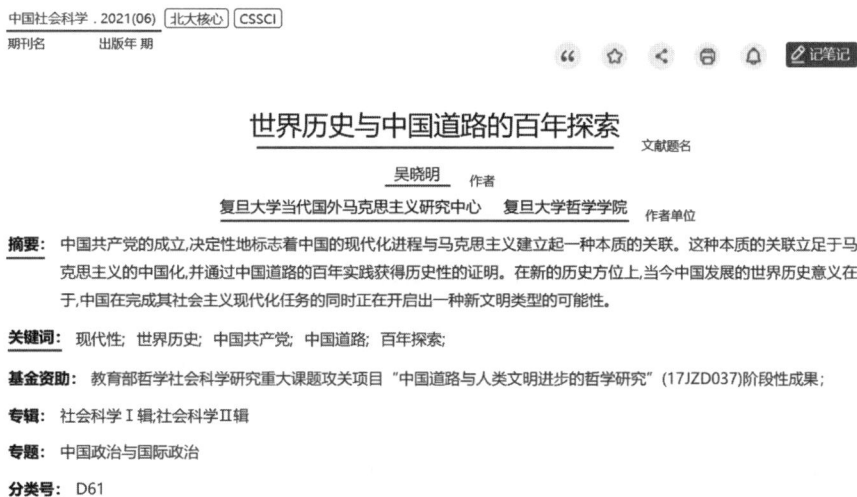

中国社会科学 . 2021(06) [北大核心] [CSSCI]
期刊名　　出版年 期

" ☆ < 🖨 🔔 ✐记笔记

世界历史与中国道路的百年探索
文献题名

吴晓明　作者

复旦大学当代国外马克思主义研究中心　复旦大学哲学学院　作者单位

摘要: 中国共产党的成立,决定性地标志着中国的现代化进程与马克思主义建立起一种本质的关联。这种本质的关联立足于马克思主义的中国化,并通过中国道路的百年实践获得历史性的证明。在新的历史方位上,当今中国发展的世界历史意义在于,中国在完成其社会主义现代化任务的同时正在开启出一种新文明类型的可能性。

关键词: 现代性; 世界历史; 中国共产党; 中国道路; 百年探索;

基金资助: 教育部哲学社会科学研究重大课题攻关项目"中国道路与人类文明进步的哲学研究"(17JZD037)阶段性成果;

专辑: 社会科学Ⅰ辑;社会科学Ⅱ辑

专题: 中国政治与国际政治

分类号: D61

图 2-1　期刊文献的常见内容特征和外部特征

2.2　文献检索

文献检索（information retrieval）是指运用一定的策略和技术获取文献的过程，具体来讲就是用户以满足特定检索条件的文献为目的，运用一定的检索技术，借助检索工具通过信息线索查找文献的过程（见图 2-2）。文献检索过程中，用户需要思考如何根据文献需求确定检索条件、选择合适的检索工具等，而如何根据信息线索组织文献及反馈合适的目标文献作为检索结果则是检索工具需要解决的问题。

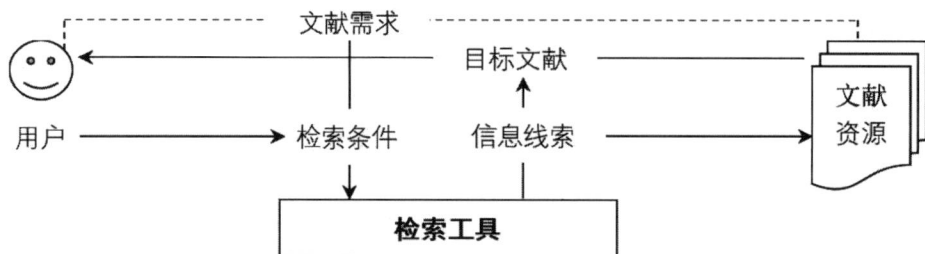

图 2-2　文献检索基本原理

2.3　相关性匹配

文献检索的实现过程就是用户的检索条件与检索工具中的文献特征标识进行相关性匹配的过程，特征标识与检索条件一致的文献就是检索的命中结果，即检出文献。按照匹配方式可分为形式匹配和语义匹配。

2.3.1　形式匹配

形式匹配一般不考虑检索词的语义，只要求目标文献的被检索字段与检索词进行形式上的匹配，可以分为精确匹配和模糊匹配。精确匹配是指目标文献满足"被检索字段的内容和形式与检索词完全相同"，模糊匹配则包括截词符匹配、自动分割匹配、邻近匹配及词频匹配等多种类型。

例如，在万方数据库中检索题名中包含"计算机信息检索"的文献，如果选择精确检索，检索结果只包含完整出现"计算机信息检索"的文献（见图 2-3）。

而如果选择模糊匹配，系统就会采用自动分割匹配模式，检索结果既有完整包含"计算机信息检索"的文献，也有包含"计算机"和"信息检索"的文献（见图 2-4）。

排序：　相关度↓　出版时间　被引频次　　　　　　　　　　获取范围 ∨　显示 20 条 ∨　▦ ▤　< 1 / 4 >

☐ 批量选择（已选择 0 条）　清除　导出　☐ 只看核心期刊论文　　　　　　　　　找到 77 条结果

☐ 1.计算机信息检索对图书情报的影响探究 M
[期刊论文] 王家兵 -《百科论坛电子杂志》2020年16期
摘要：伴随着信息技术发展,计算机已经成为人们生活和工作中重要工具,并且应用于各个领域中,而计算机信息检索作为一种先进信息技术,为图书馆发展提供了技术支持.基于此,本文从图书情报入手,对不停计算机检索技术进行探讨,并分析其对图书情报影响.
计算机　信息检索　图书情报
📖 在线阅读　⬇ 下载　⬈ 导出　　　　　　　　　　　　　　　下载：2

☐ 2.基于情境的混合式计算机信息检索课程教学与改革研究 M
[期刊论文] 杨瑞仙 -《情报探索》2020年6期
摘要：[目的/意义]旨在一流学科专业建设背景下,积极探索信息检索课程情境教学模式,推进课程教学改革,培养数据时代应用型创新人才.[方法/过程]首先进行理论梳理,探讨了情境教学法及计算机信息检索课程的意义和必要性,在考察教学现状的基础上,规划了情境教学改革实践的基本思路与实施步骤,并介绍了具体的教学方案.[结果/结论]将情境教学法...
计算机信息检索　课程改革　情境教学法　混合式授课
📖 在线阅读　⬇ 下载　⬈ 导出　　　　　　　　　　　　　被引：1　下载：9

☐ 3.计算机信息检索对图书情报的影响分析 M
[期刊论文] 黎询洲 -《中国新通信》2020年17期
摘要：伴随科技发展,计算机运用越来越广泛,人们把该种新技术使用在各行业或领域中,计算机信息检索是信息技术中的一种先进技术,在高校图书馆中获得了广泛运用,对图书情报产生了很大的影响,受到社会各界人士所关注,给国家数字图书馆发展提供了条件.本文首先简述了图书情报发展情况,然后分析了计算机信息检索优缺点,最后从信息交流体系构建、文...
计算机信息检索　图书情报
📖 在线阅读　⬇ 下载　⬈ 导出　　　　　　　　　　　　　被引：1　下载：7

☐ 4.计算机信息检索策略的研究 M
[期刊论文] 乔沙沙 -《信息周刊》2019年15期
计算机　信息检索　检索策略　检索程序

图 2-3　万方数据库精确匹配检索结果

排序：　相关度↓　出版时间　被引频次　　　　　　　　　　获取范围 ∨　显示 20 条 ∨　▦ ▤　< 1 / 6 >

☐ 批量选择（已选择 0 条）　清除　导出　☐ 只看核心期刊论文　　　　　　　　　找到 120 条结果

☐ 1.学科交叉视角下的信息检索研究主题演化分析 ——以情报学和计算机科学为例 M
[期刊论文] 杜丽君 -《信息技术与信息化》2020年1期
摘要：学科间的交叉融合形成新兴研究领域,成为推动科技创新发展、催生重大原创成果的主要驱动力.信息检索作为情报学和计算机科学中重要的共同研究领域,对两学科在该领域的交叉主题进行研究,不仅有助于划清学科边界、帮助学者根据自身学科特点进行信息检索领域相关研究,还有助于对学科体系建设提供指导.本文将2000—2019年间两学科的相...
学科交叉　信息检索　主题演化　情报学　计算机科学
📖 在线阅读　⬇ 下载　⬈ 导出　　　　　　　　　　　　　被引：1　下载：18

☐ 2.计算机信息检索对图书情报的影响探究 M
[期刊论文] 王家兵 -《百科论坛电子杂志》2020年16期
摘要：伴随着信息技术发展,计算机已经成为人们生活和工作中重要工具,并且应用于各个领域中,而计算机信息检索作为一种先进信息技术,为图书馆发展提供了技术支持.基于此,本文从图书情报入手,对不停计算机检索技术进行探讨,并分析其对图书情报影响.
计算机　信息检索　图书情报
📖 在线阅读　⬇ 下载　⬈ 导出　　　　　　　　　　　　　　　下载：2

☐ 3.计算机网络信息检索中存在的问题及发展方向探讨 M
[期刊论文] 梁丰 -《信息与电脑》2020年9期
摘要：在当前信息技术高速发展的背景下,信息资源的重要性越来越突出,而网络信息资源作为大数据时代的核心资源,网络信息检索技术逐渐受到了重视.但是,在当前计算机技术以及信息存储、检索系统日益成熟的条件下,网络信息检索出现了一定的问题和缺陷.因此,本文主要阐述计算机网络信息检索的主要方式,分析网络环境对其产生的影响以及计算机网络...
计算机　网络信息检索　问题　发展方向
⬈ 原文传递　⬈ 导出

图 2-4　万方数据库模糊匹配检索结果

2.3.2　语义匹配

不同于形式匹配,语义匹配更强调在理解词语意义的基础上进行相关性匹配,以语义匹配方式检索文献被称为语义检索。在语义检索发展初期,基于概念匹配方式的检索被称为概念语义检索,以相同概念的不同表达形式进行检索。以百度学术搜索引擎为例,当用户搜索有关"维他命 C"的文献时,搜索引擎就会进行语义分析,匹配在语义上相同或相近的词语如"维生素 C""抗坏血酸"等相关文献(见图 2-5)。近年来,语义网技术的发展加快了人类知识的形式化进程,以现代搜索引擎为代表的检索工具纷纷建立知识图谱并引入检索系统,语义检索成为真正理解检索意图的信息搜索过程。比如,用户在搜索引擎中输入"世界上最大的哺乳动物",检索结果不再返回出现检索条件文字的网页,而是直接提供检索问题的答案"蓝鲸"(见图 2-6)。

图 2-5　搜索引擎的概念语义检索

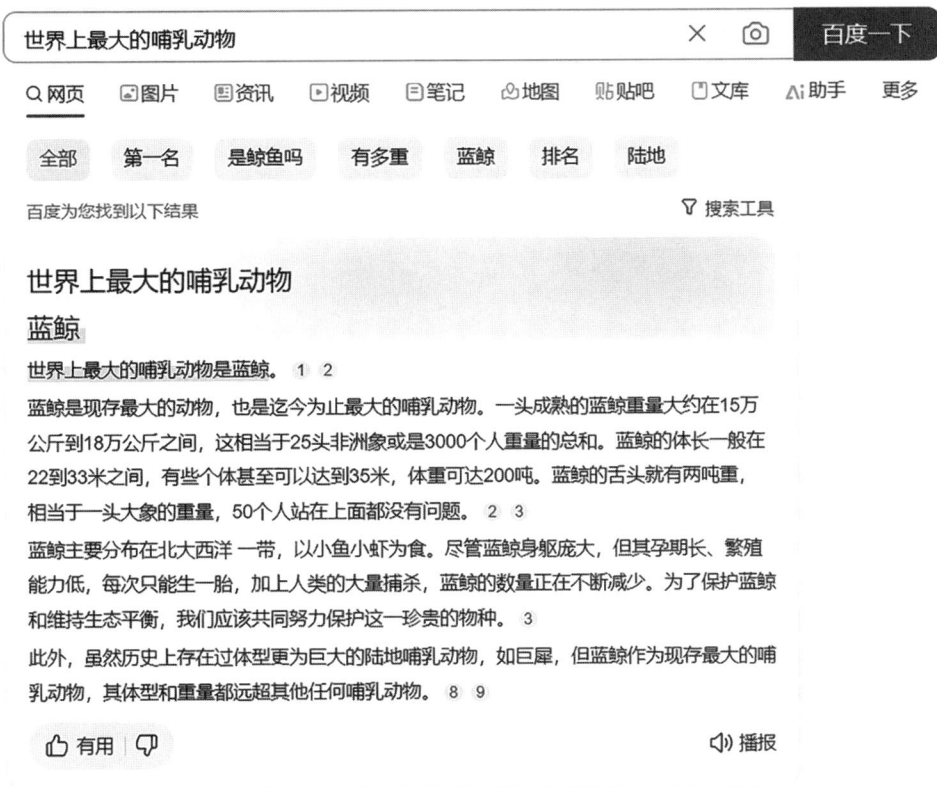

图 2‑6　搜索引擎的语义检索

　　目前在科技文献检索工具中，语义检索主要体现在基于本体或与语义相关概念的相关性匹配。现有的科技文献语义检索系统可划分为：语义查询扩展的检索系统（如 PubMed）、以概念或实体为中心的检索系统（如 GoPubMed）、以关系为中心的检索系统（如 Quertle）以及面向知识发现的检索系统（如 CoPub 5.0）等。[①] 也有检索工具正在尝试使用自动化的文本语义分析提高文献检索效率，如常用的智能语义检索系统 incoPat 全球专利数据库提供技术信息的语义检索功能，在检索界面输入一段描述专利技术权利要求的文本（见图 2‑7），系统会自动进行分词、关键词提取、主题挖掘等文本语义分析，在此基础上返回主题相关度较高的专利，并提供通过智能处理所获得的主题信息项用于进一步优化检索结果，提高检索效率，检索结果如图 2‑8 所示。

---

①　王颖，吴振新，谢靖. 面向科技文献的语义检索系统研究综述［J］. 现代图书情报技术，2015(5)：1‑7.

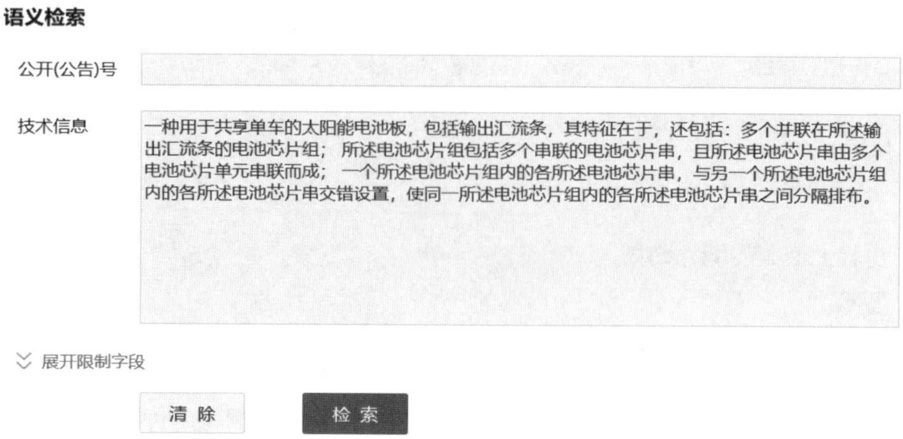

语义检索

公开(公告)号 _____

技术信息 一种用于共享单车的太阳能电池板，包括输出汇流条，其特征在于，还包括：多个并联在所述输出汇流条的电池芯片组；所述电池芯片组包括多个串联的电池芯片串，且所述电池芯片串由多个电池芯片单元串联而成；一个所述电池芯片组内的各所述电池芯片串，与另一个所述电池芯片组内的各所述电池芯片串交错设置，使同一所述电池芯片组内的各所述电池芯片串之间分隔排布。

⌄ 展开限制字段

清 除　　检 索

图 2-7　incoPat 语义检索界面

序号		标题	申请人	公开(公告)号	申请日	申请号	公开(公告)E
1	100%	● 📄 用于共享单车的太阳能电池板 有效 保全	米亚索能光伏科技有限公司;	CN207558814U	20171222	CN201721828796.5	20180629
2	93.4%	● 📄 一种太阳能电池组件及太阳能电池板 有效 保全	米亚索能光伏科技有限公司;	CN206711906U	20170519	CN201720562480.X	20171205
3	92.6%	● 📄 一种新型光学固化光源 失效	苏州灯龙光电科技有限公司;	CN208142213U	20180309	CN201820321330.4	20181123
4	91.0%	● 📄 一种太阳能光伏组件的电路排布方式 审中	天合光能股份有限公司;	CN111755550A	20200628	CN202010598216.8	20201009
5	90.5%	● 📄 光伏组件 有效 权利人变更	苏州阿特斯阳光电力科技有限公司;常熟阿特斯阳光电力科技有限公司;阿特斯阳光电力集团有限公司;	CN211480062U	20191231	CN201922489136.4	20200911
6	89.1%	● 📄 光伏组件 有效	苏州阿特斯阳光电力科技有限公司;常熟阿特斯阳光电力科技有限公司;	CN210897304U	20191225	CN201922355807.8	20200630
7	88.8%	● 📄 光伏组件 有效 权利人变更	苏州阿特斯阳光电力科技有限公司;常熟阿特斯阳光电力科技有限公司;阿特斯阳光电力集团有限公司;	CN211828786U	20191231	CN201922490227.X	20201030
8	88.8%	● 📄 一种共享单车用太阳能电池板 有效 一案双申	上海保真电子商务有限公司;	CN213124455U	20181029	CN201821758365.0	20210504
9	88.6%	● 📄 一种共享单车用太阳能电池板 审中 一案双申	上海保真电子商务有限公司;	CN109346545A	20181029	CN201811265195.7	20190215
10	87.9%	● 📄 一种电动单车用共享定位电池 审中 一案双申	张祥勋;	CN107403891A	20170714	CN201710604356.X	20171128

图 2-8　incoPat 检索结果

2.4　检索语言

　　检索语言是指文献存储与检索过程中用于描述文献特征和用户检索需求的一种专门的人工语言，其实质是检索和标引之间的约定语言，可分为分类检索语言、主题检索语言和代码检索语言。

2.4.1 分类检索语言

分类检索语言是将表示各种知识领域的类目按知识分类原理进行系统排列，并以代表类目的数字或字母符号作为文献主题标识的一类检索语言。它包括体系分类语言、组配分类语言和体系组配分类语言三种形式。

国内外传统的分类检索语言有很多种，面向图书文献的分类法主要有中国图书馆分类法（简称"中图分类法"）、美国国会图书馆分类法（Library of Congress Classification，LCC）、杜威十进制分类法（Dewey Decimal Classification，DDC）等，面向专利文献的分类法主要有国际专利分类表（International Patent Classification，IPC）、联合专利分类体系（Cooperative Patent Classification，CPC）。

中图分类法是 1949 年以后我国编制出版的具有代表性的大型综合性分类法，也是当今国内图书馆使用最广泛的分类法体系。中图分类法以科学分类为基础，结合图书资料的内容和特点设置五个基本部类，并在此基础上划分 22 个大类，并由英文字母 A-Z 表示，下设细分子类目以数字表示。例如，柏拉图的著作《理想国》的中图分类号为B502.232，其分类描述如图 2-9 所示。

中图分类 ／ B 哲学、宗教 ／ B5 欧洲哲学 ／ B502 古代哲学
／ B502.2 希腊奴隶主民主制繁荣和衰落时期（前 5 世纪—前 4 世纪）
／ B502.23 唯心论哲学学派
／ B502.232 柏拉图（Platon，前 427 -前 347）

图 2-9 《理想国》的中图分类描述①

2.4.2 主题检索语言

主题检索语言是直接以表达主题内容的语词作为检索标识，以字顺为主要排列方式，并通过参照系统等方法揭示词间关系的情报检索语言，亦称主题法。以事物和概念为中心集中相关文献资源，表达主题概念直接性强，更适于揭示文献中的新事物。按照主题法的选词方式，主题检索语言可以被分为标题词语言、单元词语言、叙词语言和关键词语言。

（1）标题词语言（标题法）：用规范化之后的自然语言，即经过标准化处理的名词术语作为标识来直接表达文献主题的文献标引与检索方法。

（2）单元词语言（单元词法）：在标题词语言的基础上发展起来的一种基于单元词字面

① 中图分类描述信息可以查阅由国家图书馆出版社出版的工具书《中国图书馆分类法》，也可以借助线上工具查询（https://www.clcindex.com/）。

分解与组配后形成的后组式语言,目的是克服标题词语言先组式标识的不足。

(3)叙词语言(主题词法):指以自然语言词汇为基础、以规范化的叙词(主题词)作为检索标识的文献标引与检索方法。主题词法具有严密的语义关系,在词汇选择和控制、组配技术、利用参照系统显示词间关系技术等方面有很多优势,广泛用于各种主题索引和信息检索系统中。

(4)关键词语言(关键词法):指将文献原来使用、能描述其主题概念的那些具有关键性意义的词抽出,不加规范或只做极少量的规范化处理,按字顺排列,以提供检索途径的文献标引与检索方法。

2.4.3 代码检索语言

代码检索语言是指利用文献中的一些特殊符号组织排列表达文献特征的一种人工语言。文献信息中的代码往往是获取文献最直接、最便利的途径,专业的文献检索工具大多提供代码检索功能,了解代码的类型及其格式能够有效提升检索效率。常用文献代码如表 2-1 所示。

表 2-1 常用文献代码

名　称	说　明	示　例
国际标准书号(ISBN)	适用于图书、手册等出版物的国际编号	978-7-302-51430-5
中图分类号	学科主题分类编码	TP302.7
图书索取号(索书号)	馆藏图书专用编号	TP302.7/6822
国际标准连续出版物编号(ISSN)	适用于期刊、报纸等连续出版物的国际编号	1009-1815
中国专利申请号 中国专利公开号	适用于国内专利	CN201610898992.3 CN101157509A
专利号/申请号	适用于国外专利	US2011120958A1/US62343509A
国际专利分类号(IPC)	适用于专利的技术主题分类编码	C02F9/04
联合专利分类号(CPC)	适用于专利的技术主题分类编码(美欧合作开发)	C02F3/085(EP,US)
标准编号	适用于标准的文献编码	GB/T 36946-2018 GB 28380-2012 ISO 23933-2006 IEEE Std 1680.1-2009

（续表）

名　　称	说　　明	示　　例
数字对象识别号（DOI）	适用于所有数字文献的唯一标识编码	10.3354/meps12437 10.1021/acs.langmuir.7b03574
入藏号	文献数据库所收录文献的唯一标识编码	WOS：000418811000007 EI Accession number：20190506459933
化学物质登记号（CAS Registry Number）	美国化学文摘中报道的物质（化合物、高分子材料、生物序列）、混合物或合金的唯一数字识别号码	2508－19－2

第 3 章　文献类型及题录识别

本章将重点介绍几种常见的文献类型及其特点，学会识别检索工具中不同文献类型的题录信息，以及参考文献的著录格式。

本 章 重 点

◇ 了解相关概念：题录、参考文献、著录格式
◇ 熟悉常见文献类型及其著录格式
◇ 学会识别与区分不同文献类型的参考文献及文献数据库著录信息

3.1　相关概念

（1）题录：指一组著录项目形成的反映某一文献形式特征的记录。以刊登在期刊、报纸、会议录、文集上的论文为单位描述其形式特征。题录主要包括题名、责任者和出处等项目，用户通过浏览题录可以快速了解该文献。不同类型的文献特征不同，题录的内容也不尽相同。

（2）参考文献：指在撰写论文过程中，作者引用、转借、参照的前人（包括作者自己过去）公开发表的著作、论文或讲话等文字、音像、电子读物等资料数据。按照国家标准《信息与文献　参考文献著录规则》（GB/T 7714－2015）的定义，参考文献是指"对一个信息资源或其中一部分进行准确和详细著录的数据，位于文末或书中的信息源"。

（3）主要责任者：主要负责创建信息资源的实体，即对信息资源的知识内容或艺术内容负主要责任的个人或团体，包括著者、编者、学位论文撰写者、专利申请者或专利权人、报告撰写者、标准提出者、析出文献的著者等。

（4）著录格式：指著录项目在特定载体（物质形态）上的排列顺序与组合方式，也就是目录款目或记录的表现方式。国家标准 GB/T7714－2015 规定了各个学科、各种类型信息资源的参考文献的著录项目、著录顺序、著录用的符号、著录用的文字、各个著录项目的著录方法以及参考文献在正文中的标注法。文献类型和电子资源载体标识代码如表 3－1 所示。

表 3－1　文献类型和电子资源载体标识代码

文献类型 ［标识代码］	普通图书[M]、期刊[J]、专利[P]、学位论文[D]、会议录[C]、标准[S]、报纸[N]、报告[R]、汇编[G]、档案[A]、数据库[DB]、计算机程序[CP]、电子公告[EB]、数据集[DS]、其他[Z]

（续表）

电子资源载体 ［标识代码］	磁带［MT］、磁盘［DK］、光盘［CD］、联机网络［OL］

3.2　常见文献类型

文献按照出版形式不同可分为图书、期刊、专利文献、学位论文、会议文献、标准文献、科技报告、产品样本、技术档案以及政府出版物等多种类型。常见的文献类型包括图书、期刊、专利文献、学位论文、会议文献、标准文献六种。下面将介绍常见文献类型的特点、参考文献中的著录格式以及文献数据库中的题录信息。

3.2.1　图书

图书是采用文字、图画或其他信息符号，手写或印刷于纸张等载体，用于表达思想并制成卷册的著作物。图书内容一般比较系统、全面、可靠、信息量大，但出版周期较长。图书包括专著（monograph）、丛书（series of monographs）、教科书（textbook）、词典（dictionary）、手册（handbook）、百科全书（encyclopedia）等种类。正式出版的图书具有国际标准书号（International Standard Book Number，ISBN），例如：图书《程序设计技术（C 语言）》的 ISBN 是 978 - 7 - 302 - 51430 - 5。

◎ 图书的参考文献著录格式如下：

[1] 罗伟. 法律文献引证注释规范［M］. 北京：北京大学出版社，2007.

[2] KRONTHALER F，ZOLLNER S. Data analysis with RStudio：an easygoing introduction［M］. Heidelberger：Springer Spektrum，2021.

◎ 数据库中图书题录主要包含：书名、责任者（作者、著者或编者）、出版社、出版日期、ISBN 等信息。

书名：政法类专业论文写作教程
作者：肖勇，蒋政，赵勇
出版日期：2018.01　页数：246
出版社：西南交通大学出版社，成都
ISBN：978 - 7 - 5643 - 6044 - 3
中图分类号：H152.3

书名：Introduction to Neural Networks and Expert Systems
作者：Sylvia Luedeking
出版社：California Scientific Software
出版日期：January 1992
ISBN：9789992698792

3.2.2　期刊

期刊又称杂志（journal，magazine），一般刊载不同著者、译者、编者的不同作品，有固定的名称，以统一的装帧形式，按期序号（卷号、期号）或时序号（月号、季号等）定期出版的文献。与图书相比，期刊具有出版周期短、报道速度快、内容新颖、学科面广、数量大、种类多等特点，是科学研究、交流学术思想经常利用的文献信息资源。国内正式出版期刊的刊号是由国际标准连续出版物编号 ISSN（International Standard Serial Number）和国内刊号 CN 两部分组成，如期刊《胶体与聚合物》的 ISSN 是 1009‐1815，CN 是 42‐1570/TQ。

◎ 期刊的参考文献著录格式如下：

> ［1］耿宏章，王洁，罗志佳，等．氧化石墨烯分散单壁碳纳米管及薄膜的导电性能［J］.天津工业大学学报，2017，36（06）：17‐21，27.
>
> ［2］WIIG K M. Knowledge management［J］. Expert systems with applications，1997，13（1）：1‐14.

◎ 数据库中期刊论文题录主要包括篇名（题名）、作者、作者单位、出处（来源出版物）、出版年、卷、期、页码等信息。

> 篇名：掺杂石墨烯制备方法新进展
>
> 作者：韩军凯，冯奕钰，封伟
>
> 作者单位：天津大学材料科学与工程学院，天津 300072；深圳市公安局刑事科学技术研究所，深圳 518000；天津大学材料科学与工程学院，天津 300072
>
> 出处：天津大学学报，Journal of Tianjin University 2020，53（5），467‐474
>
> ISSN：0493‐2137

> 标题：Plastics recycling：challenges and opportunities
>
> 作者：Hopewell，J（Hopewell，Jefferson）［2］；Dvorak，R（Dvorak，Robert）［1］；Kosior，E（Kosior，Edward）［1］
>
> 来源出版物：PHILOSOPHICAL TRANSACTIONS OF THE ROYAL SOCIETY B‐BIOLOGICAL SCIENCES，JUL 27 2009，364（1526），2115‐2126
>
> DOI：10.1098/rstb.2008.0311
>
> 入藏号：WOS：000267281600012
>
> 地址：［1］［Dvorak，Robert；Kosior，Edward］Nextek Ltd，London WC2A 1HR，England.
>
> ［2］［Hopewell，Jefferson］Eco Prod Agcy，Fitzroy N 3068，Australia.
>
> 电子邮件地址：edkosior@nextek.org

3.2.3　专利文献

专利是受法律规范保护的发明创造，它是指一项发明创造向国家审批机关提出专利申请，经审查合格后向专利申请人授予的在规定的时间内对该项发明创造享有的独占实施权。专利文献狭义上是指由专利局审核后公开出版或授权后形成的专利说明书，广义上还包括说明书摘要、专利公报以及各种检索工具书、与专利有关的法律文件等。

专利文献具有新颖性、创造性和实用性的特点，有助于科技人员借鉴国际先进技术，避免重复劳动，促进信息交流。每个国家都有自己的专利编码体系，如：CN201610898992.3（中国专利）、FR3087698 - A1（法国专利）、CA2963769 - A1（加拿大专利）等。国际上通用的专利分类为国际专利分类（International Patent Classification，IPC），如名称为"废水处理方法"的专利文献，其 IPC 分类号是 C02F9/04。

◎ 专利的参考文献著录格式如下：

[1] 武汉大学，河北省电力公司电力科学研究院. 一种土壤电阻率在线监测系统：中国：CN201220630428.0[P]. 2013 - 06 - 05.

[2] Topcell Solar International Co. Ltd. Apparatus for reducing etching marks on solar cell surface：USA：US 20120261072 A1[P]. 2012 - 10 - 18.

◎ 数据库中专利题录主要包括专利名称、专利类型、申请（专利）号、公开号、申请人、发明人、申请日、公开（公告）日、分类号等信息。

专利名称：一种土壤电阻率在线监测系统
专利类型：实用新型专利
申请（专利）号：CN201220630428.0
公告号：CN202974924U
申请人：武汉大学，河北省电力公司电力科学研究院
发明人：王建国，贾伯岩，方春华，苏红梅，范璇，何瑞东，孙翠英
申请日期：2012 - 11 - 26
公告日期：2013 - 06 - 05
分类号：G01N27/04；G01R27/02
主分类号：G01N27/04
主权项：略　　　　　摘要：略

Title：Method for producing a paper machine clothing
Applicants：VOITH FABRICS PATENT GMBH［DE］
Inventors：SAYERS IAN［GB］
Classifications IPC：D21F1/00；D21F7/08；CPC：D21F1/0036 (EP)；D21F7/083 (EP)；
Priorities：DE102004045087A · 2004－09－17
Application：EP05106918A · 2005－07－27
Publication：EP1637647A1 · 2006－03－22
Published as：DE102004045087A1；EP1637647A1；US2006068119A1

3.2.4　学位论文

　　学位论文是指高等学校或研究机构的学生为取得学位,在导师指导下完成的科学研究、科学试验成果的书面报告。学位论文主要包括博士论文、硕士论文以及学士论文三种,一般具有一定的学术性和独创性,有全面的文献调查,所探讨的问题专业深入、论述系统详尽,具有较高的参考价值,是一种重要的文献来源。

◎ 学位论文的参考文献著录格式如下：

［1］郭佩.地聚物基碳系电热涂料的制备及性能研究［D］.南宁：广西大学,2019.
［2］LIPUS D. Microbiology of hydraulic fracturing wastewater［D］. Pittsburgh：University of Pittsburgh,2017.

◎ 数据库中学位论文题录主要包括论文名称、作者姓名、学位授予单位、学科专业、导师以及学位授予年份等信息。

篇名：糖尿病自身抗体免疫渗滤联检试剂盒的研制及初步应用
作者：李涛
授予学位：硕士
学位授予单位：第三军医大学
学科专业：内科学（内分泌与代谢病）
导师：陈兵
年份：2014

标题：Micronutrients for wastewater treatment
作者：Burgess，Joanna E.
大学/机构：Cranfield University（United Kingdom）
学科：Civil engineering；Environmental engineering；
学位：Ph.D.
来源：Dissertations & Theses
ISBN：978－0－355－89445－5
出版日期：1999
页数：254
语言：English

3.2.5　会议文献

　　会议文献是指在学术会议上宣读和交流的论文、报告及其他有关资料。会议文献具有内容丰富、新颖、信息量大、专业性强等特点,能及时体现有关领域的最新进展和研究前沿,是了解国际科技水平、动态及发展趋势的重要情报来源。

◎ 会议文献的参考文献著录格式如下:

[1] 乔国强. 中西叙事理论研究:第六届叙事学国际会议暨第八届全国叙事学研讨会论文集[C]. 上海:上海外语教育出版社,2019.

[2] SCHOFIELD M L. Earthcare:global protection of natural areas:proceedings of the fourteenth biennial wilderness conference[C]. London:Routledge,2019.

◎ 数据库中会议论文题录主要包括论文题名、作者、会议名称、会议时间、会议地点、会议赞助商、会议录来源等信息。

题名:大型汽车集团推进全面新能源汽车战略的改革实践
作者:徐和谊,张夕勇,杨钧,李春华,张健,刘乐,张先喆,张旭,安永德,贾苗苗
作者单位:北京汽车集团有限公司
会议名称:2019 中国企业改革发展峰会暨成果发布会
会议时间:2019 - 12 - 16
会议地点:中国北京

标题:Characteristics Evaluation of PVC Gel Actuators
作者:Ogawa,N(Ogawa,Naoki);Hashimoto,M(Hashimoto,Minoru);Takasaki,M(Takasaki,Midori);Hirai,T(Hirai,Toshihiro)
来源出版物:2009 IEEE-RSJ INTERNATIONAL CONFERENCE ON INTELLIGENT ROBOTS AND SYSTEMS 页:2898 - 2903　出版年:2009
DOI:10.1109/IROS.2009.5354417
文献类型:Proceedings Paper
会议名称:IEEE RSJ International Conference on Intelligent Robots and Systems
会议日期:OCT 10 - 15,2009
会议地点:St Louis,MO

3.2.6 标准文献

标准是一种规范性的文件,是在生产或科学研究活动中对产品、工程或其他技术项目的质量品种、检验方法及技术要求所作的统一规定,是生产技术活动中经常利用的一种情报信息源。按内容划分有基础标准、产品标准、方法标准、安全卫生标准等,按成熟程度划分有法定标准、推荐标准、试行标准,按使用范围可分为国际标准、区域性标准、国家标准、专业标准和企业标准等五大类型。每一种技术标准都有统一的代号和编号,通常由"国别(组织)代码+顺序号+年代"组成。

《中华人民共和国标准化法》将标准划分为四种,分别是国家标准、行业标准、地方标准和企业标准。我国的标准编号由大写汉语拼音字母构成的标准代号、标准发布顺序号和发布年代三部分组成。

$$\text{GB 28380-2012}$$

标准代号 ← 标准发布顺序号 → 发布年代

其中,国家标准由国家标准化管理委员会编制计划、审批、编号、发布,包括强制性国家标准(如 GB 28380‐2012)和推荐性国家标准(如 GB/T 36946‐2018)。行业标准是对没有国家标准而又需要在全国某个行业范围内统一的技术要求所制定的标准,如《电子元器件详细规范》(SJ/T 10852‐1996)是电子行业推荐性标准,《承压设备无损检测》(JB4730‐2016)为机械行业强制性标准。对没有国家标准和行业标准而又需要在省、自治区、直辖市范围内有统一的要求,可以制定地方标准。而企业标准则是对企业范围内需要协调、统一的技术要求、管理要求和工作要求所制定的标准,企业产品标准的要求不得低于相应的国家标准或行业标准的要求。

国际上比较著名的 ISO 标准是由国际标准化组织(International Standard Organization)制定并出版的国际标准,共分为九类:①通用、基础和科学标准;②卫生、安全和环境标准;③工程技术标准;④电子、信息技术和电信标准;⑤货物的运输和分配标准;⑥农业和食品技术标准;⑦材料技术标准;⑧建筑标准;⑨特种技术标准。如 Material Used for Producing Wrappings for Cigarette Filters, Cigarettes and Other Tobacco Products — Determination of Acetate Content(ISO 20370‐2009)是关于生产香烟过滤嘴、香烟及其他烟叶产品的包装材料的相关标准。

◎ 标准文献的参考文献著录格式如下:

[1] 冷热水用纤维复合聚丙烯管材:QB/T 5402‐2019[S]. 2019.

[2] IEEE standard test methods for measurement of electrical properties of carbon nanotubes:IEEE Std 1650‐2005[S]. 2005.

◎ 数据库中标准文献题录主要包括标准名称、标准编号、起草单位、实施日期、页数、标准
　分类号等信息。

标准名称：沸腾床渣油加氢外排催化剂处理装置
标准编号：HG/T 5634－2019
起草单位：上海华畅环保设备发展有限公司（后略）
发布日期：2019－12－24
实施日期：2020－07－01
状态：现行
强制性标准：否
开本页数：22
中国标准分类号：G；G93 化工
国际标准分类号：71.120.10；75.180.20

1872－2015－IEEE Standard Ontologies for Robotics and Automation
Publisher：IEEE
Status：Active — Approved
Date of Publication：10 April 2015
Electronic ISBN：978－0－7381－9650－3
ICS Code：25.040.30 35.240.50 — Industrial robots. Manipulators IT applications
in industry
DOI：10.1109/IEEESTD.2015.7084073
Persistent Link：https://ieeexplore.ieee.org/servlet/opac? punumber＝7084071

3.2.7　科技报告

　　科技报告是科技人员从事某一专题研究取得的成果和进展的记录，反映的是新兴科学和尖端科学的研究成果，内容新颖，专业性强，能代表一个国家的研究水平。科技报告大多具有一定的保密特点，不易获取。我国国家图书馆、国防科技信息研究所和上海图书馆等机构拥有相对比较完整的科技报告资源，国际上较为著名的科技报告有源于美国政府的 PB、AD、NASA 和 DE 四大科技报告。

◎ 科技报告的参考文献著录格式如下：

[1] 王文新，王文军，贾海强，等. AlN 衬底制备及 LED 外延技术研究[R]. 2008.

[2] U. S. Department of Transportation Federal Highway Administration. Guidelines for handling excavated acid-producing material：PB 91 - 194001 [R]. Springfield：U. S. Department of Commerce National Information Service，1990.

◎ 数据库中科技报告题录主要包含题名、作者、作者单位、批准年、编制时间、出版年、公开范围等信息。

题名：ACR 创新应用示范
作者：孟赟
作者单位：东方有线网络有限公司
计划名称：国家科技支撑计划
立项批准年：2010
编制时间：2013 - 11 - 27
公开范围：公开
全文页数：66

Title：Making an empty promise with a quantum computer
Authors：Chau，H.F.；Lo，Hoi-Kwong
Author affiliation：HP Lab Bristol，Bristol，United Kingdom
Corresponding author：Chau，H.F.
Source title：HP Laboratories Technical Report，
Issue：97 - 123
Publication Year：1997
Language：English
Document type：Report review（RR）
Publisher：Hwelett Packard Lab Technical Publ Dept，Palo Alto，CA，United States

3.2.8　产品样本

产品样本也称产品资料、产品说明书，是对定型产品的性能、构造、原理、用途、规格、使用方法和操作规程所做的具体说明。产品样本图文并茂，形象直观，出版发行和更新速度较快，可以反映国内外同类产品的技术发展过程、当前的技术水平和发展动向，具有一定的技术价值。

3.2.9　技术档案

技术档案是指针对具体的工程或项目形成的技术文件、设计图样、图表、照片、原始记录及复印件等，包括任务书、协议书、技术经济指标和审批文件、研究计划、研究方案、试验

记录等。技术档案是生产领域、科学实践中用以积累经验、吸取教训和提高质量的重要
文献。

3.2.10　政府出版物

政府出版物是指各国政府及所属机构发表的文件，包括行政性和科技性两大类。根
据性质分为公开资料、内部资料和机密资料三种。其中行政性文件包括政府工作报告、会
议记录、法令、条约、决议、规章制度、调查统计资料等；科技性文件包括科研报告、科普资
料、科技政策、技术法规等。

第 4 章 检索技术

本 章 重 点

◇ 掌握逻辑算符、截词算符、位置检索的含义以及对检索结果的影响

检索技术主要有布尔逻辑检索、截词检索、位置检索、字段检索、加权检索、引文检索等，下面对常见的几种检索技术进行介绍。

4.1 布尔逻辑检索

布尔逻辑检索是采用布尔代数和集合论的方法，使用逻辑与(and)、逻辑或(or)和逻辑非(not)等对检索标识与检索提问进行布尔逻辑运算，获取所需文献的方法。

(1)逻辑与(and)：用来表示所连接的各个检索项的交集，有助于缩小检索范围，提高查准率。如：A and B and C 表示文献中同时包含 A、B 和 C 三个检索条件[见图 4-1(a)]。

(2)逻辑或(or)：用来表示所连接的各个检索项的并集，通常用来连接同义词、近义词或同一种物质的不同种叫法(如简称、俗称、商品名)等，有助于扩大检索范围，提高查全率。如：A or B，表示文献中包含 A 或 B 两个检索条件出现其一[见图 4-1(b)]。

(3)逻辑非(not)：用来排除文献中不希望出现的词，有助于缩小检索范围，提高查准率。如：A not B 表示文献中包含 A，但不包含 B[见图 4-1(c)]。

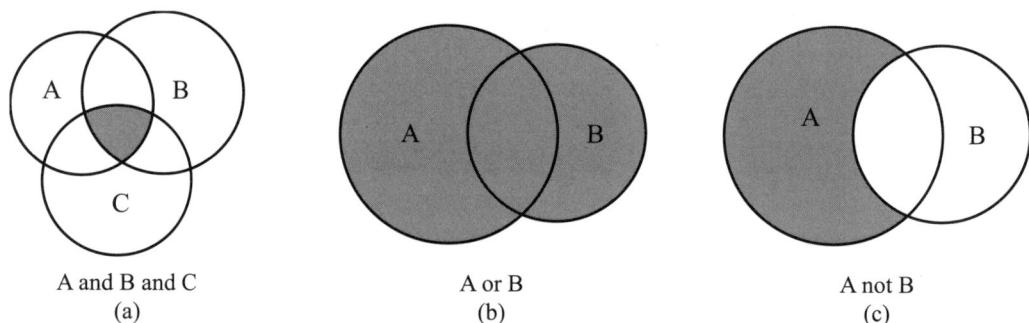

A and B and C
(a)

A or B
(b)

A not B
(c)

图 4-1　布尔逻辑的检索含义

根据检索需要，也可以在检索式中组合使用逻辑与、逻辑或或者逻辑非。如：(A or B) and C 表示文献中含有 A 或 B，同时包含 C[见图 4-2(a)]；(A and B) not C 表示文

献中同时含有 A 和 B,但不包含 C[见图 4-2(b)];(A or B) not C 表示文献中含有 A 或 B,但不包含 C[见图 4-2(c)]。

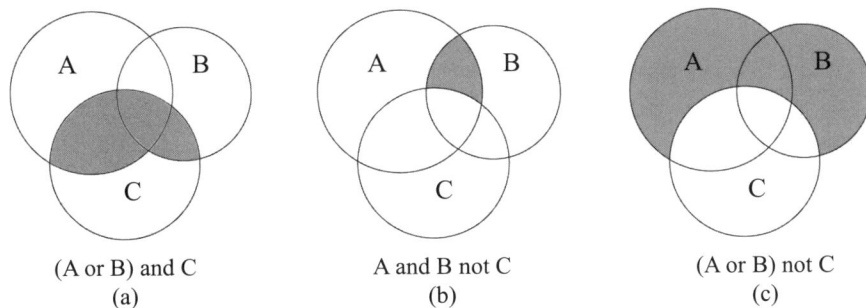

(A or B) and C
(a)

A and B not C
(b)

(A or B) not C
(c)

图 4-2　布尔逻辑的组合检索

4.2　截词检索

截词检索是指使用一个词的局部(如词干、词根)作为检索词进行匹配并输出命中文献的一种检索词局部匹配技术。截词检索有提高查全率、扩大检索范围、减少检索词的输入量等功能,能有效提高检索效率。截词检索通常需要使用截词算符来实现,常用的截词算符包括无限截词和有限截词,可以用 *、?、$ 等符号表示(见表 4-1)。按照截词位置的不同,截词算符也可分为后截词检索(前方一致)、前截词检索(后方一致)、中间截词检索(前、后方一致)以及前后截词(中间一致)等。

表 4-1　截词算符的含义及示例

示　例		含义和符号表示
无限截词	表示无限多个字符,部分检索工具用"＊"表示	enzym＊可查找含有 enzyme、enzymes、enzymatic 和 enzymic 等文献。
		＊computer 可查找含有 computer、macrocomputer、minicomputer 或 microcomputer 等文献。
		col＊r 可查找含有 color、colour、colonizer 或 colorimeter 等文献。
		＊construct＊可查找含有 construction、constructive、reconstruct 等文献。
有限截词	表示有限多个字符,如表示 0 个或 1 个字符等,用"?"或"$"表示	flavo$r 可查找含有 flavor 和 flavour 的文献。
		Barthold? 可查找含有 Bartholdi 和 Bartholdy 的文献。
		l? chee$ 可查找含有 lichee、lichees、lychee、lychees 等文献。

4.3 位置检索

位置检索是运用位置算符来限定检索词与检索词之间的位置关系,检索出来的文献更确切地符合用户需求,提高查准率。

位置检索通常需要使用位置算符来表示,常用的位置算符有 NEAR/n、Pre/n、W/n 等[①],例如:在 Web of Science 数据库中,A NEAR/n B 表示 A 和 B 两个词之间最多间隔 n 个词,词序可以颠倒。在 Scopus 数据库中,A Pre/n B,表示 A 和 B 两个检索词中间最多可插入 n 个词,词序不能颠倒;A W/n B,表示 A 和 B 两个检索词中间最多可插入 n 个词,词序可以颠倒。有些检索条件要求以固定式词组的形式出现,可以使用英文半角的双引号或大括号进行精确检索,例如:检索包含词组 computer control 的文献,可以选择检索式"computer control"或{computer control}。

---

① 本章所涉及检索算符的符号表示具体请参照检索工具的实际检索规则要求。

第 5 章 检索效率及其影响因素

检索效率是人们对检索结果相关性和准确性的评价标准,通常用于衡量检索效率的指标包括查全率、查准率、检索方便性、检索成本与效益等(全、准、快、便、省),其中查全率和查准率更为常用。

本 章 重 点

◇ 了解查全率和查准率的计算方法
◇ 掌握提高查全率和查准率的基本方法

5.1 查全率和查准率的概念及计算

查全率是指在检出结果中,检出的相关文献量占数据库中相关文献总量的百分比。查准率是指在检出结果中,检出的相关文献量占检出的文献总量的百分比。若a＝数据库中相关文献总量,b＝检出的文献总量,c＝检出的相关文献量,查全率和查准率的计算方法如图5-1所示:

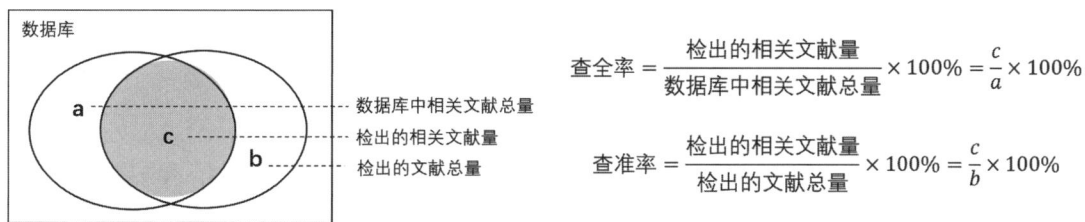

$$查全率 = \frac{检出的相关文献量}{数据库中相关文献总量} \times 100\% = \frac{c}{a} \times 100\%$$

$$查准率 = \frac{检出的相关文献量}{检出的文献总量} \times 100\% = \frac{c}{b} \times 100\%$$

图 5-1 查全率与查准率计算

5.2 提高查全率的方法

在研究性学习或科研创新初期,往往需要全面了解特定领域或方向的研究基础与发展现状,这时就需要尽量保证文献的查全率,下面介绍几种提高查全率的方法。

5.2.1 充分运用概念相同、相近、相反或其他相关的词

用户在编写检索式时要考虑到所有的近义词、同义词、反义词、学名、俗称、全称、简称、新称、旧称等,用逻辑或(or)进行组配检索,才能提高查全率。比如:

（1）检索有关"自行车"的文献充分考虑同近义词。

　　检索式为：自行车 or 单车 or 脚踏车 or 山地车。

（2）检索聚乙烯的相关文献时要考虑到"聚乙烯"的英文拼写有多种形式。

　　检索式为：polyethylene or polyethene。

（3）检索华东理工大学教师发表的文献需要考虑机构的曾用名和现用名。

　　检索式为：华东化工学院 or 华东理工大学。

（4）检索某物体表面粗糙度的检测方法时，发现光滑度或平滑度是从相反的角度反映同一问题。

　　检索式为：粗糙度 or 光滑度 or 平滑度。

5.2.2　充分运用主题词表进行扩展检索

tian wei ji
甜味剂（正式主题词）
　Sweeteners
　TS264.9
　D氨基磺酸钠（代用词/非正式主题词）
　D合成甜味剂（代用词/非正式主题词）
　D食品甜味剂（代用词/非正式主题词）
　Z食品添加剂（族首词）
　S食品添加剂（上位词）
　·安赛蜜（下位词）
　·功能性甜味剂（下位词）
　·糖精（下位词）

图 5-2　中国分类主题词表——甜味剂

充分运用中国分类主题词表中上位词、下位词、代用词以及族首词等进行扩展检索。例如：检索"现代分析技术在甜味剂检测中的运用"，首先要了解现代分析技术具体包括哪些，以及甜味剂在主题词表中的上位词、下位词、代用词以及族首词，再进一步编制检索式。通过检索得知，现代分析技术主要包括生物传感器技术、流动注射化学发光分析技术、分子光谱技术、色谱技术、离子色谱技术等。利用中国分类主题词表查找甜味剂，找到上位词和族首词食品添加剂；代用词包括氨基磺酸钠、合成甜味剂和食品甜味剂；下位词包括安赛蜜、功能性甜味剂、糖精（见图 5-2）。处理好族性检索[①]和特性检索[②]的关系，可编制如下检索式：(生物传感器 or 流动注射化学发光分析 or 分子光谱 or 色谱 or 离子色谱) and（甜味剂 or 食品添加剂 or 氨基磺酸钠 or 合成甜味剂 or 食品甜味剂 or 安赛蜜 or 功能性甜味剂 or 糖精）。

5.2.3　多用单元词，少用多元词

检索时要把课题分拆成多个单元词进行组合检索，可以提高查全率。如检索有关"计算机模型设计"的文献，检索式为"计算机 and 模型 and 设计"。检索有关"聚氨酯泡沫塑料"的文献，如果选择多元词"聚氨酯泡沫塑料"进行检索，就会漏检诸如"聚氨酯改性酚醛

---

①　族性检索是对具有某种共同性质或特征的众多事物、概念的检索，分类搜索引擎是族性检索的首选工具。
②　特性检索是从特定事物或概念出发的检索，是检索者从已知现存的以及至少在某种程度上可叙述的特定项目开始进行的、专指性较强的检索。

泡沫塑料""阻燃聚氨酯软质泡沫塑料研究进展""聚氨酯复合泡沫塑料压缩本构关系"等相关文献。因此,更为合适的检索式应该为"聚氨酯 and 泡沫塑料"。

5.2.4　尽量少用对课题检索意义不大的词

检索文献时,用户尽量少用对课题检索意义不大的词,否则将会限制检索结果,造成漏检。如:展望(趋势、现状、近况、动态等)、应用(作用、利用、用途、用法等)、开发(研究、方法、影响、效率等)、制造(制备、生产、加工、工艺、技术等)、提炼(精炼、提取、萃取、回收、利用等)。如检索"磁场在材料凝固技术中的应用研究现状",合理的检索式为"磁场 and 材料 and 凝固"。

5.2.5　检索字段的选择

字段检索是指系统在限定的字段内进行匹配检索,不同数据库的检索字段不同,比较常见的同类型字段有题名、关键词、摘要和主题等。题名是对主题内容的高度概括,查准率较高,查全率较低。关键词是作者提供的体现文献重点描述主题的词,查准率较高,查全率较低。摘要是对题名的扩充和对文献内容的概括,查全率较高。主题字段通常包含题名、关键词或摘要等(不同数据库主题字段包含的具体字段可能有所不同),可以提高查全率。

5.3　提高查准率的方法

当用户需要准确了解某项具体技术或其他较为明确的检索目标时,就需要考虑提高查准率的检索策略。下面介绍几种提高查准率的方法。

5.3.1　选择更多的检索项

当检索项较少导致检索结果过多,可以在进一步明确检索目标的基础上增加相关检索项。例如,检索"天然维生素 E 提取技术",天然维生素 E 作为一种抗氧化剂,广泛应用在食品、保健品、化妆品、饲料产品等生产领域。如果选择检索式"(维生素 E or 生育酚 or 维 E or 维他命 E) and 提取",检出的文献范围较大。经了解,主要的提取技术有回流提取法、超临界流体萃取技术、超声波强化提取法、微波萃取技术等。为了提高查准率,增加一个检索项(比如具体的提取技术),因此可调整检索式为:(维生素 E or 生育酚 or 维 E or 维他命 E) and(提取 or 萃取) and(超临界流体 or 回流 or 超声波 or 微波)。

5.3.2　合理使用多元词

当使用单元词检索结果过多,用户可以合理使用多元词作为专业术语表达进行检索。

如:检索式"网络 and 信息 and 组织"文献数量过大且查准率很低,可以选择"网络信息""信息组织"或"网络信息组织"等二元或三元词组进行逻辑与的组合检索,提高查准率。

5.3.3　检索字段的选择

当选择摘要或主题字段导致检索结果过多时,用户可以选择篇名或关键词字段,缩小检索范围,提高查准率。还可以适当增加其他检索字段进一步限定检索范围,如作者单位、出版物名称、文献的语种或发表时间等,以提高查准率。

5.3.4　正确使用位置算符或精确检索

检索"高效液相色谱"(High Performance Liquid Chromatography)时,检索条件设置为利用位置算符或者词组检索的形式,如:High(w)Performance(w)Liquid(w)Chromatography 或"High Performance Liquid Chromatography",保证该检索条件专业短语的精确匹配,提高查准率。

第**6**章　检索工具概述

本·章·重·点

◇ 了解搜索引擎与文献数据库的区别

◇ 掌握检索工具的基本要素、主要检索方法以及常见检索规则

◇ 熟悉检索工具的常见特色功能

◇ 关注文献检索应用场景下的生成式人工智能（GenAI）应用

网络时代文献资源日益丰富，为了有效获取所需文献，人们常借助信息技术和手段进行文献信息的采集、加工、组织和存储，进而提供文献检索与知识发现服务，我们将具有上述功能的手工或计算机工具统称为文献检索工具。本章以搜索引擎和文献数据库为代表性文献检索工具介绍现代信息获取的重要途径，同时引入生成式人工智能技术应用背景下的文献检索 AI 模式。

6.1　搜索引擎与文献数据库

搜索引擎主要面向发布在互联网上的各类信息资源提供检索服务，既有百度（https://www.baidu.com/）、微软必应（https://cn.bing.com/）等通用搜索引擎工具，也有类似百度学术（https://xueshu.baidu.com/）和微软必应学术（https://cn.bing.com/academic/）等专门面向专业化文献资源的学术搜索引擎，供有特定需求的用户群体使用。文献数据库特指提供图书、期刊以及特种文献[①]等特定科技文献资源的检索工具，例如：中国知网、Scopus 等，大多针对文献资源特征提供专业化的检索和分析功能，文献资源质量和获取效率相对较高。

6.1.1　搜索引擎

搜索引擎作为一种网络信息检索工具，是根据一定的策略，运用特定的计算机程序从互联网上搜集信息，在对信息进行组织和处理后，将检索相关结果展示给用户的系统。简单来说，搜索引擎本身不创造信息，但它周期性地将分散在互联网上的各种信息资源进行整合，提供统一检索和访问，大大节省了用户的检索成本，因而成为目前使用最为广泛的检索工具。

---

① 特种文献是指出版发行和获取途径都比较特殊的科技文献，一般包括会议文献、科技报告、专利文献、学位论文、标准文献、科技档案、政府出版物等种类。特种文献特色鲜明、内容广泛、数量庞大、参考价值高，是非常重要的信息源。

1）搜索引擎的分类

按照信息的组织方式，搜索引擎分为全文搜索引擎、目录式搜索引擎和元搜索引擎三种。其中，全文搜索引擎最为常见，从各网络站点采集和提取信息，并建立索引数据库，提供面向网页的全文检索服务，代表性的全文搜索引擎有百度、谷歌等；目录式搜索引擎则是通过建立分类导航或分类摘要提供网页信息浏览查询的搜索引擎，以传统的新浪、网易等分类搜索门户为代表；元搜索引擎通过统一的用户界面帮助用户在多个搜索引擎中选择和利用合适的搜索引擎来实现检索操作，并对检索结果进行集成，如360搜索提供了百度、谷歌等多个搜索引擎的整合检索。

根据收录的信息内容，搜索引擎又分为通用搜索引擎和垂直搜索引擎。其中，百度、谷歌等提供各种主题、类型信息的通用搜索功能的工具被称为通用搜索引擎；而针对特定领域信息进行搜集、整合的搜索引擎则被称为垂直搜索引擎，常见的有学术搜索、求职搜索、旅游搜索、视频搜索等，也有通用搜索引擎提供垂直搜索功能，如百度提供的百度学术以及音乐、图片、视频等垂直搜索服务。垂直搜索主要用于弥补通用搜索的信息量大、查询不准确、检索深度不足等问题。接下来，我们将重点介绍其中与文献数据库具有类似功能的学术搜索引擎。

2）搜索引擎的基本功能[①]

搜索引擎大多提供丰富的搜索功能，不同搜索引擎的基本功能略有差异。表6-1提供了部分通用搜索引擎的基本功能。依据现有搜索引擎所收录的信息内容和提供的信息服务，常见的搜索功能可以分为以下三类：

（1）对网页、图片、音乐、视频等不同类型信息的搜索；

（2）对新闻资讯、学术文献等不同主题信息的搜索；

（3）地图查阅、多语种翻译、百科知识、搜索指数（趋势）等扩展服务。

表6-1　部分通用搜索引擎的基本功能一览表

名　称	常 见 功 能									
	网页	图片	音乐	视频	新闻	学术	地图	翻译	百科	指数
百度	√	√	√	√	√	√	√	√	√	√
搜狗搜索	√	√	—	√	√	—	√	√	√	√
360搜索	√	√	√	√	√	√	√	√	√	√

---

① 现代搜索引擎已逐步进入AI时代，但各工具的AI功能形式还在快速迭代中，因此暂未列入本节内容。AI赋能文献检索的相关内容详见6.4节。

（续表）

名　称	常　见　功　能									
	网页	图片	音乐	视频	新闻	学术	地图	翻译	百科	指数
谷歌	√	√	√	√	√	√	√	√	—	√
必应	√	√	—	√		√	√	√	—	

3）搜索引擎的使用技巧

搜索引擎的一框式检索方便实用，但简单的关键词或提问输入往往无法准确地满足用户的搜索需求，因此充分利用搜索引擎提供的实用功能，比如检索词提示功能、搜索纠错功能、高级搜索功能等，可以有效提高搜索引擎的使用效果。不同搜索引擎的检索规则各不相同，表 6-2 仅列举几个适用于大多数搜索引擎的常用检索技巧。

表 6-2　搜索引擎常用检索技巧

搜 索 需 求	检 索 示 例
词组搜索/短语搜索（精确匹配）	"stem cell"；《红楼梦》
限定在某类或某个网站内搜索	site：edu.cn
限定网页标题中包含指定检索词	intitle："stem cell"
限定网页链接中包含指定检索词	inurl：cell
搜索指定格式的文件	filetype：pdf

6.1.2　学术搜索引擎与文献数据库

近年来，搜索引擎公司、科研机构等陆续推出不同规模的学术搜索引擎，如百度学术、谷歌学术（Google Scholar）、微软学术搜索（Microsoft Academic Research）、CiteSeerX等，作为一种面向学术文献资源的垂直搜索应用，学术搜索引擎具有资源规模大、搜索技术领先等优势，但与传统的学术出版与服务机构所提供的文献数据库相比，两者之间仍然存在一定差别，主要体现在两个方面：

其一，学术搜索引擎资源收录范围广，实现了大规模学术资源的整合和统一检索，但大多情况下用户仍然需要借助高质量的文献数据库实现原始文献的获取。如图 6-1 所示，百度学术提供了包括文献数据库在内的多种原文来源。

图 6-1　百度学术的文献信息及原文来源

其二,现有的学术搜索引擎能提供响应更快的检索体验,但在检索功能上与文献数据库还有很大差别,文献数据库能够针对不同类型的文献提供更丰富的检索途径,如图 6-2 所示。万方数据库针对不同文献类型提供不同检索字段,实现高效、精准的检索和专业化文献计量分析,而学术搜索引擎更关注对海量资源的统一检索,无法完全支持针对专业文献的检索分析功能。

学术搜索引擎和文献数据库各有优势,在实际使用过程中可以根据具体需求做出适当选择。

(a)百度学术的高级搜索

（b）万方数据库的高级检索

图 6‑2　百度学术的高级搜索与万方数据库的高级检索功能对比

6.2　检索工具基本要素

典型的文献检索工具包括文献资源、检索字段、检索方法、检索规则、检索结果等基本要素,检索工具之间的差异主要体现在这些要素的不同。

6.2.1　文献资源

文献资源是检索工具收录与报道的来源文献集合,资源的文献类型、学科范围与收录方式是构成检索工具的最基本特征。

文献检索工具可以收录一种或多种类型的文献信息,包括图书、期刊、会议论文、学位论文、专利、标准等常见的科技文献资源类型,也包括企业信息、政策法规、市场报告、学习视频等多元化、多媒体形式的文献资源类型。

文献检索工具所收录的文献资源可以是综合性的多学科文献,也可以是面向特定学科领域的专业文献。下文对于代表性文献检索工具的介绍,主要依据文献检索工具的学科覆盖范围进行了通用检索工具和专业检索工具的划分,为不同需求的用户提供参考。

文献检索工具的收录方式各不相同:

（1）从收录内容来看,不同的检索工具提供的文献信息著录项详略不同,因而也可以分为文摘型和全文型两种。文摘型检索工具主要揭示文献的名称、来源等基本题录信息并提供文献摘要浏览,借助文摘型检索工具,用户能够了解原始文献的主要内容,文摘型检索工具通常还提供全文获取链接,方便用户获取全文,著名的文摘型检索工具有 WOS、Scopus、Engineering Village（EI）、SciFinder（美国化学文摘）等。全文型检索工具不但揭示文献的基本题录信息和文献摘要,还提供相应的原始文献,目前国内全文型检索工具大多由文献集成商提供全文访问服务,如中国知网、万方数据知识服务平台（简称"万方"）

等，而国外全文型检索工具则是由文献出版商直接提供全文资源，如 ScienceDirect、SpringerLink 及 Wiley Online Library 等。

（2）从收录范围来看，不同的检索工具大多具有不完全相同的文献来源，其在文献类型、学科范围、收录年限等方面的差异使得这些检索工具能够满足不同的检索需求。以中国知网和万方为例，两者虽然都收录国内学术期刊资源，但两者的期刊收录范围并不完全重合，同时部分期刊的收录年限也有所不同，因此两个文献数据库常作为互补资源结合使用。表 6-3 展示了常用检索工具的收录范围。

表 6-3　常用检索工具的收录范围一览表

名　称	文献类型						学科范围
	图书	期刊	学位	会议	专利	标准	
中国知网	√	√	√	√	√	√	综合性
万方	√	√	√	√	√	√	综合性
WOS	√	√	—	√	√	—	综合性
Scopus	√	√	—	√	√	—	综合性
PQDT	—	—	√	—	—	—	综合性
ScienceDirect	√	√	—	√	—	—	综合性
SpringerLink	√	√	—	√	—	—	综合性
Wiley Online Library	√	√	—	√	—	—	综合性
SciFinder	√	√	√	√	√	—	化学化工
Engineering Village	√	√	√	√	√	√	工程技术
IEEE	√	√	—	√	—	√	理学信息
ASME	√	√	—	√	—	√	理学信息
SAGE	—	√	—	—	—	—	综合性

6.2.2　检索字段

检索字段是文献检索工具中反映文献特征并作为检索入口的特定标识，常见的检索字段与文献的基本形式或内容特征一致，如题名、摘要、关键词、作者、机构、出版物名称、出版日期等。检索工具提供的检索字段越丰富，检索功能越强大。在不同的检索工具中相同检索字段的表达方式可能存在差异，如"题名"字段在不同检索工具中可能被称为"标题""篇名"等。

由于不同类型的文献具有不同的文献特征，因此不同检索工具提供的检索字段有所差别。有些检索字段是通用的，比如文献题名、作者、机构、出版日期等；有些检索字段则是特定文献类型才具有的,比如图书的 ISBN、期刊或报纸等的 ISSN 以及标准文献的标准编号、专利文献的专利号等。

6.2.3　检索方法

现代信息技术赋予文献检索工具更强大的文献处理能力和更加便捷的文献服务功能,形成了以数据库管理系统为基础的计算机检索系统,相对于传统的工具书查阅等手工检索方式,它们能提供更加丰富的检索方法。综观现有的各类文献检索工具,尽管在文献标引、检索功能、界面设置等方面各有特色,但其提供的常见检索方法大致可以分为表单检索、表达式检索、浏览检索和精炼检索。

1）表单检索

表单检索是由检索系统提供一个表格式的检索菜单,用户只需要在表格菜单中选择合适的检索字段并填入检索条件,而后确认提交就可以完成检索过程。表单检索适合一个或多个检索条件的组合检索,检索界面直观、操作简便,是绝大多数检索工具均提供的基础检索途径,也是最常用的检索方法。图 6-3 和图 6-4 分别列出了中国知网高级检索功能的表单检索界面和 WOS 数据库基本检索功能的表单检索界面。

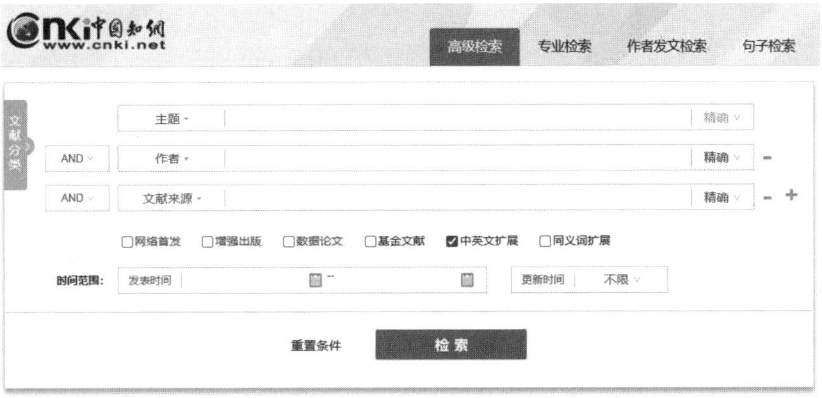

图 6-3　中国知网高级检索功能的表单检索界面

图 6-4　WOS 数据库基本检索功能的表单检索界面

2）表达式检索

表达式检索是面向具备一定检索技能的用户提供的检索方法，用户可以通过输入符合检索规则的检索式向检索系统提交检索条件，通常文献检索工具的高级检索或专业检索功能均支持表达式检索。表达式检索的最大优势在于用户可以根据自己的检索需求，灵活地运用逻辑组配、检索运算等各种检索技术编制合适的检索式，以达到最佳的检索效果。表达式检索适合复杂检索需求下的检索条件设置，但需要用户熟悉文献检索工具的检索规则，不适合初学者使用。图6-5给出的即为万方数据库专业检索功能的表达式检索界面，图6-6给出的是Scopus数据库高级检索功能的表达式检索界面。

图6-5　万方数据库专业检索功能的表达式检索界面

图6-6　Scopus数据库高级检索功能的表达式检索界面

3）浏览检索

浏览检索是一种通过文献的索引浏览辅助检索条件设置的检索方法，可以借助索引浏览直接访问相应的文献资源，或从索引项中选择合适的条目作为检索条件。目前浏览检索的界面大多操作简单，能方便有效地利用文献索引提高检索的效果。在不同的文献检索工具中浏览检索功能的名称和界面设计有所差别，例如：中国知网的出版物检索界面中提供了按照学科分类的"期刊导航"，可以通过导航界面访问特定期刊首页相关信息及其刊载文献（见图 6 - 7）。Engineering Village 的快速检索（quick search）和专家检索（expert search）界面均提供浏览索引（browse indexes）功能，针对作者、作者单位、受控词、来源出版物等提供索引浏览，可以选择索引项内容添加检索条件（见图 6 - 8）。

图 6 - 7　中国知网数据库出版物检索功能的浏览检索界面

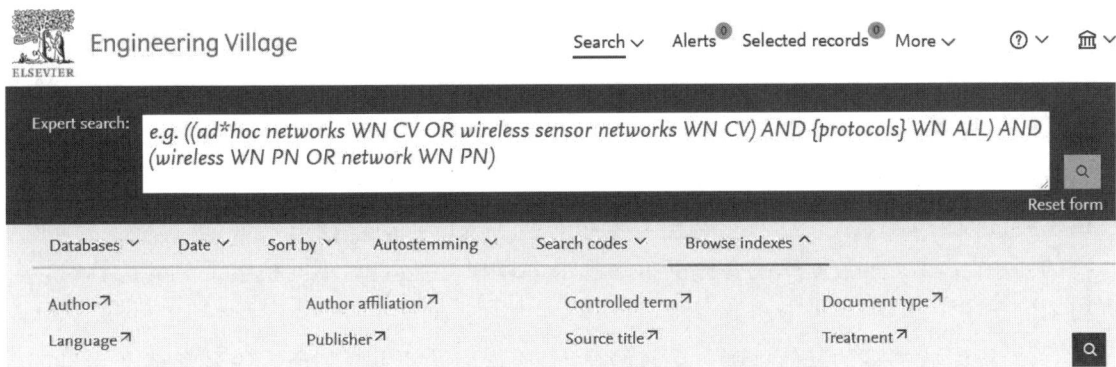

图 6 - 8　Engineering Village 数据库专家检索界面的浏览检索功能

4）精炼检索

精炼检索在部分检索工具中也被称为"二次检索""在结果中检索"等,主要是指在已有的检索结果基础上再次进行检索条件的限制,进一步缩小检索范围。目前文献检索工具主要通过在检索结果界面上提供再次输入检索条件的菜单,或者分类导航方式过滤(或筛选)检索结果等两种方式实现精炼检索。例如,WOS数据库的检索结果界面提供的精炼检索结果功能包含了检索条件输入框及过滤结果依据(见图6-9)。

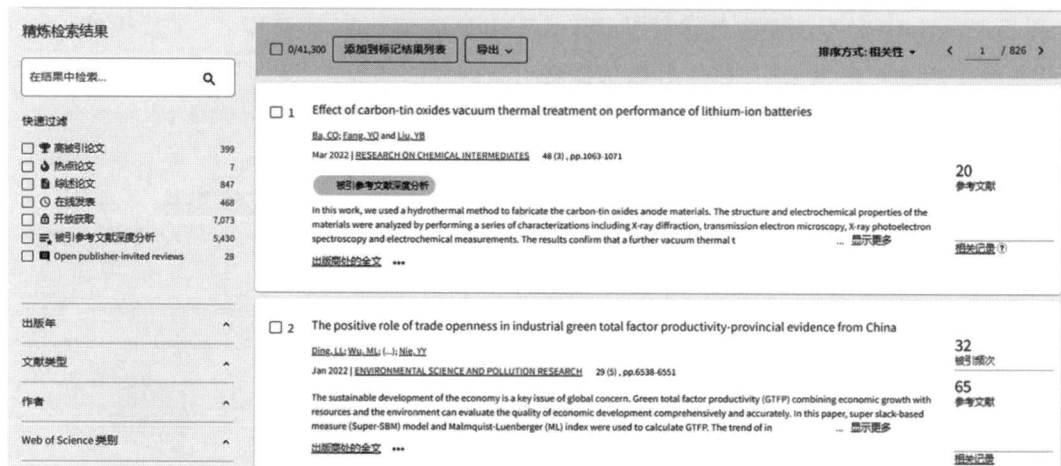

图6-9　WOS数据库检索结果页面的精炼检索功能

6.2.4　检索规则

检索规则是指用户使用文献检索工具时必须遵循的使用规范,主要用于检索表达式的语法说明,可以查阅文献检索工具的使用帮助,了解具体的检索规则。常见检索规则主要包括以下三种。

(1)检索字段标识及使用规则。在文献检索工具中利用表达式进行字段限定检索时都会使用代码形式的字段标识,不同检索工具的字段标识代码并不统一,字段限定的检索表达式书写要求也各不相同。

(2)检索运算符标识及使用规则。根据文献检索工具支持的检索技术不同,其提供的检索算符种类也各不相同,大多数外文文献数据库支持布尔逻辑运算符、位置算符、截词符的使用,中文文献数据库主要提供布尔逻辑运算和位置运算,不同检索工具的运算符标识不同。

(3)检索式书写的其他规则。一般情况下,检索表达式书写的所有符号和英文字母都必须使用英文半角字符;检索工具的系统保留字(如检索运算符、字段标识等),如需作为检索词进行检索,要加双引号。具体可参照文献检索工具的使用说明。

案例 6 - 1   不同文献数据库的检索规则有何差异?

检索在主题字段中含有"转基因"(transgenosis、transgene、transgenic)食品的相关文献,不同文献数据库中的检索式及检索结果如下:

中国知网:SU=('转基因'*'食品')   6891 条

WOS 数据库:TS=(transgen* and food*)   5552 条

Scopus 数据库:TITLE-ABS-KEY(transgen* and food*)   10410 条

6.2.5   检索结果

(1)检索结果的显示。计算机检索系统的检索结果一般以特定的文献著录格式按照不同的排序方式显示,常见的排序方式有按相关度排序、按出版日期排序、按被引频次排序等,不同的排序方式有助于用户浏览文献列表。按相关度排序,能迅速找到与检索条件最相关的文献;按出版日期排序,能快速定位最新发表的文献;按被引频次排序,能发现最具影响力的文献。

(2)检索结果的保存。保存文献检索结果是进一步利用相关文献的重要保证,常见的保存方式有检索结果记录输出和全文下载两种。检索结果记录输出可以批量下载文献题录信息,但注意部分文献检索工具对单次下载的最大文献记录数有严格的限制,连续过量下载将被限制使用。另外检索结果记录输出有多种格式,如参考文献引文格式、Refworks 格式、EndNote 格式等,输出记录可以保存为文本、HTML 或其他文件形式。目前全文型检索工具大多以 PDF 或 HTML 方式提供原始文献全文下载或在线浏览,也有文献数据库提供特定的文件格式需要安装阅读器使用,如中国知网提供的 CAJ 格式全文则需要使用 CAJ Viewer 文献阅读器进行阅读。

6.3   检索工具特色功能

6.3.1   知识网络

现代文献检索工具通过文献之间、知识元之间的交叉链接,构建起节点丰富、交织纵横的知识网络,借助主题相关、引用相关、共现相关等知识关联,为用户提供更深层次的资源获取与知识发现。常见的知识网络功能通常提供文献及作者、机构、出版物、关键词、学科、基金等知识元之间的知识链接,主要形式包括引文网络展示、相关文献推荐、关联作者推荐和相关资源链接四种。图 6 - 10 展示的是中国知网上单篇文献信息页面的知识网络功能。

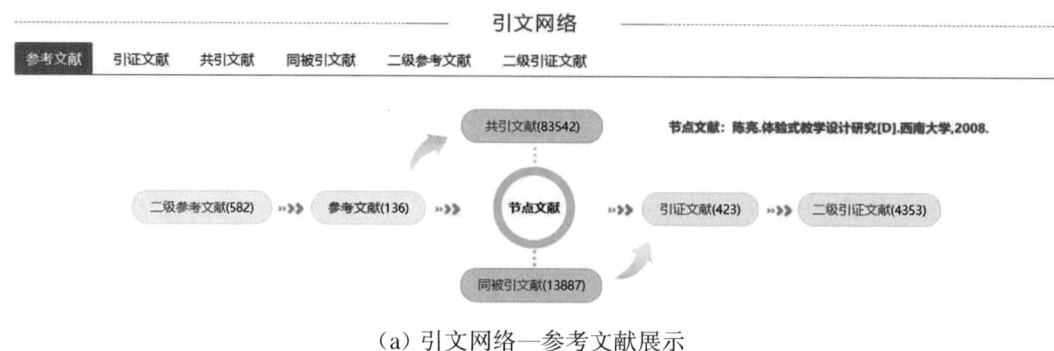

（a）引文网络—参考文献展示

相关文献推荐

相似文献　读者推荐　相关基金文献　关联作者　攻读期成果　相关视频　　　　　　　　　　　　　批量下载

[1] 基于学习分析技术的问题解决能力评价研究. 胡艺龄.华东师范大学,2016
[2] 语义图示工具支持的协作问题解决学习的研究. 蔡慧英.华东师范大学,2016
[3] 多模态数据驱动的协作问题解决研究. 戴苗.华中师范大学,2022
[4] 以实践能力培养为取向的知识教学变革研究. 张琼.华中师范大学,2011
[5] 开放题编制的理论与技术研究. 张雨强.华东师范大学,2006

（b）相关文献推荐—相似文献展示

相似文献　读者推荐　相关基金文献　**关联作者**　攻读期成果　相关视频

本文引用了谁的文献?

张大均　　林崇德　　朱德全　　靳玉乐　　辛自强　　杨小微　　李森　　钟志贤
张传燧　　张家军

谁引用了本文?

李清富　　黄福　　麻超　　徐戊矫　　孙薇娜　　邹茂华　　王燕红　　刘晓雯
吴婧姗　　孙金梅

（c）相关文献推荐—关联作者展示

相似文献　读者推荐　相关基金文献　关联作者　攻读期成果　**相关视频**

提升教师信息化教学能力（小学）　　提升教师信息化教学能力（小学）　　提升教师信息化教学能力（小学）　　提升教师信息化教学能力（中学）
蒋鸣和;　　　　　2020-07-29　　曹慧萍;　　　　　2020-07-29　　陈虹;　　　　　　2020-07-29　　蒋鸣和;　　　　　2020-07-29

（d）相关文献推荐—相关视频展示

图6-10　中国知网数据单篇文献信息页面的知识网络功能

（1）引文网络展示:提供与某一特定文献具有引用相关关系的文献链接。例如,中国知网的单篇文献详细信息浏览页面,提供了节点文献的参考文献("引文",或称"被引文献")、引证文献、共引文献、同被引文献、二级参考文献、二级引证文献等具有引用关系的文献,共同构成了体现知识发展脉络的引文网络。

(2)相关文献推荐:主要指与某一特定文献的研究主题内容相同或者相近的文献链接(也称为相似文献)。也有检索工具将相关文献的范围扩大到同属于一个基金项目成果的文献等。

(3)关联作者推荐:提供有关联的作者链接。例如,中国知网的"关联作者"功能,通过文献引用建立的关联提供主要的施引文献作者和参考文献作者。

(4)相关资源链接:提供与文献主题相关的视频等其他知识资源链接。

6.3.2　文献传递

文献传递,也称全文获取、原文传递。原始文献的获取往往是用户进行文献检索的最终目标,因此全文保障能力是衡量文献检索工具质量的重要指标。为了提高文献全文的可获得性,许多检索工具除了提供出版商处的原文链接(见图 6‑11),还通过国家科技图书文献中心(NSTL)①等文献服务机构或平台,提供邮箱接收等形式的文献传递服务。例如,万方数据库检索结果页面的原文传递功能(见图 6‑12),超星读秀数据库检索结果页面的文献互助功能(见图 6‑13)。事实上文献全文的获取途径有很多,详见 11.2 节"全文获取途径"介绍。

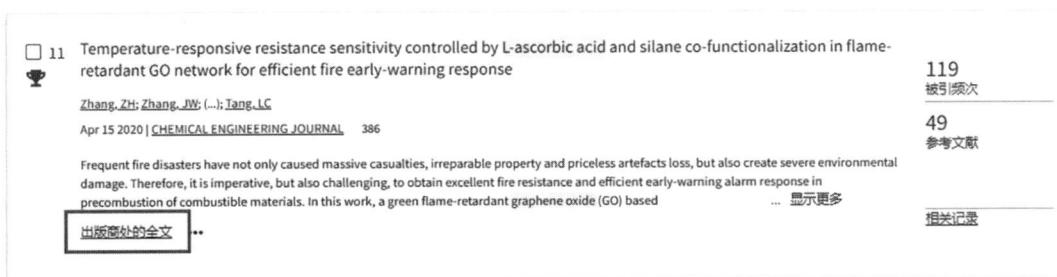

图 6‑11　WOS 数据库检索结果页面提供出版商全文链接

图 6‑12　万方数据库检索结果页面的原文传递功能

---

①　国家科技图书文献中心(NSTL,https://www.nstl.gov.cn/index.html):由中国科学院文献情报中心、中国科学技术信息研究所、机械工业信息研究院、冶金工业信息标准研究院、中国化工信息中心、中国农业科学院农业信息研究所、中国医学科学院医学信息研究所、中国标准化研究院标准馆和中国计量科学研究院文献馆九个文献信息机构组成,采集、收藏和开发理、工、农、医各学科领域的科技文献资源,面向全国提供公益的、普惠的科技文献信息服务。

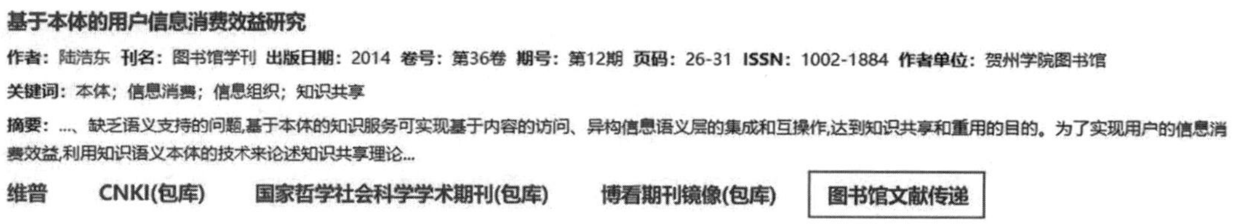

基于本体的用户信息消费效益研究

作者: 陆浩东 **刊名:** 图书馆学刊 **出版日期:** 2014 **卷号:** 第36卷 **期号:** 第12期 **页码:** 26-31 **ISSN:** 1002-1884 **作者单位:** 贺州学院图书馆

关键词: 本体; 信息消费; 信息组织; 知识共享

摘要: ...、缺乏语义支持的问题。基于本体的知识服务可实现基于内容的访问、异构信息语义层的集成和互操作,达到知识共享和重用的目的。为了实现用户的信息消费效益,利用知识语义本体的技术来论述知识共享理论...

维普   CNKI(包库)   国家哲学社会科学学术期刊(包库)   博看期刊镜像(包库)   图书馆文献传递

图 6‑13   超星读秀数据库检索结果页面的文献互助功能

6.3.3   定量分析

大数据环境中通过对文献信息的定量统计和数据挖掘,能够有效地揭示文献资源规律,在文献获取与知识发现过程中发挥着越来越重要的作用。目前文献检索工具大多提供多种文献计量指标的统计分析功能,主要形式有:

(1)检索结果的分类(分组)统计:对检索结果的常见文献著录信息项进行数量统计,同时作为筛选文献的依据。统计对象一般包括文献类型、出版时间、学科分类、作者、机构、来源出版物、主题等,统计结果的展示以数据或可视化的图表形式为主。图 6‑14 和图 6‑15 分别展示了万方数据库的分组统计功能和 Scopus 数据库的分类统计功能。

(2)提供学者、机构或出版物等的文献计量指标数据:一般指表征学术影响力或具有其他参考价值的计量指标,例如 H 指数、影响因子等,可以用于不同应用场景下的学术影响力分析及评价,详见相关章节内容。图 6‑16 给出的即为 WOS 数据库引文报告功能界面的 H 指数指标,图 6‑17 展示为中国知网数据库期刊信息主页的影响因子指标。

图 6‑14   万方数据库检索结果页面的分组统计功能

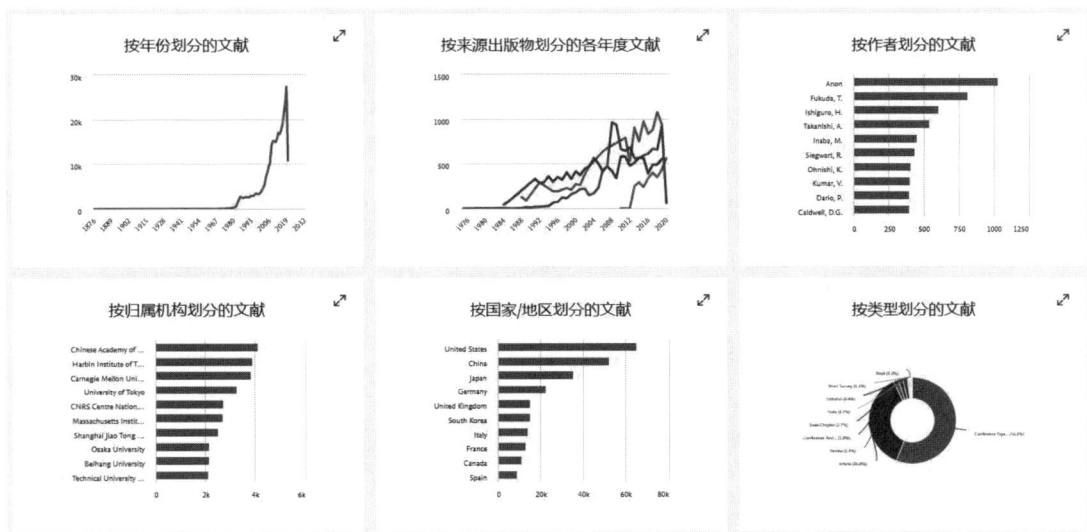

图 6‑15 Scopus 数据库检索结果分析页面的分类统计功能

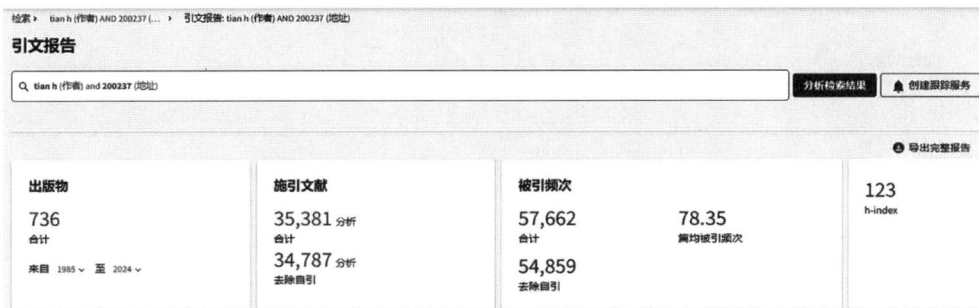

图 6‑16 WOS 数据库引文报告功能界面的 H 指数指标

图 6‑17 中国知网数据库期刊信息主页的影响因子指标

6.3.4 个性化定制

为充分满足用户的个体信息需要,文献检索工具在检索策略制定、文献题录数据保存及动态推荐等方面提供个性化的定制服务,常用功能包括信息保存和信息推送。

(1)信息保存:在用户登录个人账号后,检索系统把用户标记的文献条目、检索历史或浏览的内容等个性化信息进行暂时或永久保存,用户在操作过程中可以随时调用。如WOS数据库提供"标记结果列表"查看从检索结果中保存的文献条目,在"检索历史"功能中查看执行过的检索策略(见图6-18和图6-19)。

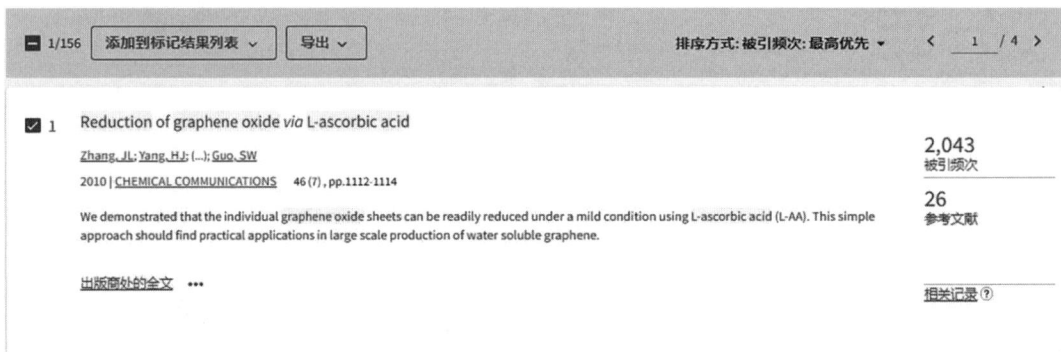

图6-18 WOS数据库检索结果页面的标记结果列表

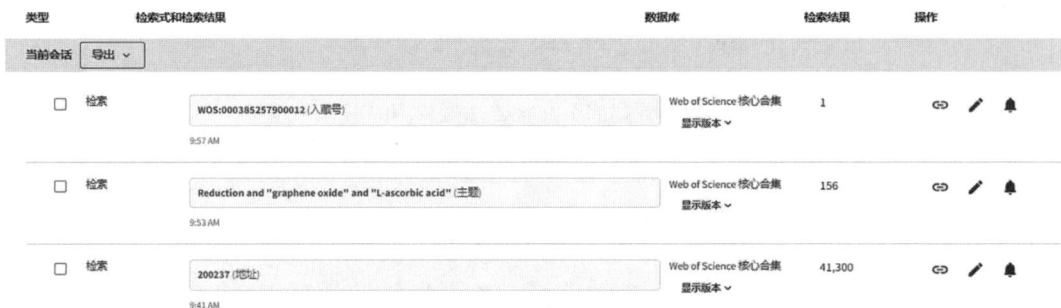

图6-19 WOS数据库的检索历史功能界面

(2)信息推送:根据用户预先设置的定制需求,把符合要求的内容发送到用户的邮箱或 RSS[①] 阅读器,及时为用户传递最新文献信息,节省用户登录检索系统的烦琐。

邮箱订阅推送的形式较为常见,例如:WOS数据库在单篇文献详细信息页面提供"创建引文跟踪"功能,保持对该文献引用动态的持续跟踪;同样,可以对保存的检索历史进行

---

① RSS(really simple syndication):简易信息聚合,一种可用于互联网环境中不同网站之间共享内容的信息发布与传递方式。

跟踪,检索系统会根据设置的固定周期定时推送当前检索策略产生的新的文献信息(见图 6 - 20 和图 6 - 21)。

　　RSS 订阅形式则为用户提供了另一种文献信息的聚合式推送服务途径,用户在检索系统中获取 RSS 订阅链接地址,然后通过专用阅读器或提供 RSS 服务的其他工具浏览最新文献或相关信息。例如,中国知网的期刊导航界面,在特定期刊的主页上提供该期刊的 RSS 订阅链接地址(见图 6 - 22)。

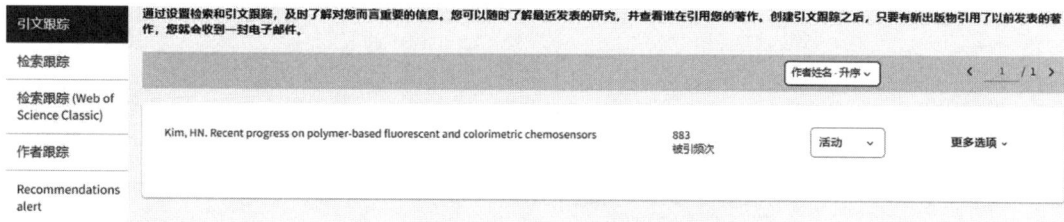

图 6 - 20　WOS 数据库的创建引文跟踪功能

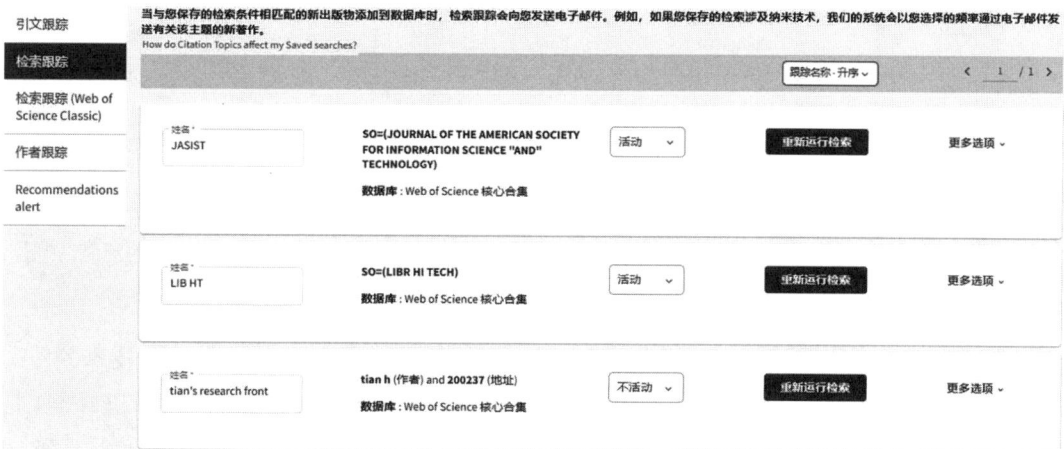

图 6 - 21　WOS 数据库的检索历史跟踪功能

图 6 - 22　中国知网数据库的 RSS 订阅功能

6.3.5　文献管理

　　文献资源规模日益庞大,对于个人用户来说,高效地管理和利用文献信息需要借助合适的工具,参考文献管理软件[①]为此提供了有效的解决方案。目前已有文献检索系统开始尝试嵌入参考文献管理功能,以满足用户对检索结果文献的管理需求,如 WOS 数据库提供将检索结果导出到 EndNote 工具的选项,方便用户有效管理和利用文献数据(见图 6 – 23)。

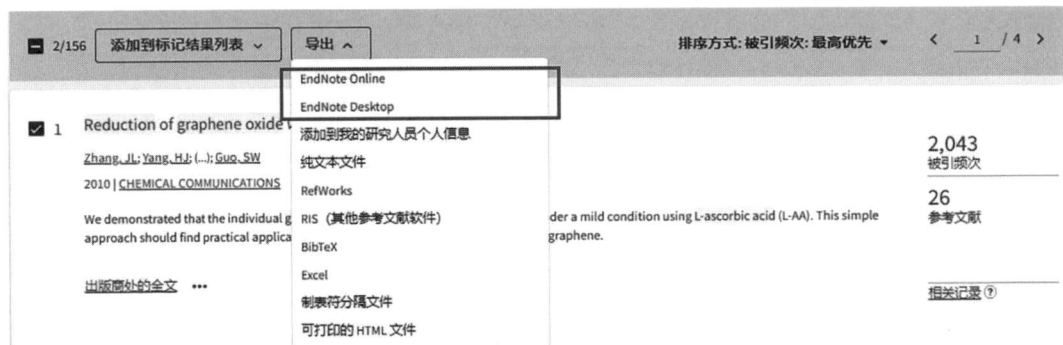

图 6 – 23　WOS 数据库的参考文献管理功能

6.4　文献检索的 AI 模式

　　2022 年末,ChatGPT 的问世标志着生成式人工智能实现了自然语言处理技术的范式革新,而 2025 年初 DeepSeek 则凭借其卓越的性能表现与开源策略惊艳世界,推动 AI 技术生态进入了新的发展阶段。伴随着技术的快速迭代升级,文本、图片、声音、视频、代码等都成为人工智能可以自动创作和生成的内容,自此人工智能全面深度融入人们的生活,迅速改变知识生产和思维方式,同时也深刻影响着人们获取信息和分析利用的行为习惯。本节主要从文献检索领域生成式人工智能应用出发,梳理技术变革下文献检索的 AI 模式与发展趋势,介绍当前常见的基于生成式人工智能的检索工具形式及其使用技巧。

6.4.1　相关概念

　　(1)人工智能,即 AI,是用计算机模拟人类智力活动的理论和技术,如归纳与演绎推

---

　　① 　参考文献管理软件,又称书目管理软件,是一种提供题录与全文信息管理、文献数据统计分析、笔记批注管理、引文编排与写作辅助等多种功能的文献管理工具,可嵌入文字处理软件中使用,还可以直接通过在线数据库下载文献信息。代表性的软件包括 EndNote、NoteExpress、Mendeley 和 Zotero 等。

理过程、学习过程、探索过程、理解过程、形成并使用概念模型的能力、对模型分类的能力、模式识别及环境适应等。基于算法和大数据等的计算机技术是人工智能发展的基础。

（2）生成式人工智能（generative artificial intelligence，GenAI）是人工智能的分支，依托预训练的多模态基础语言模型，基于算法、模型、规则生成具有一定逻辑性和连贯性的内容。与传统人工智能的不同在于其强大的学习和生成能力。

（3）人工智能生成内容（artificial intelligence generated content，AIGC）是指利用生成式人工智能技术自动生成的文本、图片、音频、视频或其他类型的内容。

（4）大语言模型（large language model，LLM）是一种通过大规模的数据训练实现理解和生成自然语言文本的深度学习模型，能够完成多种自然语言处理任务，如文本摘要、问答对话、机器翻译等。

6.4.2　GenAI 与文献检索

文献检索的实质是以获取文献为途径达到信息获取目标的工具应用过程，以 ChatGPT、DeepSeek 为代表的新型 GenAI 工具的出现并未颠覆这一基本原理（见 2.2 节），而是凭借 GenAI 技术的自然语言处理优势，拓展了 AI 技术在传统文献检索过程中的应用，包括让检索语言更接近自然语言、辅助筛选阅读文献、自动分析总结文献内容等，进一步提升了信息获取的效率。可以说，GenAI 技术应用无论是以智能问答工具的独立形式出现，还是赋能传统检索工具的应用场景，都不再局限于获取文献这一传统文献检索的核心功能，其价值更多地体现在自动生成能力所衍生的高阶应用。

从文献检索的应用角度来看，新型 GenAI 工具与传统检索工具的主要差异如表 6－4 所示：

表 6－4　传统文献检索工具与新型 GenAI 工具对比

主要差异	传统文献检索工具	新型 GenAI 工具
输入	符合特定规则的检索语言，以检索词或检索式为典型形式	自然语言的用户提问，可配合导入相关数据文件
输出	返回参考文献列表形式的检索结果	返回问题答案，经过语言组织整理的文字或其他类型内容，而非仅提供参考文献
调整反馈	可调整检索策略优化检索结果，或对检索结果进一步分析	可继续提问，并基于多次交互提问的内容获得更符合要求的答案
功能应用	（1）文献检索，提供参考文献 （2）文献分析，提供文献筛选、分析统计等	（1）研究设计，包括提供创意和参考文献等； （2）数据收集，包括数据查找和跨语种文献翻译等； （3）数据分析，包括数据清洗、分析统计和模型建议等； （4）写作辅助，包括提供大纲、文献阅读与摘要生成、文字润色等

值得注意的是,我们应该充分重视 GenAI 带来的技术伦理与安全风险,在使用相关工具或功能的过程中应关注以下方面:

(1)确保 AIGC 意识形态正确,自觉抵制和防范 AI 生成和传播的不良文化与有害内容。

(2)认识 AI 应用的工作原理,有意识地合理鉴别 AI 生成内容的真实性和可信性。

(3)了解数据安全与隐私保护,在运用 AI 过程中保护自身权益、尊重他人隐私。

(4)熟悉关于 AI 的知识产权相关规定,合理利用 AI 工具,正确参考引用 AI 生成内容。

6.4.3 GenAI 技术应用的常见工具

目前 GenAI 工具发展迅速,规模种类也不断增加,通常按照生成内容的类型不同可以划分为文本生成式、图像生成式、视频生成式、音频生成式、代码生成式、设计生成式等工具类型,用于不同的创作应用场景。

按照信息来源的不同,常用于文献检索场景的 GenAI 工具又可以划分为通用 GenAI 工具和垂直领域的学术 GenAI 工具两类。

(1)通用 GenAI 工具主要使用互联网开放数据源进行模型训练,包括但不限于网络文本、书籍论文、新闻评论、社交媒体内容等,适用于处理更为广泛的自然语言应用场景,代表性工具有 OpenAI 的 ChatGPT、深度求索的 DeepSeek、百度的文心一言等。

(2)垂直领域 GenAI 工具众多,在科研领域常用的学术 GenAI 工具则更注重将专业文献数据库收录的学术资源纳入训练语料,以实现基于专业领域知识的智能服务,代表性工具有中国知网的 CNKI AI 研究助手、爱思唯尔的 Scopus AI、科睿唯安的 WOS 研究助手等。

> **案例 6 - 2　利用 GenAI 工具从可信渠道获取文献原文**
>
> 在本书的编写过程中,编者想要参考欧盟 2024 年出台的《人工智能法案》,因此使用 DeepSeek 进行提问"想了解欧盟制定的关于人工智能法律的详细信息或条款文本,请提供欧盟 2024 年出台的《人工智能法案》的文件原文",得到答复如下:

已搜索到 50 个网页 ›

欧盟《人工智能法案》（Artificial Intelligence Act，简称《AI法案》）是全球首部全面监管人工智能的法律，于2024年8月1日正式生效 ③ ⑦。该法案旨在为人工智能的开发、投放市场和使用制定统一规则，确保AI系统的安全性、透明性和可追溯性，同时保护基本权利并促进创新 ③ ⑤。

以下是该法案的主要内容和条款文本的获取方式：

一、法案主要内容

1. 风险分级监管

《AI法案》根据AI系统的潜在风险将其分为四个等级：

- **不可接受的风险**：明确禁止某些AI应用，如利用AI进行社会评分或基于生物识别数据推断个人敏感信息 ③ ⑤。

- **高风险**：包括关键基础设施、生物识别系统等，需满足严格的技术文档、数据治理和合规要求 ③ ⑤。

- **有限风险**：如聊天机器人，需确保用户知晓其与AI交互 ③。

- **最低风险**：如AI游戏或垃圾邮件过滤器，不受监管 ③。

二、获取法案原文的方式

1. 官方译本

欧盟《人工智能法案》的官方译本可通过以下途径获取：

- 上海市人工智能社会治理协同创新中心提供了全文中译本 ⑦。

- 原创力文档也提供了126页的详细译本 ⑥。

2. 英文原文

英文原文可通过欧盟官方公报或相关法律数据库获取。

3. 相关解读

- 东莞市人民政府门户网站提供了对法案的详细解读 ⑤。

- IoT Analytics总结了法案的主要影响 ①。

三、法案的影响

1. 对欧盟企业

法案要求企业确保AI系统的合规性，特别是高风险AI系统的技术文档和透明度要求 ③ ⑤。

2. 对中国企业出海

中国企业若在欧盟市场提供AI系统，需遵守法案规定，特别是高风险AI系统的分类和合规要求 ⑤。

3. 全球影响

作为全球首部全面AI监管法律，法案可能成为其他国家制定类似法规的参考 ⑤ ⑦。

如需进一步了解法案的具体条款或获取原文，建议访问上述链接或联系相关机构获取完整文本。

图 6 - 24　利用 DeepSeek 获取文献原文

分析：本案例中 DeepSeek 对提问做出了较为全面详细的答复，根据搜索到的 50 个公开
　　　网页信息给出了该法案的主要内容、获取法案原文的方式以及法案的影响等信息。
　　　其中对于用户提出的原文获取要求，工具提供了官方译本、英文原文和相关解读三
　　　类信息源，可通过相关链接找到报道或转载的原文内容，但英文原文并未直接给出
　　　链接，只提供了建议的官方获取途径。针对该任务，编者同时采用百度的文心一言
　　　进行提问，其在答复中不仅建议"访问欧盟官方网站或相关权威机构进行查询"，还
　　　提供了有效的参考信息源，从中可找到源自欧盟法律平台 EUR-Lex（https://eur-
　　　lex.europa.eu/）的该法案原文链接。

［提示］GenAI 工具所生成的解答会动态变化，即所提供的答案会随时间、情境或输入参
　　　　数的调整而不断更新与优化。因此，须结合实际情况和专业知识对答案内容进行
　　　　鉴别后再选择性使用，通常可借助不同工具提供的参考信息源对答案进行文献溯
　　　　源，并验证其内容的时效性、真实性及权威性。

案例 6‑3　如何利用 GenAI 工具了解技术研究进展？

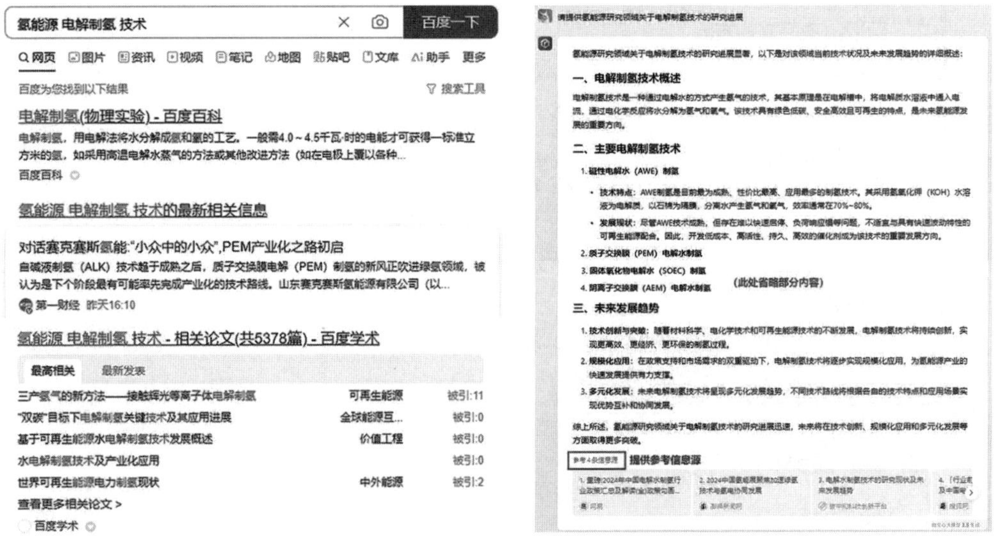

图 6‑25　传统的搜索引擎检索与 AI 问答的使用对比

分析：本案例提供了利用百度了解氢能源领域电解制氢技术研究进展的两种不同方法。
　　　在传统的搜索引擎网页检索功能中，使用检索词检索返回了技术专有名词的概念解
　　　释、相关网页报道以及百度学术中获取的相关专业文献。而使用 AI 功能进行提问，
　　　可直接获得 AI 自动生成的技术进展分析，包含了主要技术、技术特点、发展现状以
　　　及未来发展趋势，提供了参考信息源，并给出了进一步提问的常见问题提示。

［提示］尽管 AI 生成的结果更加方便用户阅读并快速了解技术概况分析，但值得注意的
　　　　是根据 AIGC 的技术原理，AI 生成内容受数据、算法、模型、规则等多种因素影

响,并不能直接作为最终结果予以采纳。用户还需在初步了解研究概况的基础上,进一步开展更加全面的专业文献检索,并对相关文献进行系统梳理和分析论证,才能得到真正可信的研究结论。在进行专业文献调研过程中推荐使用学术 GenAI 工具(详见 18.2 节)。

6.4.4　GenAI 工具使用技巧

虽然 GenAI 工具接受自然语言指令输入,通常不会对输入格式做任何硬性的规定,但实际上 AI 生成内容的效果仍然会受到输入指令的语言风格、用词和语法等因素的影响。因此,类似检索规则的掌握有利于检索策略的有效制定,我们同样有必要关注 GenAI 工具的使用技巧,即如何向人工智能提问(也称为:提示工程[①],Prompt Engineering)。

扫码看视频

目前根据 GenAI 工具的使用经验,已总结形成了多种方便用户使用的结构化提问框架,比如:

(1)RTF 框架(角色 role、任务 task、格式 format)有助于明确角色、特定任务并提出希望获得的答案形式。

(2)TAG 框架(任务 task、行动 action、目标 goal)有助于明确任务、需要采取的行动以及最终目标。

(3)CARE 框架(背景 context、行动 action、结果 result、示例 example)有助于明确讨论的背景、行动、期望结果并通过示例更易于理解。

以文心一言为例[②],其推荐指令格式主要包括如下四部分:

(1)参考信息,即包含 AI 完成任务时需要知道的必要背景和材料,如报告、知识、数据库、对话上下文等。

(2)动作,即需要 AI 帮你解决的事情,如撰写、生成、总结、回答等。

(3)目标,即需要 AI 生成的目标内容,如答案、方案、文本、图片、视频、图表等。

(4)要求,即需要 AI 遵循的任务细节要求,如按 XX 格式输出、按 XX 语言风格撰写等。

案例 6 - 4　如何利用文心一言发出恰当的指令?

指令示例:请结合计算机领域专业知识【参考信息】,对我输入的内容生成一段文本摘【动作/目标】,摘要的主要内容包括目的、方法、结果和结论四个部分【要求】。你需要摘要的内容如下:(略)

---

①　提示工程是指设计和优化输入给人工智能模型的指令,以确保模型生成预期的输出。这里指在使用 GenAI 工具时设计包含必要的上下文信息、能够清晰描述用户需求及预期回答要求的提问。

②　百度(中国)有限公司. 3 分钟学会写文心一言指令[EB/OL]. (2024 - 7 - 1)[2025 - 3 - 20]. https://yiyan. baidu.com/learn.

其他常用技巧还包括：

（1）追问，要求 AI 在上一次任务的基础上进行改进，例如：增加检索条件、替换某些关键词以及告知错误要求改正等。

（2）任务拆分，利用 LLM 具备的上下文能力，将复杂的任务拆分为多个指令要求 AI 逐步完成。

（3）示例，给 AI 提供示例引导其生成符合所需的内容。

（4）角色扮演，要求 AI 扮演某个身份或角色，获取更专业或更具个人风格的生成内容。

与传统文献检索一样，利用 GenAI 工具也不追求毕其功于一役，通过对指令用语的不断改进和追问，逐步引导 AI 生成符合我们需求的结果才是文献检索 AI 模式的新常态。

第 7 章　通用检索工具

本 章 重 点

◇ 掌握中国知网和万方数据库等工具的功能差异

◇ 掌握 WOS 和 Scopus 数据库的特色功能

◇ 掌握代表性全文检索工具的特点，重点了解 ScienceDirect、PQDT 等

本章主要介绍覆盖多学科领域的通用型文献检索工具，涉及多种国内外常用文献数据库的检索功能、基本检索规则以及其他功能特点。

7.1　中国知网数据库

中国知网数据库收录全学科的中、外文文献资源，平台涵盖的文献类型包括期刊、学位论文、会议论文、专利、标准、图书、报纸以及成果、科技报告、年鉴、古籍、法律法规、政府文件等，大多数提供文献全文。

7.1.1　检索功能

（1）一框式检索：平台首页提供的统一检索功能，可限定检索字段进行检索词或检索式的单一条件输入；参与检索的文献类型不同，可选择的检索字段会相应变化。

（2）高级检索：可实现多个检索条件的逻辑组合检索，并通过选择精确或模糊的匹配方式、检索控制等，实现较为复杂的检索需求；每个检索条件输入框均支持检索词或检索式，多个检索条件之间按照从上到下的顺序依次进行运算；参与检索的文献类型不同，检索区的功能设置会相应变化。

（3）专业检索：提供专门的检索式检索功能界面，与高级检索功能类似，提供检索式输入和检索控制辅助检索，检索规则参考右侧使用方法说明。

（4）出版来源检索：提供文献来源出版物的检索、浏览等功能，以整刊或供稿单位为主要对象，帮助用户了解文献来源的出版物详情，包括期刊、学术辑刊、学位授予单位、会议、报纸、年鉴、工具书等多种出版来源的导航。

（5）作者发文检索：通过作者姓名、单位等信息查找作者发表文献及被引、下载情况，默认提供作者、第一作者、通讯作者、作者单位等字段的精确或模糊匹配。

（6）句子检索：可在全文范围内查找同时包含所输入的两个检索词的句子或段落，找到有关事实的问题答案。

（7）AI 增强检索：将大模型的自然语言处理和语义理解能力融合于信息检索，支持以自

然语言方式检索文献和文献原文段落,从检索输入和检索结果两方面增强文献检索能力。

案例 7-1 如何利用 CNKI 数据库进行主题检索?

近年来,5G 技术受到各界广泛关注,5G 手机拥有更快的传输速度、低时延,通过网络切片技术能够实现更精准的定位,本实例通过检索 5G 手机相关文献了解研究进展。

分析:(1)通用检索式:5G and (手机 or 移动电话)。

(2)检索方法 1:使用一框式检索功能(见图 7-1)。

图 7-1　CNKI 数据库的一框式检索

(3)检索方法 2:使用高级检索功能(见图 7-2)。

[提示]多个检索条件之间逻辑组配是按照自上而下的顺序运算,也可以直接选择主题字段输入与方法一相同的检索式。

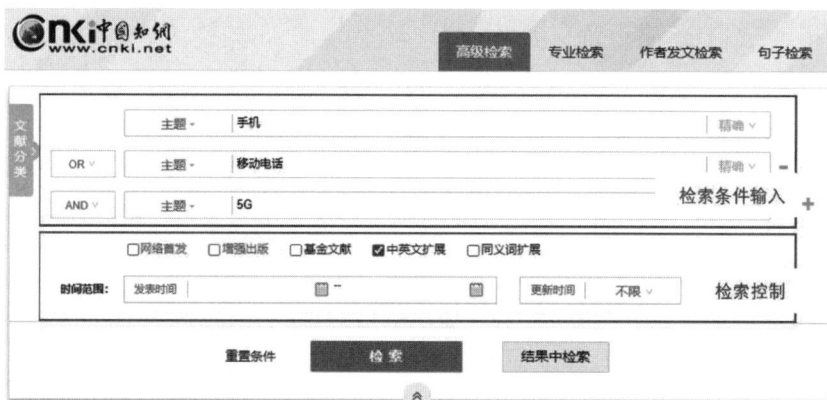

图 7-2　CNKI 数据库的高级检索

(4)检索方法 3:使用专业检索功能输入下列检索式之一。

　　SU=5G and (SU=手机 or SU=移动电话)

　　SU=5G * (手机 + 移动电话)

某数学专业的同学想了解学科相关期刊的情况。

分析:(1)在出版物检索界面选择"期刊导航"。

(2)在"学科导航"列表中选择"基础学科"中的"数学"学科。

(3)浏览数学学科期刊的相关信息,比如可优先查看相关"核心期刊"(见图7-3)。

[提示]期刊主页不仅可以按照年、期进行文献查阅,还提供刊内检索功能(见图7-4)。

图 7-3 CNKI 数据库的出版物检索

图 7-4 CNKI 数据库的期刊主页

某同学想查阅华东理工大学学者曹锦清的学术成果。

分析:使用作者发文检索或高级检索,进行作者和作者单位字段的检索(见图7-5)。

[提示]为保证检索效果,作者姓名选择精确匹配,作者单位选择模糊匹配。

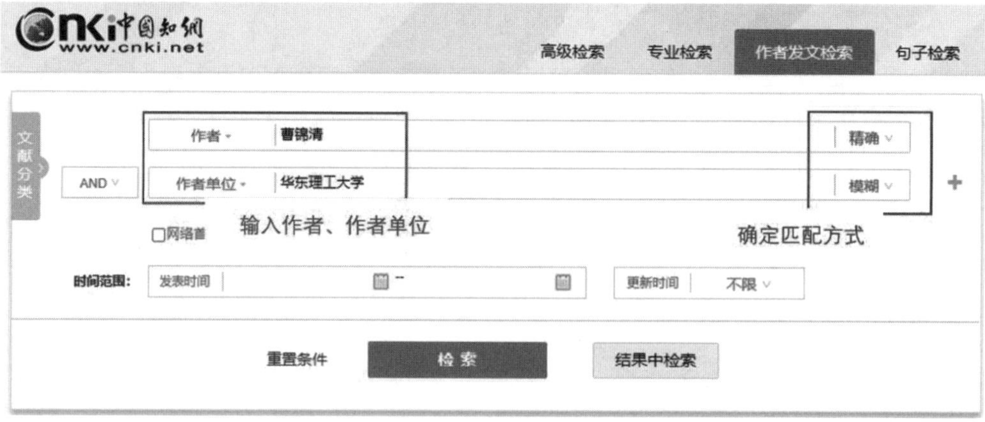

图 7 - 5　CNKI 数据库的作者发文检索

7.1.2　检索规则

(1)布尔逻辑算符:＊(and)表示逻辑与,＋(or)表示逻辑或,－(not)表示逻辑非,其中＊、＋、－仅用于检索词之间,and、or、not 仅用于检索字段之间。

(2)逻辑运算优先级以英文半角的圆括号表示。

(3)精确检索或固定词组以英文半角的单引号或双引号表示。

(4)检索字段以英文字母标识,与检索词之间用等号或百分号连接。

案例 7 - 4　CNKI 数据库检索式书写示例

(1)TKA＝('经济发展'＋'可持续发展')＊'转变'可以检索到篇名、关键词或摘要中包括"经济发展"或"可持续发展"与"转变"的相关文献。

(2)SU＝'北京'＊'奥运'and TI＝'环境保护'可以检索到主题包括"北京"及"奥运"并且篇名中包括"环境保护"的相关文献。

(3)KY＝'生态文明'and (AU %'陈'＋'王')可以检索到关键词包括"生态文明"并且作者为"陈"姓或"王"姓的相关文献。

7.1.3　检索界面与功能特点

CNKI 数据库推出的全球学术快报 2.0 平台提供了知识矩阵形式的检索结果显示页面:能够进行不同文献类型资源的单库选择,查看某一类文献资源的相关检索结果;同时提供对检索结果的分组筛选和排序功能(见图 7 - 6)。

平台的可视化功能得到进一步加强,不仅在检索结果页面直接提供发表年度趋势图、检索结果的可视化分析,还在分组筛选的每一个分面选项都提供可视化的数据展示(见图 7-7)。

图 7-6　CNKI 数据库的检索结果知识矩阵

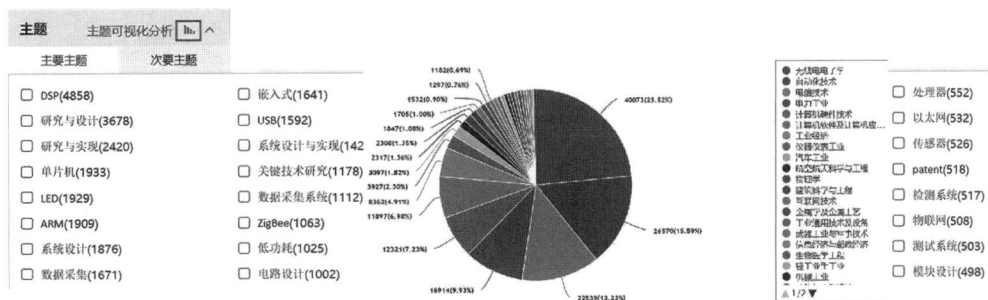

图 7-7　CNKI 数据库的分组筛选可视化

CNKI 数据库还提供知识关联丰富的知网节功能,实现从单篇文献信息到相关知识网络的知识漫游。

案例 7-5　如何利用 CNKI 数据库的知网节深入了解特定主题研究?

　　某老师在专业课上推荐阅读杨海钢教授撰写的论文《FPGA 器件设计技术发展综述》,希望同学们能借此了解相关研究领域的发展情况。

分析:(1)通过篇名和作者组合检索到发表在 2010 年《电子与信息学报》上的期刊文献,点击文献题名进入文献信息详情页面。

　　(2)查看文献基本信息:单篇文献的信息详情页包括文章目录(附文内图片等)、文献题录摘要信息以及引证文献信息,提供 CAJ 或 PDF 格式的全文下载,也可以在线阅读 HTML 全文(见图 7-8)。

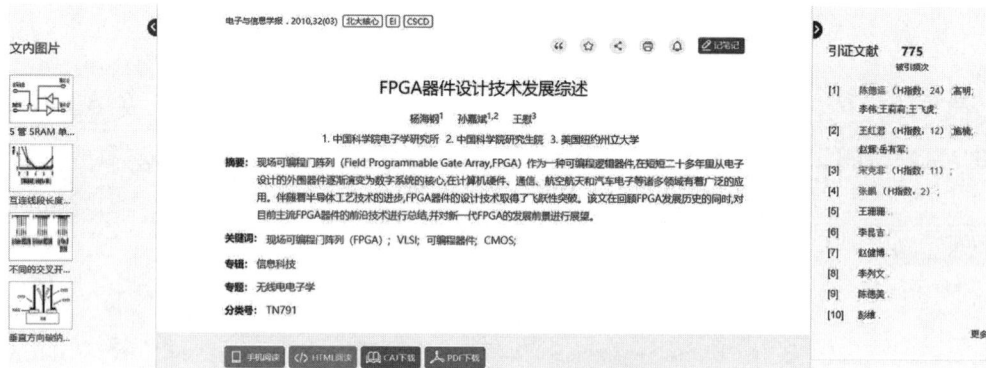

图 7-8 CNKI 数据库单篇文献信息详情页

(3)通过"核心文献推荐"查看文献相关的主题网络:以节点文献为中心,图示化节点文献相关主题内容的研究起点、研究来源、研究分支和研究去脉,主要来源于节点文献的参考文献(包括二级参考文献)或引证文献(包括二级引证文献)的相关高频主题词(见图 7-9)。

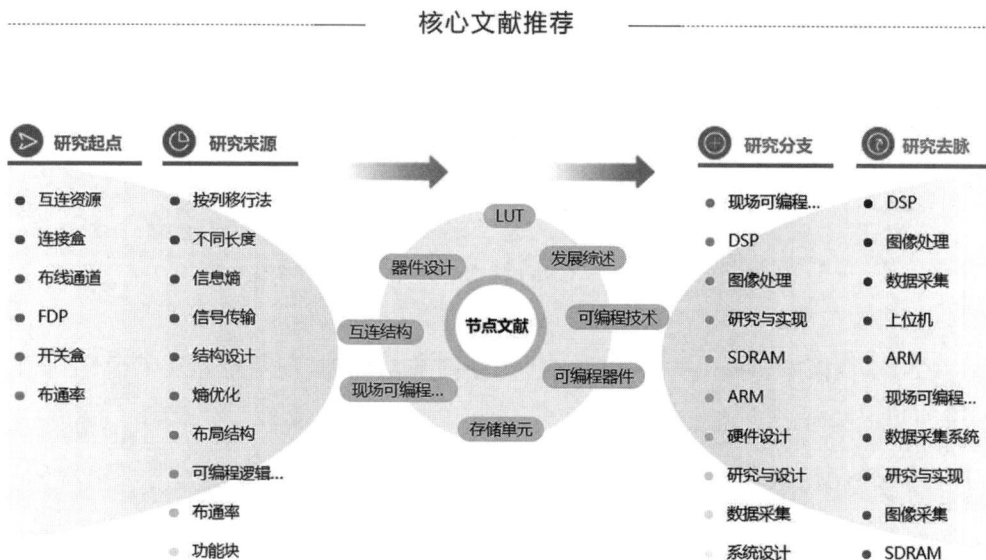

图 7-9 CNKI 数据库单篇文献的核心文献推荐功能

(4)通过"引文网络"查看与文献相关的研究背景和进展:参考文献和二级参考文献反映节点文献研究工作的背景和依据,引证文献和二级引证文献体现节点文献研究工作的应用或后续发展;共引文献是与节点文献有共同参考文献的文献,与该文献有共同的研究背景和依据,同被引文献与节点文献同时被作为参考文献引用,体现其研究的发展方向趋同(见图 7-10)。这些均可以进一步点击查看具体相关文献。

引文网络

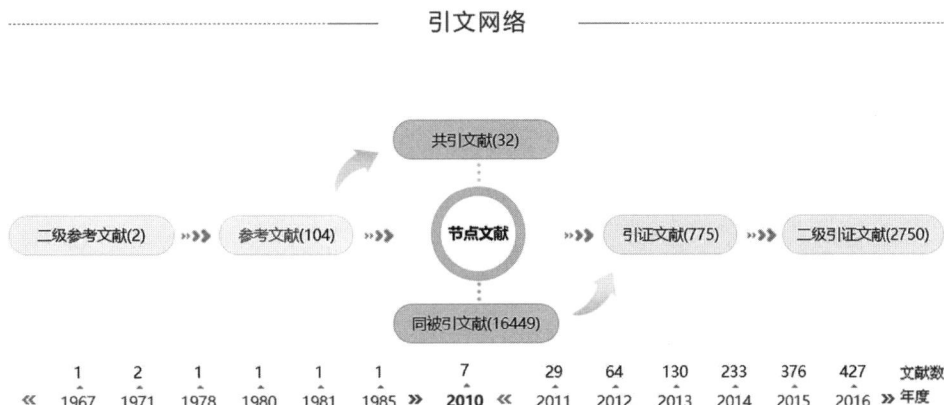

图 7-10　CNKI 数据库单篇文献的引文网络功能

(5)通过"相关推荐"拓展相关文献资源:平台能够根据协同过滤算法推荐与节点文献内容相似的文献,或者根据访问日志推荐其他读者下载的相关文献,同属于某基金项目支持的研究成果,具有文献关联的相关作者,或者主题相关的视频等(见图 7-11)。

相关推荐

相似文献　　读者推荐　　相关基金文献　　关联作者　　相关视频　　　　　　　　　批量下载

[1]　基于可编程器件FPGA的控温电路仿真设计[J]. 郑少华,裴小根. 系统仿真技术. 2014(03)

[2]　计程测速电路的在系统可编程器件的实现[J]. 罗娟,刘三清,应建华. 微电子学. 1999(02)

[3]　可编程器件应用中应注意的问题[J]. 朱智强,张友森. 航空兵器. 2004(02)

[4]　在系统可编程器件及其开发应用[J]. 徐效文,赵正敏,王林高. 淮阴工业专科学校学报. 1999(03)

[5]　部分PSD可编程器件的资源配置[J]. 国外电子元器件. 2001(09)

[6]　可编程器件的动态配置[J]. 夏惊雷,唐元生,赵杭生. 电子产品世界. 2002(11)

[7]　可编程器件,经济低迷下的市场宠儿[J]. 王丽英. 今日电子. 2009(06)

[8]　可编程器件[J]. 电子设计技术. 2006(09)

[9]　可编程器件设计的安全性[J]. 世界电子元器件. 2003(09)

[10]　系统可编程器件CPLD的配置方法[J]. 马艳喜,杨铁柱. 现代电子技术. 2001(08)

图 7-11　CNKI 数据库单篇文献的相关推荐功能

CNKI 数据库可以导出检索结果的多种参考格式,其中 GB/T7714-2015 格式引文可直接作为学术论文的参考文献,"Refworks""EndNote""NoteExpress""NoteFirst"等则可以导入相应的参考文献管理工具进行统一管理。

7.2　万方数据知识服务平台

万方数据知识服务平台收录全学科的中、外文文献资源,集成期刊、学位论文、会议论文、专利、标准、科技成果、法律法规、科技报告、地方志以及视频等文献类型,所收录的大多数文献资源提供全文访问。

7.2.1　检索功能

与其他中文数据库类似,万方提供一框式检索、高级检索、专业检索、作者发文检索等常规检索功能,期刊和会议文献的出版物(或来源)可以在一框式检索界面通过"搜期刊"或"搜会议"功能进行检索。

> **案例 7-6　如何利用万方数据库进行学位论文检索？**
>
> 某同学准备开展关于互联网农业保险的毕业设计,准备以相关主题的学位论文作为切入点进行文献调研。

分析:(1)本案例的检索主题包含"互联网""农业"和"保险",其中除"保险"为专有名词外,"互联网"和"农业"都有意义相同或相近的概念,应作为候选检索词进行同义词扩展。

通用检索式:(互联网 or 网络 or 在线 or 线上) and (农业 or 农村 or 农民) and 保险。

(2)检索方法 1:使用一框式检索。

√ 选择"学位论文"并输入检索式,获得初步检索结果;

√ 借助结果页面的分组筛选、排序以及结果中检索等功能进一步缩小检索范围;

√ 例如:经过初步的文献浏览和阅读,该同学进一步明确了围绕保险服务或运营的模式开展研究,重点关注 2020 年至今的相关成果,可以增加关键词"模式"并且限定起始年为 2020 年进行二次检索(见图 7-12)。

图 7-12　万方数据库的检索结果

(3)检索方法2:在高级检索界面选择文献类型"学位论文",依次输入多个检索条件,进行主题和发表时间的组合检索(见图7-13)。

图7-13 万方数据库的高级检索

案例7-7 如何利用万方数据库进行会议论文检索?

"中国管理学年会"是国内管理学领域规模最大、层次最高的综合性学术会议,某学者想了解该会议的相关信息。

分析:(1)检索方法1:在一框式检索界面选择"会议"文献类型,在会议名称中输入"中国管理学年会",点击"搜会议",可获得各届会议的相关记录,点击会议名称可进一步查看每届会议发表的学术论文。如图7-14即为万方数据库的会议检索页面。

图7-14 万方数据库的会议检索

（2）检索方法 2：在中国学术会议文献数据库的单库首页（会议导航），可以按照学科、首字母、单位类型、主办地、会议级别等条件进行会议筛选或检索（见图 7–15）。

图 7–15 万方数据库的会议导航

7.2.2 检索规则

（1）布尔逻辑算符：仅支持 and、or、not 表示逻辑与、或、非，与检索词之间用空格隔开。

（2）逻辑运算优先级以英文半角的圆括号（）表示。

（3）精确检索或固定词组以英文半角双引号""表示。

（4）检索式书写直接使用中文字段名，检索字段和检索词之间用冒号连接。

（5）除了通用检索字段，不同文献类型可检索的字段不同。图 7–16 所示即为不同文献类型的主要检索字段。

通用	全部　主题　题名或关键词　题名　第一作者　作者单位　作者　关键词　摘要　DOI
期刊论文	基金　中图分类号　期刊名称/刊名　ISSN/CN　期
学位论文	专业　中图分类号　学位授予单位　导师　学位
会议论文	中图分类号　会议名称　主办单位
专利	申请/专利号　专利权人　公开/公告号　主权项　优先权　申请日　公开日　主分类号　分类号　代理人　代理机构
中外标准	标准编号　发布单位　中国标准分类号　国际标准分类号
科技成果	省市　类别　成果水平　成果密级　获奖情况　行业分类　鉴定单位　申报单位　登记部门　联系单位　联系人
法律法规	发文文号　效力级别　颁布部门　时效性　终审法院
科技报告	计划名称　项目名称
新方志	编纂人员　编纂单位　出版单位

图 7–16 不同文献类型的主要检索字段

案例 7 - 8　万方数据库检索式书写示例

（1）（题名："图书馆" or 摘要："图书馆"）and 作者：张晓林

可以检索到题名或摘要包含"图书馆"并且作者为张晓林的相关文献。

（2）主题：（"协同过滤" and "推荐"）and 基金：（国家自然科学基金）

可以检索到主题包含"协同过滤"和"推荐"并且由"国家自然科学基金"资助的相关文献。

（3）主题：（"塔盘" and "密封"）and 申请日：（2018 - 2019）

可以检索到主题同时包含"塔盘"和"密封"并且在 2018 到 2019 年申请的专利文献。

7.3　其他代表性国内检索工具

7.3.1　维普中文期刊服务平台

维普中文期刊服务平台主要提供"中文科技期刊数据库"（CSTJ）等中文期刊数据。除期刊论文检索外，该平台还提供期刊导航、期刊评价报告、期刊开放获取等服务。

期刊主页不仅提供基本的期刊信息、相关论文、发文分析及评价报告，而且详细地提供该刊历年的收录情况，还能够帮助科研用户提供论文投稿相关服务（见图 7 - 17）。

图 7 - 17　维普数据库的期刊增值服务

7.3.2　读秀和百链学术搜索

读秀和百链均是由超星公司提供的学术搜索引擎,提供图书、期刊、报纸、学位论文、会议论文、专利、标准等科技文献,以及讲座、音视频、信息资讯等文献资源的搜索服务。平台提供对文献资源及其全文内容的深度检索,能够实现对本地馆藏资源的一站式访问以及原文传递服务。

> **案例 7 – 9　如何利用读秀学术搜索的知识检索？**
>
> 想了解中医方剂"麻黄汤"的相关知识,并查阅相关可考证文献资料。

分析：(1)选择读秀学术搜索的知识检索,输入"麻黄汤"可获得全文中出现该词的所有文献资源,包括相关的图书、期刊等科技文献以及百科、课程课件、音视频等。

(2)通过专题聚类功能还可以进一步缩小检索范围。例如,限定在经典古籍"四库全书"中麻黄汤的相关记载(见图 7 – 18)。

图 7 – 18　读秀学术搜索的知识检索功能

(3)点击查看文献详情,可在线阅读电子书、获得本馆馆藏纸书或者通过图书馆文献传递获得原始文献。图 7 – 19 所示即为读秀学术搜集成电子书、馆藏纸书和文献传递服务。

图 7 – 19　读秀学术搜索集成电子书、馆藏纸书和文献传递服务

7.3.3　其他检索工具

（1）超星电子书（也称汇雅电子书）：提供包含 22 个学科分类的中文电子图书检索与全文服务，平台提供书名、作者、目录或者全文检索功能，可使用阅读器、PDF 文件或网页等方式阅读电子书全文。平台的电子书资源也可以通过读秀和百链学术搜索或超星移动图书馆系统进行访问。

（2）中华数字书苑：提供中文数字文献资源服务，主要收录图书、报纸、工具书、图片、年鉴等文献类型以及外经贸数据等特色资源，其中部分图书等文献可在线阅读全文或通过移动端借阅，平台针对不同的文献类型提供有针对性的高级检索功能。

（3）宇飞标准文献服务系统：集成了国内行业标准、国家强制标准、国家推荐标准等各类标准文献数据，并提供全文 PDF 下载。平台提供全文、标准号、标准名称、发布单位、发布或实施日期等基础字段的检索功能，同时支持按照中国标准分类号或行业类别进行文献浏览。表 7-1 汇总了几种国内检索工具的主要特点。

表 7-1　其他国内检索工具主要特点一览表

名　称	收 录 范 围	功 能 特 色
维普中文期刊服务平台	期刊	期刊评价、期刊投稿等增值服务
读秀和百链学术搜索	图书、期刊、报纸、学位论文、会议论文、专利、标准、讲座、音视频、信息资讯等	知识检索、资源整合与原文获取
超星电子书	图书	多种方式的图书全文阅读
中华数字书苑	图书、报纸、工具书、图片、年鉴、统计数据	年鉴、工具书、统计数据等特色资源
宇飞标准文献服务系统	标准	标准文献全文

7.4　WOS 数据库

WOS 数据库由多个子数据库构成，主要包括提供高质量引文索引的 WOS 核心合集，收录不同领域文献的专业检索工具，如 BIOSIS Previews、Inspec、MEDLINE 等，收录专利文献的 Derwent Innovations Index，以及提供不同科学指标的计量分析数据库 Journal Citation Reports、Essential Science Indicators 等。本节主要关注 WOS 核心合集的使用，其他子数据库将在后续章节中介绍。WOS 核心合集的构成如表 7-2 所示：

表 7-2 WOS 核心合集的构成

数 据 库 结 构	简 介
WOS 核心合集 引文索引： ◇ Science Citation Index Expanded（SCI-EXPANDED） ◇ Social Sciences Citation Index（SSCI） ◇ Arts & Humanities Citation Index（A & HCI） ◇ Conference Proceedings Citation Index（CPCI），含 CPCI-S（Science）、CPCI-SSH（Social Science & Humanities） ◇ Book Citation Index ◇ Emerging Sources Citation Index（ESCI）	收录自然科学、人文社科及艺术人文领域高质量期刊、会议、图书等文献，并提供引文索引
化学索引： ◇ Current Chemical Reactions（CCR-EXPANDED） ◇ Index Chemicus（IC）	收录期刊和会议文献，提供化学结构数据、化合物信息、反应等

7.4.1 检索功能

（1）基本检索：可限定检索字段进行检索词或检索式的输入，可通过设置实现单一条件或多条件的组合检索。

（2）高级检索：提供专门的检索式检索功能，可使用字段标识、布尔运算符、括号和检索结果集来创建检索式。

（3）作者检索：提供作者姓名、ResearchID 或 ORCID 两种作者发文信息的检索方式，其中姓名检索提供国家/地区、组织（机构）、学科等字段的检索结果精炼功能，帮助用户快速检索到特定学者。

（4）被引参考文献检索：提供引用个人著作的文献检索功能，可通过被引作者、被引著作、被引年份、引用的 DOI、被引卷、被引期、被引页、被引标题等字段输入有关被引著作的信息，多个字段间用逻辑与 and 组配。

（5）化学结构检索：提供化学结构绘图、化合物数据、化学反应数据等检索输入，其中化学结构绘图功能可通过 Accelrys JDraw 小程序绘制化合物或化学反应结构，适用于 Current Chemical Reactions 和 Index Chemicus 子库。

> **案例 7-10 如何利用 WOS 数据库进行主题检索?**
>
> 某教师在实验中想要采用"超临界二氧化碳模压发泡"方法，准备通过在 SCIE 数据库查找相关的高水平论文了解该方法的相关信息。

分析:(1)通用检索式:supercritical * and ("carbon dioxide" or CO2) and (compress * mold *) and foam * 。

(2)检索方法1:采用基本检索,多条件组合检索(见图7-20)。

[提示]注意选择WOS核心合集中的SCIE数据库。

图7-20 WOS数据库基本检索

(3)检索方法2:采用高级检索,输入检索式 TS=(supercritical and ("carbon dioxide" or CO2) and (compress * and mold *) and foam *)(见图7-21)。

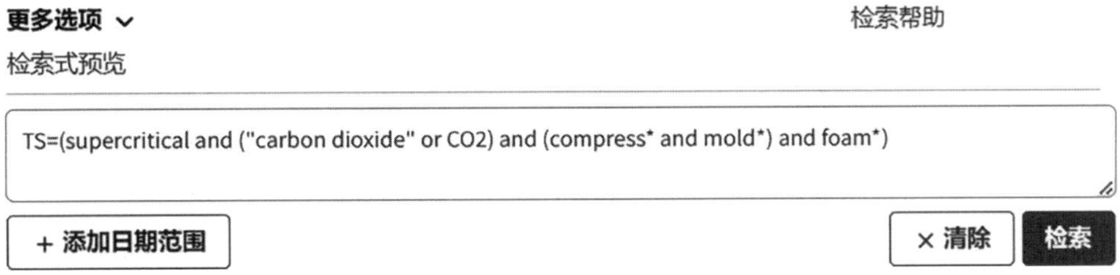

图7-21 WOS数据库的高级检索

案例7-11 如何利用WOS数据库进行作者检索?

通过WOS平台检索华东理工大学学者轩福贞发表的高质量论文。

分析：中文姓名拼音在各个外文出版物中的写法并无统一规则，检索时极易造成漏检，可选用 WOS 提供的索引功能解决查全率的问题。用户在基本检索界面选择作者字段，根据索引查找作者姓名的不同写法。

（1）检索方法 1：采用基本检索，选择作者字段，检索框下才会出现索引选项（见图 7‑22）。

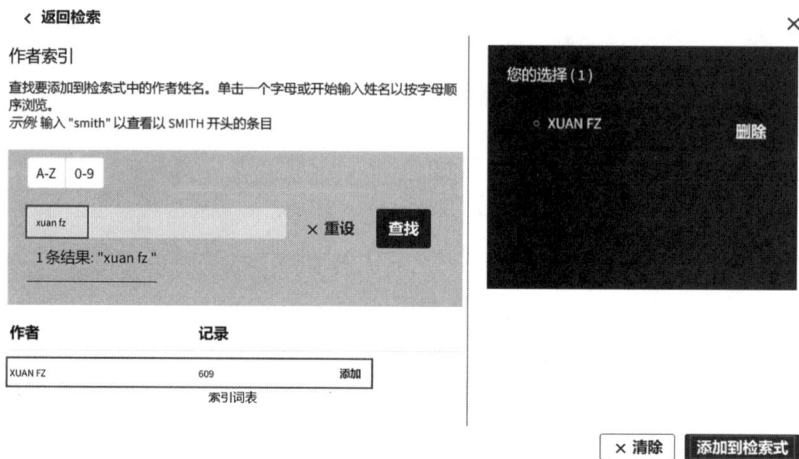

图 7‑22　WOS 数据库基本检索功能的作者索引

［提示］作者索引中建议按照"完整姓氏，空格和名字首字母"的形式输入。对于中文姓名，可以直接输入每个汉字拼音的首字母，如"xuan fz"，数据库会自动扩展"xuan fuzhen"等写法。

（2）将所选作者传输至"检索"页面上的作者字段，并输入机构名称（见图 7‑23）。

［提示］基本检索的机构扩展字段也可以通过索引查找的机构名称。通过作者和机构字段联合检索，基本可以保证定位到正确的作者。

图 7‑23　WOS 数据库基本检索功能进行检索作者

案例 7 - 12　如何使用化学结构检索功能？

　　想了解螯合剂乙二胺四乙酸（Ethylene Diamine Tetraacetic Acid，EDTA）的相关化学反应。

分析：利用化学结构检索方式。图 7 - 24 所示即为 WOS 数据库化学结构绘制界面。

［提示］化学结构检索目前仅适用于 WOS 数据库的核心合集和 Derwent Innovations Index 等部分子库。

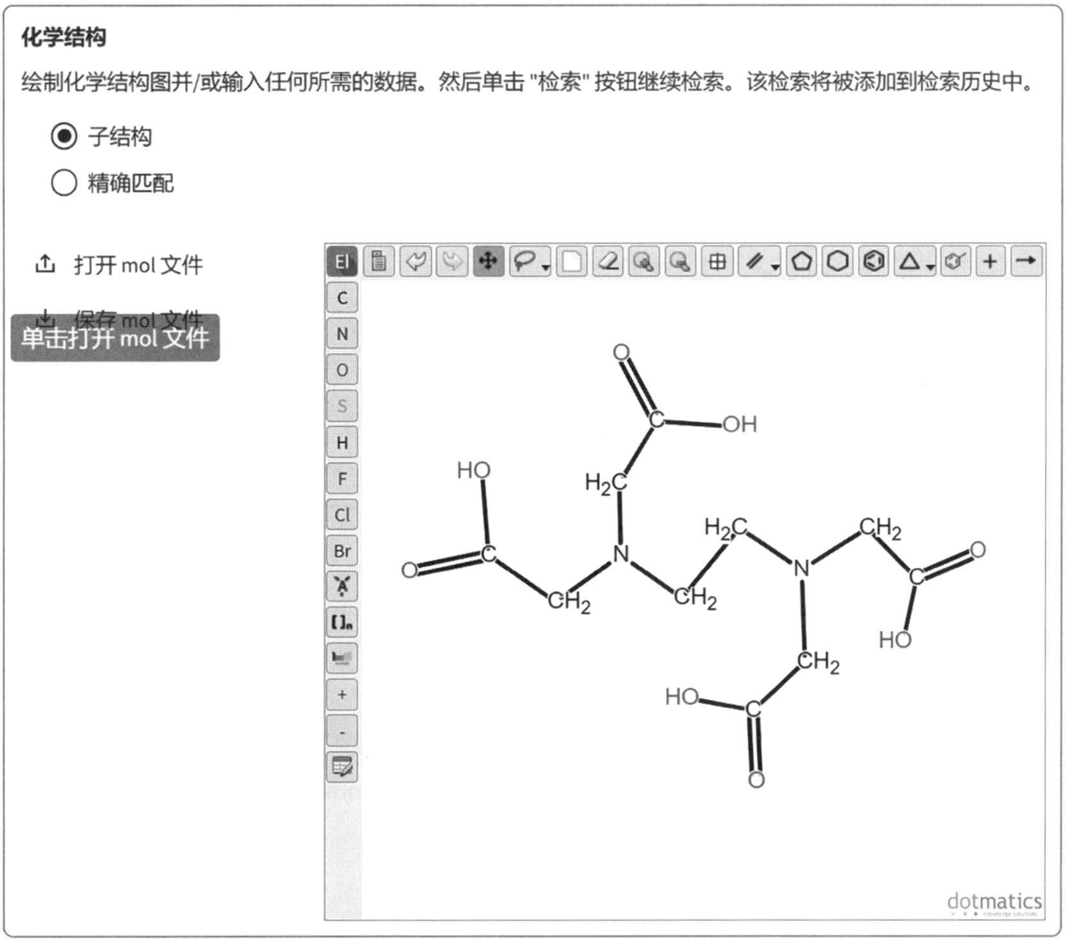

图 7 - 24　WOS 数据库化学结构检索

案例 7 - 13 如何使用被引参考文献检索功能？

2019 年 1 月，一则新闻报道了施一公教授带领的研究团队在《自然》上发表了关于人体 γ-分泌酶结合底物 Notch 结构基础的重要成果，想要快速了解该文献后续的相关研究情况。

分析： 选择被引参考文献检索功能，分别在被引作者、被引年份和被引著作三个字段，输入"shi yigong""2019"和"Nature"进行检索，可以直接获得该文献的标题、作者、出版年、卷、期、页、标识符（DOI）等相关信息及详细题录，并且可以通过施引文献链接获得该成果的后续研究情况。

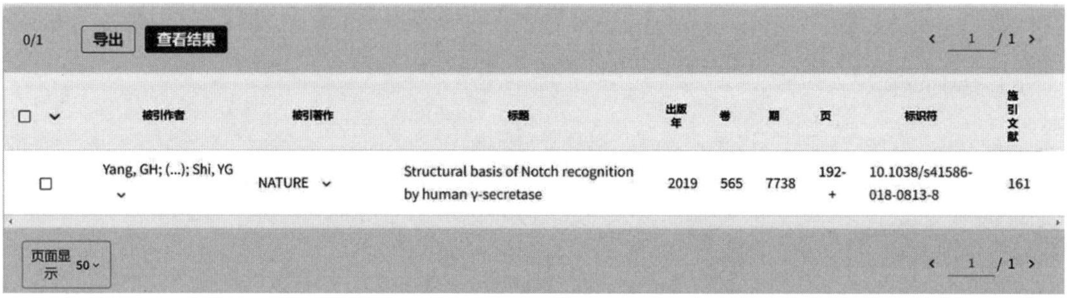

	被引作者	被引著作	标题	出版年	卷	期	页	标识符	施引文献
☐	Yang, GH; (...); Shi, YG	NATURE	Structural basis of Notch recognition by human γ-secretase	2019	565	7738	192-+	10.1038/s41586-018-0813-8	161

页面显示 50

图 7 - 25　WOS 数据库被引参考文献检索

7.4.2　检索规则

（1）布尔逻辑算符：and 表示逻辑与，or 表示逻辑或，not 表示逻辑非，算符与检索词之间以空格间隔，不区分大小写。

（2）截词算符：＊表示任意多个字符，？表示任意一个字符，$ 表示 0 或者 1 个字符。

（3）位置算符：near/x 表示其连接的检索词之间最多间隔 x 个单词，词序不限；same 用于地址字段，表示其连接的检索词在同一地址中出现，same 用于主题或标题字段则相当于 and。

（4）精确检索或固定词组以英文半角的双引号""表示。

（5）逻辑运算优先级以英文半角的圆括号（）表示。

（6）检索字段以英文字母标识，与检索词之间用等号＝连接。

案例 7－14　WOS 数据库检索式书写示例

(1)SO=Odonatologica AND TI=damselfly AND PY=2000－2007

检索 2000 年至 2007 年发表，标题中包含单词“damselfly”，并且发表在 *Odonatologica* 期刊的文献。

(2)TS=(sleep AND winter) AND #1 NOT #2

检索主题包含检索词“sleep”和“winter”，同时符合检索式 #1，但排除那些符合检索式 #2 的文献。

(3)AU=Chen J * NOT AD=China

检索作者是 Chen J(包括 Chen，Jiaji；Chen，Jun-Yuan；Chen，Jian；Chen，Jian-Xiu 等)，但排除地址字段中出现 China 的文献。

7.5　Scopus 数据库

Scopus 是全球最大的同行评议文献摘要与引文数据库，收录期刊、会议、图书、专利等多种文献类型，涵盖自然科学、生物医学、社会科学等综合性学科，提供文献出版商链接的全文访问方式。图 7－26 提供的是 Scopus 数据库文献信息页。Scopus 数据库除了提供与 WOS 数据库等类似的传统文献引用数据，还借助 Scopus 数据库之外的文献使用情况、抓取、提及、社交媒体和引用等进行更为全面的社会化计量分析。

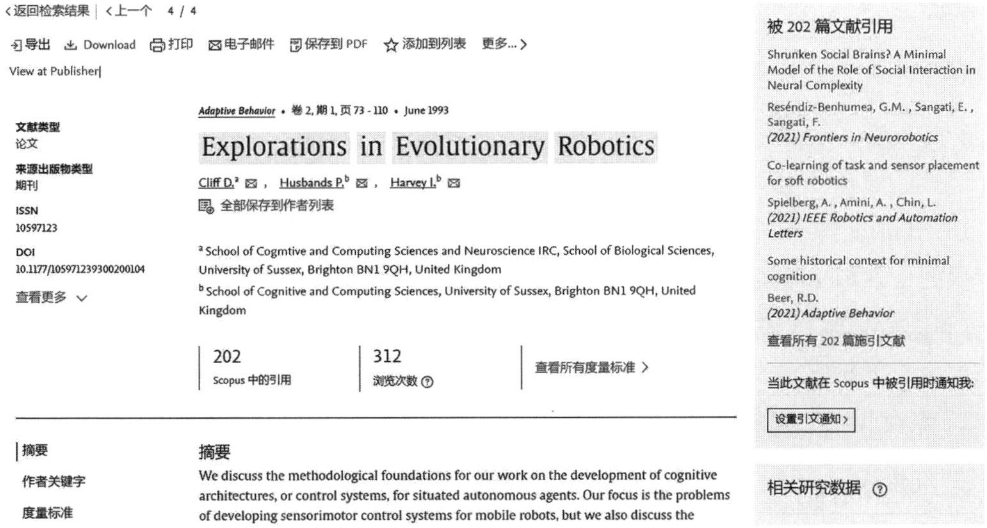

图 7－26　Scopus 数据库文献信息页

7.5.1 检索功能

(1)文献检索:数据库提供的基本检索功能,可限定检索字段进行检索词或检索式的输入,可通过设置实现单一条件或多条件的组合检索。图 7‑27 提供的是 Scopus 数据库文献检索功能。

文献　作者　研究人员发现　组织　Scopus AI　　　　　　　　　　检索提示 ⑦

检索范围
论文标题、摘要、关键词　∨　　关键字检索 *

＋ 添加检索字段　⊡ 添加日期范围　高级文献检索 ＞　　　　　　　　　检索 Q

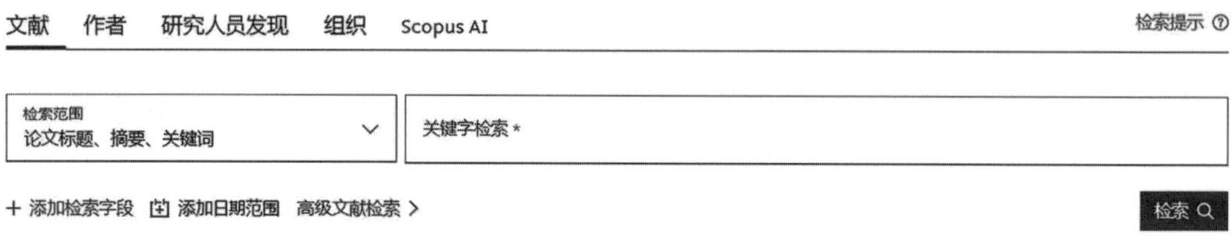

图 7‑27　Scopus 数据库文献检索功能

(2)作者检索:提供作者姓名以及 ORCID 两种作者检索方式,其中姓名检索提供归属机构、国家/地区、城市等字段的检索结果精炼功能。图 7‑28 展示的是 Scopus 数据库作者检索功能。

文献　作者　研究人员发现　组织　Scopus AI　　　　　　　　　　检索提示 ⑦

Search authors using:　◉ 作者姓名　○ ORCID　○ 关键字

输入姓氏 *　　　　　　　　　　　　　输入名字

＋ 添加机构　　　　　　　　　　　　　　　　　　　　检索 Q

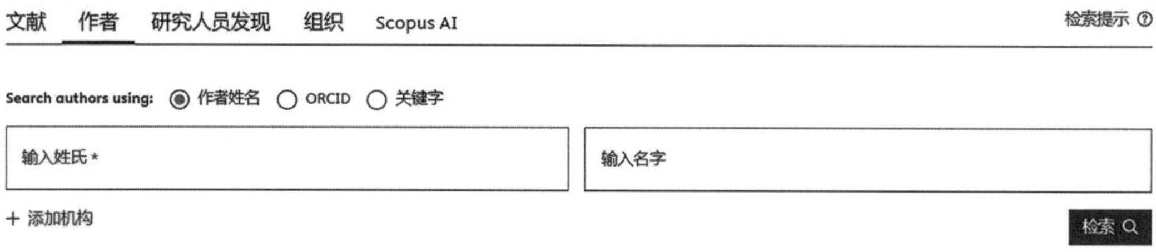

图 7‑28　Scopus 数据库作者检索功能

(3)机构检索:提供专门的归属机构索引与检索功能,可进一步通过国家/地区、城市等字段的检索结果精炼功能。

(4)高级检索:提供专门的检索式检索功能,可使用字段标识、布尔运算符、括号和检索结果集来创建检索式。

(5)Scopus AI:提供基于 Scopus 文摘和参考文献生成概要功能。

7.5.2 检索规则

(1)布尔逻辑算符:and 表示逻辑与,or 表示逻辑或,and not 表示逻辑非,检索词之间以空格间隔,不区分大小写。

（2）截词算符：＊表示任意多个字符，？表示任意一个字符。

（3）位置算符：pre/n 表示连接的检索词间隔不超过 n 个词，检索词前后顺序不可以颠倒；W/n 表示连接的检索词间隔不超过 n 个词，检索词前后顺序可以颠倒。

（4）精确检索或固定词组以英文半角的大括号{ }表示，近似匹配（词形可变化）的词组以英文半角的双引号""表示。

（5）逻辑运算优先级以英文半角的圆括号（）表示。

（6）检索字段以英文字母和特定符号标识，用圆括号（）连接检索条件。

案例 7－15　Scopus 数据库检索式书写示例

（1）ALL（"Cognitive architectures"）AND AUTHOR-NAME（smith）

可以检索到全部字段中包含固定词组"Cognitive architectures"，同时作者姓名包含"smith"的文献。

（2）TITLE-ABS-KEY（＊somatic complaint wom？n）AND PUBYEAR AFT 1993

可以检索到标题摘要关键词字段同时包括＊somatic、complaint、wom？n 三个检索词（其中检索词中包含截词算符：＊表示任意多个字符；？表示任意一个字符），并且出版年晚于 1993 年的文献。

（3）SRCTITLE（＊field ornith＊）AND VOLUME（75）AND ISSUE（1）AND PAGES（53－66）

可以检索到来源出版物名称中包括"＊field"和"ornith＊"，并且发表在相关期刊第 75 卷、第 1 期、53－66 页的文献。

7.6　其他代表性国外检索工具

7.6.1　ScienceDirect（https：//www.sciencedirect.com/）

ScienceDirect 数据库（简称 SD）主要提供学术出版商爱思唯尔（Elsevier）出版的期刊、专著等学术文献的检索与全文服务，收录范围覆盖自然科学与工程（Physical Sciences and Engineering）、生命科学（Life Sciences）、健康科学（Health Sciences）、社会科学与人文科学（Social Sciences and Humanities）等领域。该平台提供传统的基本检索和高级检索功能，支持多种检索条件的组合检索。

案例 7 - 16　如何利用 ScienceDirect 数据库进行主题检索

　　某同学想要了解关于"微流控芯片"的研究进展,为此他想要查找该领域的综述文献。

分析:(1)通用检索式:((microfluid OR microfluidic) And (chip OR biochip)) OR microchip;

（2）选择 ScienceDirect 数据库的高级检索,在"Title,abstract or author-specified keywords"框内输入检索式并检索,而后在检索结果页面筛选所需文献类型(见图 7 - 29)。

〔提示〕ScienceDirect 数据库不支持 * 截词符。

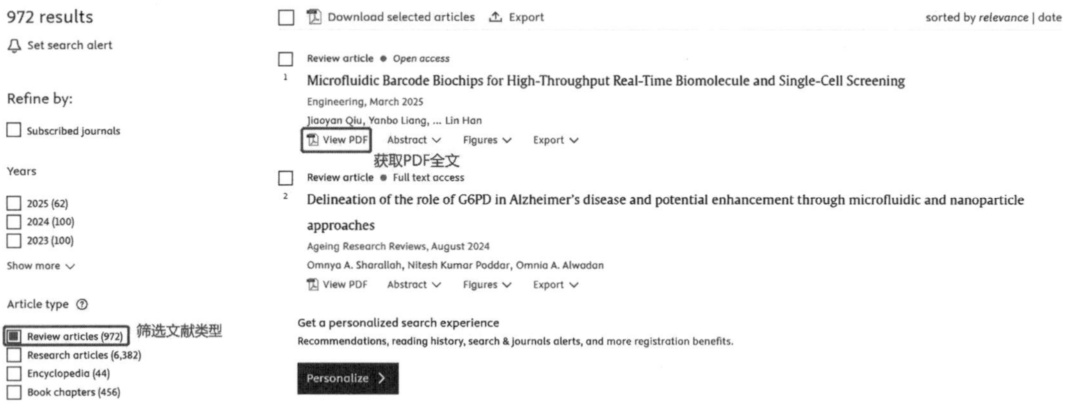

图 7 - 29　ScienceDirect 数据库检索结果

7.6.2　SpringerLink(https://link.springer.com/)

　　SpringerLink 数据库(简称 Springer),收录 Springer 公司出版的图书(含系列丛书)、期刊、参考工具书、实验手册以及会议论文等相关文献,涉及自然科学、技术及医学(STM)以及人文与社会科学(HSS)等学科,提供相关文献的全文访问。

7.6.3　Wiley Online Library(https://onlinelibrary.wiley.com/)

　　Wiley Online Library 数据库(简称 Wiley)由学术出版商 Wiley 公司建立,收录包括学术期刊、电子图书、在线参考工具书、实验手册等文献,还提供多种化学、光谱以及循证医学数据库,学科范围覆盖化学、物理学、工程学、农学、兽医学、食品科学、医学、护理学、口腔医学、生命科学、心理学、商业、经济学、社会科学、人类学等多个学科,提供文献全文下载。

7.6.4　国外学位论文检索平台 PQDT（https://www.pqdtcn.com/）

ProQuest 学位论文全文检索平台（ProQuest Dissertations & Theses，PQDT），收录欧美多所大学涉及文、理、工、农、医等广泛领域的博士、硕士学位论文，是学术研究中十分重要的学位论文全文信息资源。该平台除了提供针对学位论文文献特征的基本检索和高级检索功能，还支持按主题、学校的分类导航功能。

> **案例 7-17　如何利用 PQDT 数据库检索外文学位论文**
>
> 某同学关注转基因带来的社会影响，导师推荐了一篇名为"Transgene integrity，chimerism，silencing and stability in rice"的学位论文，需查找此论文的全文。

分析：选择 PQDT 数据库的基本检索，输入学位论文标题，可以直接获得检索结果，也可以选择高级检索选择标题字段进行检索（见图 7-30）。

图 7-30　PQDT 数据库主页的检索功能

第 **8** 章　专业检索工具

本・章・重・点

◇ 了解不同学科常用的专业检索工具
◇ 重点掌握:SciFinder 与 Engineering Village 数据库的检索功能和使用方法

　　除了通用检索工具,还有不少专门面向特定学科领域收集并整理具有专业特色文献资源的检索工具,这类工具的提供者大多是商业出版机构、各级行业协(学)会以及文献服务机构等。为了方便介绍,本章根据学科特点进行工具分类,重点关注化学化工、生物医学、理学信息、社会商科四类专业检索工具。

8.1　化学化工类

8.1.1　SciFinder

　　SciFinder 是由美国化学文摘社(CAS)开发的化学及相关学科智能研究平台,覆盖了包括化学、生物、医药、材料、食品、应用化学、化学工程、农学、高分子、物理等多学科、跨学科的科技信息,收录的文献类型主要包括期刊、专利、学位论文、会议论文、技术报告、图书、评论、预印本和网络资源等。SciFinder 目前包含 7 个内容子集(见表 8-1),仅提供文献的题录及摘要信息,但可以无缝链接到相关全文。

表 8-1　SciFinder 的数据库构成

子集名称	数据范围
CAPlus	文献数据库,收录 19 世纪早期至今的科技期刊文献、专利文献、会议论文、技术报告、图书、学位论文、评论、会议摘要、网络预印本等
CAS REGISTRY	物质信息数据库,收录物质包括有机物质、无机物质(如合金、配合物、矿物质、混合物、聚合物、盐等)、序列、物质属性值和光谱等信息
CASREACT	化学反应数据库,收录 1840 年以来的化学反应,包括单步、多步反应及合成制备,涉及反应条件、产率、催化剂、实验步骤等信息
MAPPAT	马库什结构专利信息数据库,收录可检索的来自专利的马库什结构
CHEMLIST	管控化学品信息数据库,收录 1980 年以来的备案/管控物质名录及目录

（续表）

子集名称	数据范围
CHEMCATS	化学品商业信息数据库,收录化学品供应商的联系信息、价格、产品纯度、库存等信息,还包括目录名称、定购号、物质名称、物质 CAS 登记号、结构式等信息
MEDLINE	美国国家医学图书馆数据库,收录生命科学尤其是生物医学方面的期刊文献

SciFinder 数据库的最大优势在于其大部分文献资源都经过人工标引,通过准确揭示领域相关的化学物质、反应、结构、术语等关键技术信息,提供了丰富的检索途径。该数据库主要提供文献检索(References)、物质检索(Substances)和反应检索(Reactions)等检索功能,功能界面划分了灵活构建检索式区域以及高级检索区域,供用户选择不同的检索方式。下面通过检索示例介绍 SciFinder 数据库的主要检索功能、规则及使用方法。

1) 文献检索

可灵活设置多种检索条件的传统文献检索途径,可以使用常见的作者姓名、出版物名称、机构名称、主题词、出版年等检索条件,也支持物质名称、CAS 登记号(CAS RN)、专利号、PubMed ID、文献号、DOI 等检索条件。

案例 8-1　检索"离子液体催化"(ionic liquid catalysis)的相关文献

分析：(1)本案例的检索主题包含离子液体(ionic liquid)和催化 catalysis)两个概念,通用检索式："ionic liquid" and catalysis 。

(2)选择 References 检索途径,在检索框中输入检索式进行检索(见图 8-1)。

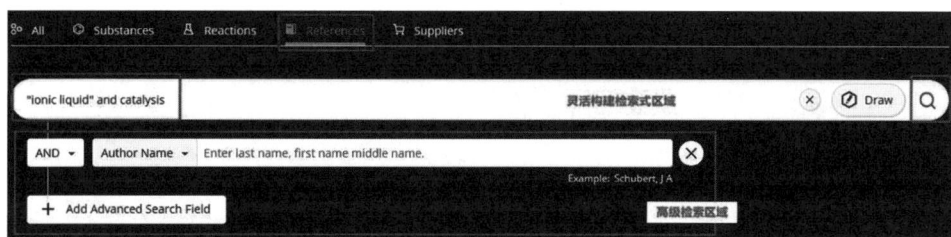

图 8-1　SciFinder 数据库 References 检索

(3)使用文献检索结果界面的 Filter by 和 Exclude 功能可以对结果文献进行筛选(见图 8-2),比如:利用 Document Type 可以限定检索结果的文献类型,如仅查看综述文献;利用 Language 可以限定检索结果的语种,如只查看中文文献等。

(4)单篇文献详情页不仅提供标题、作者、摘要等文献基本题录信息,还进一步提供文献内容涉及的重要技术术语、物质、反应等高质量信息(见图 8-3)。

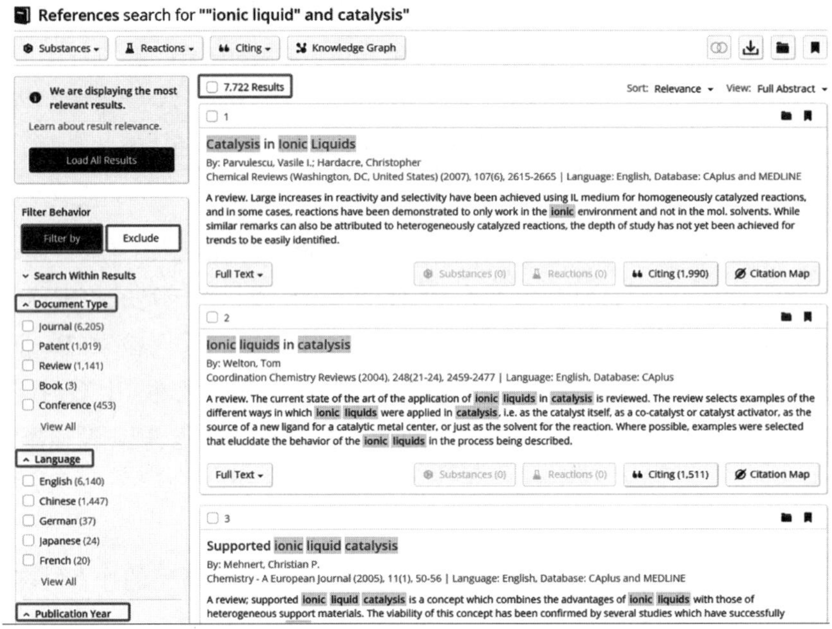

图 8-2　SciFinder 数据库的检索结果界面

图 8-3　SciFinder 数据库的单篇文献信息页

2）物质检索

通过使用物质名称、CAS 登记号、化学分子式、物性参数、谱图数据、绘制结构式等途径，对化学物质进行检索，进而获取相关文献的检索途径。在 SciFinder 数据库中常用的物质检索包括：化学名称检索、结构式检索、分子式检索、理化性质检索和物质标识符检索等途径，其中有机化合物和天然产物推荐使用结构检索，无机化合物和合金推荐使用分子式检索，高分子化合物可以根据实际情况选择分子式或结构检索。

> **案例 8 - 2　如何使用化学名称检索，以阿司匹林为例**

分析：(1)选择物质检索（Substances），在高级检索区域下拉菜单中选择"化学标识"（Chemical Identifier）的子选项"化学名称"（Chemical Name），输入"aspirin"进行检索（见图 8 - 4）；

（2)物质检索的检索结果页面显示阿司匹林的 CAS 登记号、物质结构、化学分子式等主要信息，并提供相关文献、相关反应及供应商链接（见图 8 - 5），点击右上角的扩展标志可以进一步查看阿司匹林的详细物质信息，包括主要物理性质、实验性质、谱图等数据（见图 8 - 6）。

［提示］本案例也可以直接在物质检索界面的灵活构建检索式区域输入"aspirin"进行检索。

扫码看视频

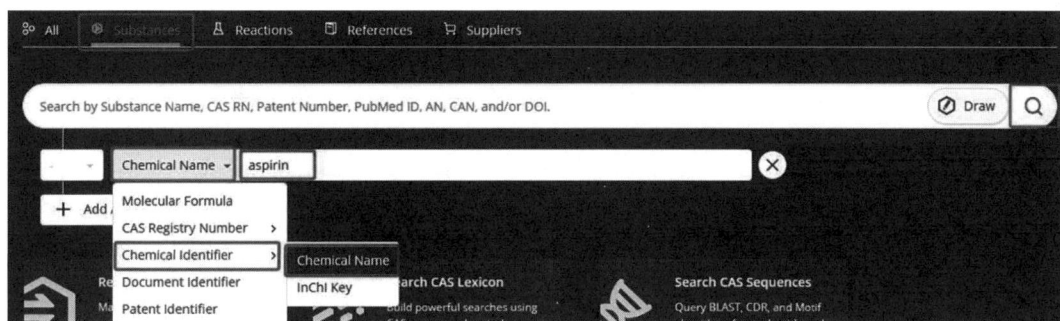

图 8 - 4　SciFinder 数据库的化学名称检索

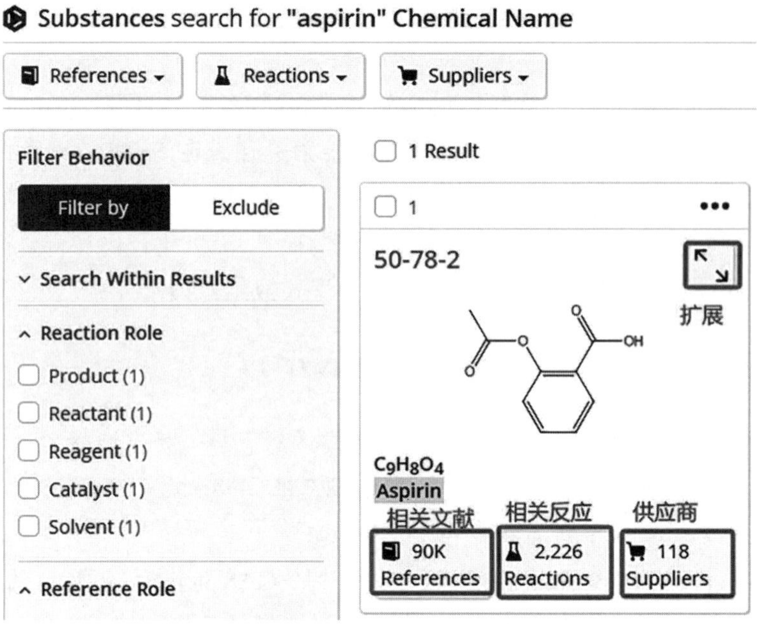

图 8-5　SciFinder 数据库的物质检索结果

图 8-6　SciFinder 数据库的物质详细信息

案例 8-3　如何使用理化性质检索,检索电阻率大于 125ohm 的含铁物质?

分析:(1)选择物质检索(Substances),在高级检索区域下拉菜单中选择"电学属性"
　　　(Electrical)的子选项"电阻"(Electrical Resistance),输入">125"进行检索(见图
　　　8-7)。

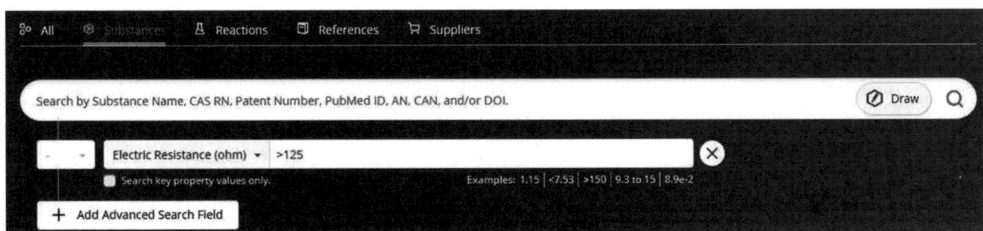

图 8 - 7　SciFinder 数据库的理化性质检索

（2）在检索结果页面上，从左侧元素选项（Element）中选择"Fe"，筛选得到符合条件的 57 种含铁物质（见图 8 - 8）。

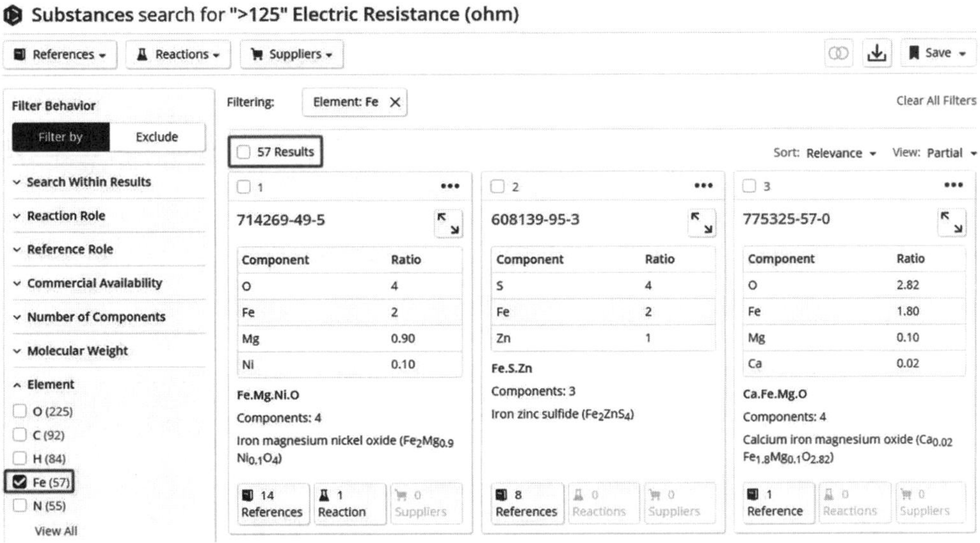

图 8 - 8　SciFinder 数据库的理化性质检索结果

案例 8 - 4　如何进行分子式检索[①]，以十二烷基硫酸钠（$C_{12}H_{26}O_4S.Na$）为例

分析：选择物质检索（Substances），在高级检索区域下拉菜单中选择"分子式"（Molecular Formula），输入"C12H26O4S.Na"进行检索，可以得到该分子式的同分异构体，然后进一步参照结构获得精确的物质（见图 8 - 9）。

----

　　① 分子式输入需要遵守 Hill 排序规则：不含碳化合物，按元素符号的字母顺序排列；分子式为含碳化合物时，则"C"在前；如有氢则紧随其后，其他元素符号按字母顺序排在氢的后面，其中金属盐分子式中的金属离子和阴离子间用点（.）分开。

图 8-9　SciFinder 数据库的分子式检索结果

案例 8-5　如何进行结构式检索[①],精确检索包含化学物质结构图的物质及相关文献?

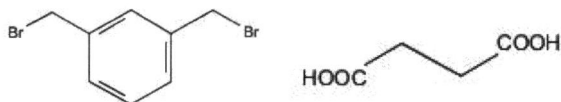

分析:选择物质检索(Substances),利用 CAS Draw 工具绘制物质结构,或利用登记号、SMILES 格式、InChI 编码等导入物质结构,然后对该物质结构进行检索得到目标物质(见图 8-10)。

(a)　　　　　　　　　　　　　　(b)

图 8-10　SciFinder 数据库的物质结构绘制(a)及检索结果(b)

[①]　在精确结构检索中,获得的盐、混合物、配合物或聚合物等检索结果中,被检索结构不能被取代;如果所需检索结果应包括精确结果检索以及被检索结构的修饰结构,则选择亚结构检索(Substructure Search);如果要进行目标结构的模糊检索,则可以选择相似结构检索(Similarity Search),获得片段或整体结构与被检索结构相似的结果,母体结构可以被取代或改变。

3）反应检索[①]

以获取文献中的反应信息为目标的与化学相关的主题的文献检索,主要通过结构式进行检索。

> **案例 8 - 6 如何使用精确结构进行反应检索,检索包含如下化学反应的相关文献?**
>
>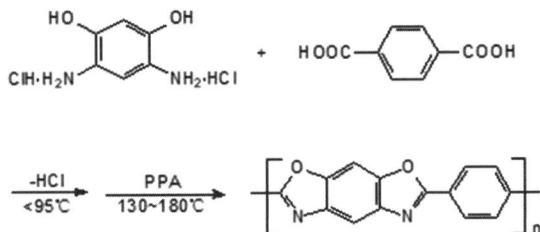

分析:(1)选择反应检索(Reactions),利用 CAS Draw 工具绘制反应物或产物的物质结构,或利用登记号、SMILES 格式、InChI 编码等导入反应物或产物的物质结构,选择化学物质在反应中的角色[见图 8 - 11(a)]。

(2)在检索结果中找到符合反应式的化学反应信息以及来源文献信息[见图 8 - 11(b)]。

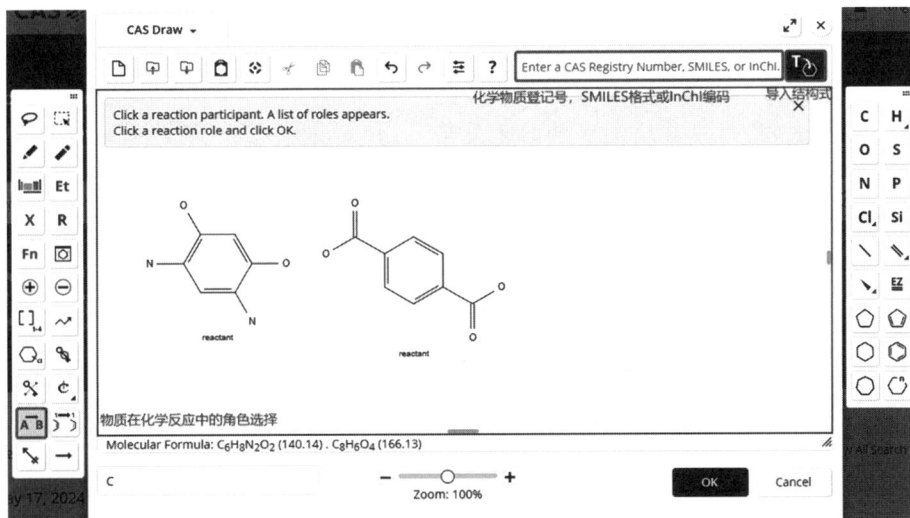

(a)

---

① 通常利用 SciFinder 检索工具获得反应信息有四种途径:①从已知物质获得反应信息;②从已知文献获得反应信息;④通过工具的精确结构反应检索;④通过亚结构反应检索。

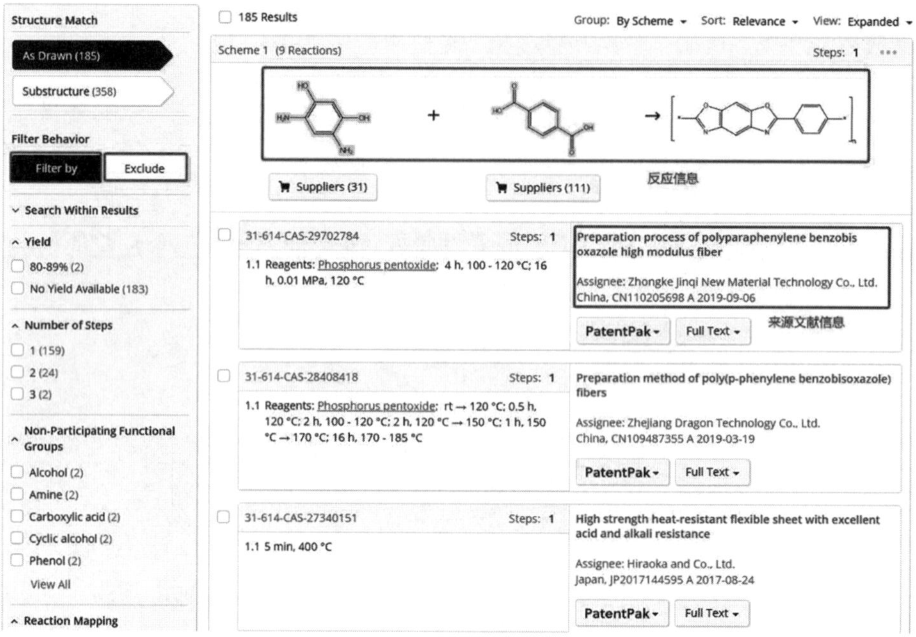

(b)

图 8‑11　SciFinder 数据库的反应检索(a)及检索结果(b)

[提示] 反应检索界面的 CAS Draw 工具功能,相比于化学结构检索会增加绘制反应箭头、设置物质在反应中的角色、标记原子、标记键形成/断裂处标记成/断键处、选择官能团等相应功能;反应检索可以画出完整的反应式,也可以只画反应物或者只画产物,当选择从产物出发查找反应时,考虑到产物为聚合物,因此建议选择物质检索,利用工具绘制产物的重复单元,锁定环以及原子,以便通过正确的结构式找到相关反应信息及文献。

8.1.2　其他代表性检索工具

1) ACS Publications(https://pubs.acs.org/)

美国化学学会(American Chemical Society,ACS)成立于 1876 年,现已成为世界上最大的科技协会,其出版内容覆盖药物化学、有机化学、化学工程、环境科学、材料学、植物学、食品科学、分析化学等 20 多个主要的化学研究领域。目前 ACS Publications 官方平台收录高质量的电子期刊、新闻报道、电子图书,以及参考工具书、技术标准等,提供有关文献的全文下载(需授权),支持出版物的标题、作者、DOI、关键词等字段检索。

2) RSC Publishing(https://pubs.rsc.org/)

英国皇家化学学会(Royal Society of Chemistry,RSC)是欧洲最权威的化学领域学会组织,其出版的期刊大部分属于化学领域核心期刊,被 SCI 和 Medline 等高质量工具收录。目前学会官方网站 RSC Publishing 提供 ACS 出版的期刊和图书的检索与全文访问服务(需授权),支持在期刊和图书的标题、作者、出版日期、全文及参考文献等字段中进行检索。学会同时提供化学信息在线资源检索工具 ChemSpider(http://www.chemspider.com/),可实现化学结构检索,目前该工具可免费使用。

3) Reaxys(https://www.reaxys.com/)

Reaxys 数据库由爱思唯尔(Elsevier)公司提供,学科范围覆盖化学、生命科学、环境科学、药理学、材料学等,除了收录学术期刊、图书、会议论文等传统文献资源,还提供了内容丰富的化学数值与事实数据,帮助研究者更有效地设计化合物合成路线,系 CrossFire Beilstein/Gmelin 的升级产品。另外,Reaxys 还集成了化合物搜索 eMolecules 和有机小分子生物活性数据 PumChem 等专业化学搜索引擎。

8.2　生物医学类

1) BIOSIS Previews(https://www.webofscience.com)

BIOSIS Previews(简称 BP)为 Web of Science 平台的子数据库,是综合性的生命科学与生物医学研究工具索引,内容涵盖临床前和实验室研究、仪器和方法、动物学研究等,收录期刊、会议、专利和图书。用户可使用上下文中的关键检索词和受控术语,对包括生物化学、基因和分类数据在内的特有字段进行精确检索。

2) PubMed(https://pubmed.ncbi.nlm.nih.gov/)

PubMed 是一个免费文摘数据库,由位于美国国立卫生研究院(NIH)的美国国家医学图书馆(NLM)的国家生物技术信息中心(NCBI)开发和维护。PubMed 主要收录生物医学和生命科学文献,包含超过 3000 万篇生物医学文献的引文和摘要,提供出版商官方网站或 PubMed Central(PMC)的全文链接。

3) BioMed Central(https://www.biomedcentral.com/)

生物医学中心(BioMed Central,BMC)是施普林格·自然的一部分,提供生物医学及扩展领域研究成果的开放获取,目前拥有约 300 种同行评审期刊,涵盖生物医学、物理科学、数学和工程学科等。BMC 提供了较多高影响力的优质期刊,如 *BMC Biology*、*BMC Medicine*、*Genome Biology* 和 *Genome Medicine* 等,目前该平台为免费数据库,提供文献全文下载。

8.3　理学信息类

8.3.1　Engineering Village

工程索引(Engineering Index，EI)是世界上最早的工程技术文摘，创刊于 1884 年，其检索平台 Engineering Village 数据库是著名的国际检索系统之一，覆盖与工程技术领域相关的文献资源，包括期刊、专利、标准、图书、会议以及工程学位论文等，并经由领域专家对文献进行了高质量的文献标引提供深度索引服务。

1）检索功能

EI 主要提供 Quick Search(快速检索)、Expert Search(专家检索)和 Thesaurus Search(词表检索)三种检索途径。快速检索提供多种字段的检索词或检索式检索，也支持多个检索条件组合检索；专家检索主要提供检索表达式输入；词表检索则辅助查找检索词的受控词(Controlled Term)[①]、同义词或相关词等，也是 EI 数据库的特色功能。平台还在检索界面提供 Date(出版或更新日期)、Language(语种)、Document type(文献类型)、Sort by(日期或相关性排序)、Treatment type(文献处理类型)等检索条件设置。除常规功能外，在专家检索界面上还有两个特殊的辅助功能设置：

（1）Autostemming(自动截词功能)：支持检索词的词干提取并进行扩展检索，比如输入"Controllers"，系统会自动将"controller""controlling""controls"等以"control"为词根的单词作为检索词，扩大检索范围。

（2）Browse indexes(浏览索引功能)：提供作者(Author)、作者单位(Author affiliation)、受控词(Controlled term)等的索引列表，辅助用户进一步扩展检索条件。

案例 8-7　如何利用 EI 数据库检索有关"工业废水循环利用问题"的主题相关文献？

分析：(1)确定检索词：工业 industry、industrial；废水 wastewater、waste water、effluent；循环利用 recycling、recycle。

（2）通用检索式：industr * and（wastewater or "waste water" or effluent）and recycle *。

（3）检索方法 1：选择 Quick Search 进行 Subject/Title/Abstract 字段检索，直接输

---

　　① 　受控词：指在词的拼写形式和含义等方面进行了一定规范化处理的语词，通常是经过权威认定的术语用于对知识进行组织整理，以便后续进行检索。受控词与自由输入的自然语言检索词(也称自由词)概念相对，常用于扩展检索条件，以提高查全率。

入检索式(见图 8－12)。

图 8－12　EI 数据库的 Quick search 功能

(4)检索方法 2：选择 Expert Search 输入完整检索式：

((industr* and（wastewater or "waste water" or effluent）and recycle*）WN KY)(见图 8－13)。

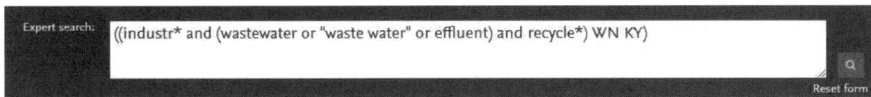

图 8－13　EI 数据库的 Expert search 功能

案例 8－8　如何检索华东理工大学发表的论文被 EI 收录的情况?

分析：(1)使 用 Quick Search 或 Expert Search 的 Browse Index 功能进行 Author affiliation(机构名称)浏览检索，筛选机构名称的不同书写方式扩展检索条件(见图 8－14)。

(2)返回检索页面利用自动生成的检索条件进行检索。

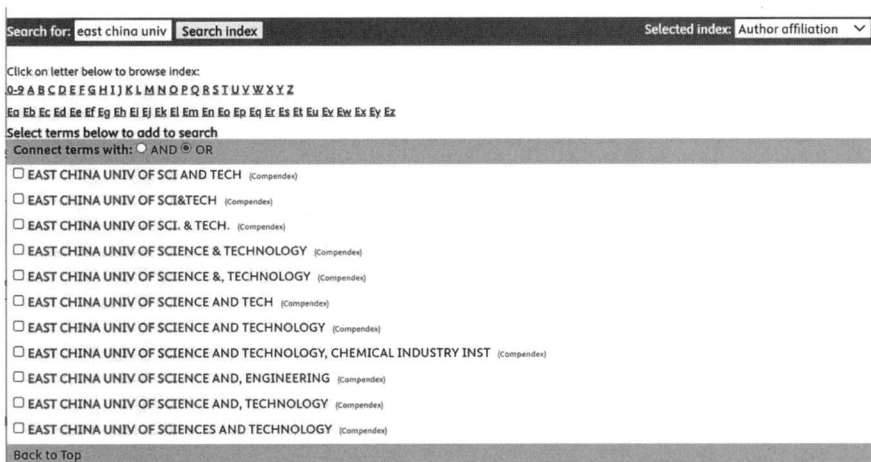

图 8－14　EI 数据库的 Browse indexes 功能界面

2）检索规则

(1)在指定字段内检索使用"WN"(不区分大小写)。

（2）逻辑算符：AND、OR、NOT 分别表示逻辑与、或、非。

（3）截词算符：无限截词使用英文半角星号"＊"，如：comput＊可以检出包含 computer、computers、computerize、computerization 等多种词形的文献；截词符也可以用于词的中间，如：sul＊ate 可以检出 sulphate、sulfate 等；单一字符截词使用英文半角问号"?"，如：wom?n 只可以检出 woman、women 等。

（4）词组算符：精确检索词组或包含保留词（如 and、or、not、near 等）的检索条件时使用英文半角双引号或大括号，如："near field scanning"、⟨Journal of Microwave Power and Electromagnetic Energy⟩。

（5）位置算符：使用 NEAR/n 或 ONEAR/n 限定检索词出现的位置，如：crystal ONEAR/0 diodes 表示两个词之间不能间隔任何单词并且词序不能颠倒，等同于"crystal diodes"；solar NEAR/1 energy 表示两个词之间最多间隔 1 个词，词序不限。

［提示］位置算符不能与截词符、词组算符等同时使用。

8.3.2　IEEE/IET Electronic Library

IEEE/IET Electronic Library（简称 IEL，https://ieeexplore.ieee.org/）主要提供电气电子工程师学会（Institute of Electrical and Electronics Engineers，IEEE）和国际工程和技术学会（Institution of Engineering and Technology，IET）两大专业协会出版的图书、期刊、标准、会议录等文献的全文资源以及 IEEE 在线教学资源，内容覆盖了电气电子、航空航天、计算机、通信工程、生物医学工程、机器人自动化、半导体、纳米技术、电力等多个技术领域。目前 IEEE Xplore 平台提供 Browse（浏览）和 Search（检索）两种功能（见表 8－2）。

表 8－2　IEEE Xplore 平台功能一览表

Browse（浏览）	Search（检索）
Books & eBooks	基本检索
Journals & Magazines	作者检索
Conference Publications	出版物检索
Standards	高级检索
Education & Learning	命令检索
—	引文检索

案例 8－9　检索 2000 年以来人工智能领域 IEEE 发布的相关标准文献

分析：（1）检索方法 1：使用平台的基本检索功能，在"ALL"字段中输入"artificial

intelligence",然后在检索结果页面进行文献类型以及年限的限定。

(2)检索方法 2:使用平台的高级检索功能,输入检索词"artificial intelligence"并设定年限,然后在检索结果中进行文献类型的限定"Standards"(见图 8-15)。

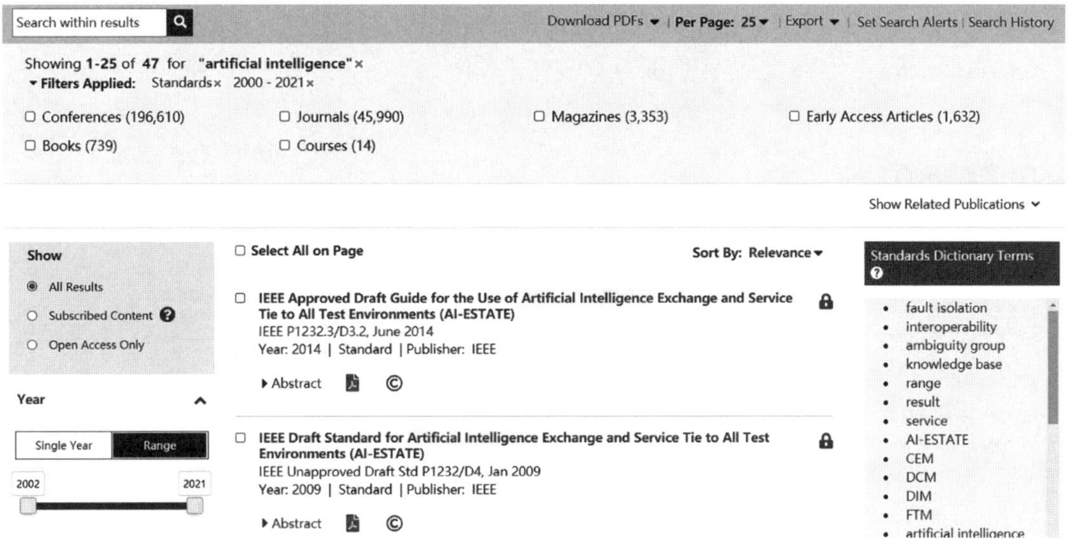

图 8-15　IEEE 数据库示例检索结果

8.3.3　其他代表性检索工具

1）ASME Digital Collection（https://asmedigitalcollection.asme.org/）

该数据库主要提供由美国机械工程师学会（American Society of Mechanical Engineers,ASME)出版的各类机械工程领域专业出版物,包括期刊、会议录、专著以及多种工业和制造行业标准文献,收录文献超过 20 万篇。其中 ASME 期刊覆盖机械工程、制造工程、海洋工程、力学、热力学、电气工程、机器人学、自动化和控制系统等学科,目前出版的 30 余种期刊大多被 WOS 核心合集 SCIE 收录,包括具有较高影响力的力学类期刊,如 *Applied Mechanics Reviews*（《应用力学评价》）等;同时提供多种领域知名会议,如 International Mechanical Engineering Congress & Exposition（IMECE）、Turbo Expo:Power for Land，Sea，and Air（GT)等,成为期刊文献的有益补充。图 8-16 所示即为 ASME 数据库的高级检索界面。

2）APS Physical Review Journals（https://journals.aps.org/）

美国物理学会（American Physical Society,APS）,成立于 1899 年,其宗旨为"增进物

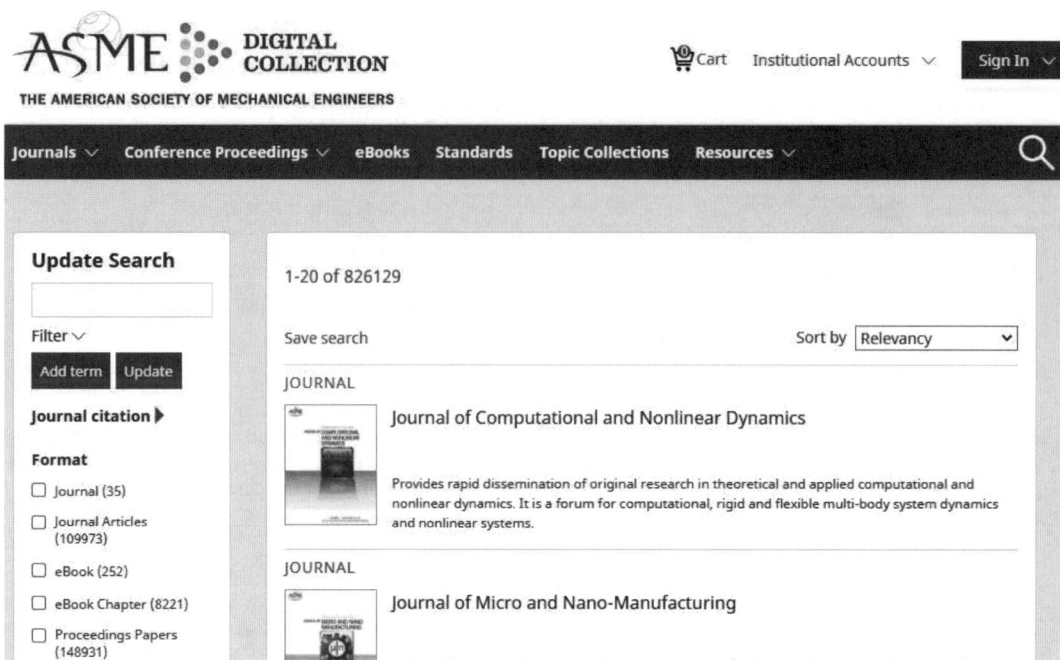

图 8‑16　ASME 数据库的高级检索界面

理学知识的发展与传播"。*Physical Review* Journals(物理评论系列期刊)是 APS 出版的包括 *Physical Review*、*Physical Review Letters*、*Reviews of Modern Physics* 等在内的系列期刊,APS 数据库提供相关期刊全文。

3) ACM digital library(https://dl.acm.org/)

美国计算机协会(Association for Computing Machinery,ACM)是创立于 1947 年的历史悠久的计算机教育、科研机构。ACM Digital Library 数据库是 ACM 出版的全文数据库,涵盖了 1950 年至今的所有 ACM 出版物的全文内容,以及 Special Interest Group 的相关出版物,包括快报和会议录。同时 ACM 还整合了第三方出版社的内容,全面集成了"在线计算机文献指南"(The Guide to Computing Literature)书目文摘数据库,以及多家出版社的相关领域出版物。

8.4　社会商科类

1) Emerald insight(https://www.emerald.com/insight/)

Emerald 最初由布拉德福商学院(Bradford University Management Center)学者建

立,致力于管理学、图书馆学、工程学等领域学术期刊以及人文社会科学图书的出版。目前 Emerald 数据库平台主要提供 Emerald 相关出版物的检索与全文访问。

2）LexisNexis（https：//www.lexiscn.com/）

律商网 LexisNexis 是世界知名的法律数据库资源,提供法律法规、判决文书及案例、评论文章、实务指南、合同范本等法律相关专业文献资源,为法学院、法律事务所及企业法务部门等提供高质量的法律信息资讯服务。

3）JSTOR（https：//www.jstor.org/）

JSTOR 过刊数据库（全称：Journal Storage）主要提供政治、经济、哲学、历史等人文社会学科的学术期刊论文及相关资源的全文,目前已扩展到生命科学、商业、数学与统计学等多个主题领域,同时提供研究相关的其他辅助工具,如 Text Analyzer 等。

4）SAGE journals（https：//journals.sagepub.com/）

SAGE journals 是由学术出版公司世哲提供的期刊全文数据库,覆盖健康科学、社会科学与人文、材料科学与工程、生命与生物医学等领域的多个学科。除了文献数据库,世哲公司还提供社会科学相关领域的电子书、电子参考工具书,以及研究方法实例集、数据集、视频库等相关资源,成为相关领域研究人员与师生的首选工具。

5）EBSCO（https：//search.ebscohost.com/）

EBSCO host 平台提供全学科多种文献资源的集成数据库访问,包括：综合学科全文数据库（Academic Search Complete，ASC）,提供学术期刊、专题论文、报告、会议记录等出版物的全文资源;商管财经学术大全（Business Source Complete，BSC）除了提供学术类商业期刊的索引与检索,还支持多种途径查询公司概况、行业信息、市场研究报告、商业视讯等财经商业资源。另外,平台还收录部分专业领域的文献资源,比如教育学文献资源 ERIC、生物医学领域的 MEDLINE、图书馆与信息科学技术相关的 LISTA 等资源包,以及提供覆盖学术领域以及普通阅读和通俗阅读领域的电子图书数据库 eBook Collection（原 NetLibrary）。

第 *9* 章 专利文献检索

本 章 重 点

◇ 了解专利权、专利文献以及专利分类等

◇ 掌握专利检索方法，重点关注专利文献的特色检索

◇ 学会使用常见的专利检索工具，熟悉工具的检索规则及功能

专利文献是专利制度的产物，集科技、法律、经济信息于一体，是一种标准化的科技信息资源，常在科学创新、技术研发、企业竞争等多种应用场景下发挥重要的作用，本章从知识产权与专利制度出发介绍专利与专利文献的基础知识，以及专利文献的基本检索策略与检索工具的使用方法。

9.1 专利相关概念与专利文献

9.1.1 知识产权

知识产权是一种特殊的权利范畴，是一切来自知识活动领域的权利。《成立世界知识产权组织公约》（The Convention Establishing the World Intellectual Property Organization，简称"WIPO 公约"）对知识产权做如下定义：著作权与邻接权、专利权或（和）发明权、发现权、外观设计权、商标权和其他标记权、反不正当竞争权以及其他由于智力活动产生的权利构成了知识产权。知识产权的特征如下：

（1）客体非物质性（本质特征）。知识产权的客体即知识产品（或称为智力成果），区别于财产所有权，知识产权是一种无形财产权。

（2）专有性（基本特征一）。知识产权的专有性主要表现在两个方面：第一，知识产权为权利人所独占，权利人垄断这种专有权利并受到保护。没有法律规定或未经权利人许可，任何人不得使用权利人的知识产品。第二，对同一项知识产品，根据法律程序只能授予一项专利权。

（3）地域性（基本特征二）。知识产权作为一种专有权受到地域的限制，其效力只限于本国境内。

（4）时间性（基本特征三）。知识产权仅在法律规定的期限内受到保护，一旦超过法律规定的有效期限，这一权利就自行消失，相关知识产品即成为整个社会的共同财富，为全人类所共同使用。

9.1.2　专利权

专利权(简称专利)是知识产权的一种,是发明创造人或其权利受让人对特定的发明创造在一定期限内依法享有的独占实施权。

专利权的法律特征包括:

(1)独占性。也称排他性或专有性。是指专利权人依法对其拥有的专利权享有独占或者排他的权利,未经许可或者出现法律规定的特殊情况,任何人不得使用,否则即构成侵权。这是专利权最重要的法律特点之一。

(2)时间性。是指法律对专利权人的保护不是无期限的,超过法律规定的时间限制则不再予以保护。

(3)地域性。是指任何一项专利权只在该国领域内受到法律保护,除非两国之间有双边的专利(知识产权)保护协定,或共同参加了有关保护专利(保护知识产权)的国际公约,这也是区别于有形财产的一个重要法律特征。

9.1.3　我国专利制度

专利制度最早起源于中世纪欧洲,是依据专利法对申请专利的发明,经过审查和批准授予专利权,同时把申请专利的发明内容公之于世,以便进行发明创造、信息交流和有偿技术转让的法律制度。专利制度是国际上通行的一种利用法律和经济的手段推动技术进步的管理制度。《中华人民共和国专利法》(简称《专利法》)于 1985 年 4 月 1 日起正式实施,并分别于 1992 年、2000 年、2008 年和 2020 年进行了四次修正,最新修正后的专利法自 2021 年 6 月 1 日起施行。

1）授予专利权的内容

在我国,专利权保护的对象有发明、实用新型和外观设计三种类型,统称为发明创造:

(1)发明是指对产品、方法或者其改进所提出的新的技术方案。

(2)实用新型是指对产品的形状、构造或者其结合所提出的适于实用的新的技术方案。

(3)外观设计是指对产品的形状、图案或者其结合以及色彩与形状、图案的结合所作出的富有美感并适于工业应用的新设计。

2）授予专利权的条件

授予专利权的发明和实用新型,应当具备新颖性、创造性和实用性。新颖性是指该发明或者实用新型不属于现有技术,也没有任何单位或者个人就同样的发明或者实用新型在申请日以前向国务院专利行政部门提出过申请,并记载在申请日以后公布的专利申请文件或者公告的专利文件中。创造性是指与现有技术相比,该发明具有突出的实质性特点和显著的进步,该实用新型具有实质性特点和进步。实用性是指该发明或者实用新型能够制造或者使用,并且能够产生积极效果。《专利法》所称现有技术,是指申请日以前在国内外为公众所知的技术。

授予专利权的外观设计,应当不属于现有设计,也没有任何单位或者个人就同样的外观设计在申请日以前向国务院专利行政部门提出过申请,并记载在申请日以后公告的专利文件中。授予专利权的外观设计与现有设计或者现有设计特征的组合相比,应当具有明显区别。授予专利权的外观设计不得与他人在申请日以前已经取得的合法权利相冲突。《专利法》所称现有设计,是指申请日以前在国内外为公众所知的设计。

但《专利法》也有规定:申请专利的发明创造在申请日以前六个月内,有下列情形之一的,不丧失新颖性:

(一)在国家出现紧急状态或非常情况时,为公共利益目的首次公开的;

(二)在中国政府主办或者承认的国际展览会上首次展出的;

(三)在规定的学术会议或者技术会议上首次发表的;

(四)他人未经申请人同意而泄露其内容的。

3)不能授予专利权的内容

并非所有的发明创造只要申请就能被授予专利权,各国专利法对于不能授予专利权的内容都给予了规定。我国《专利法》明确规定了以下内容不能被授予专利权:

(1)申请内容本身不属于专利法所说的发明创造。

(2)对违反法律、社会公德或者妨害公共利益。

(3)对违反法律、行政法规的规定获取或者利用遗传资源,并依赖该遗传资源完成的发明创造。

(4)申请保护的主题属于科学发现,智力活动的规则和方法,疾病的诊断和治疗方法,动物和植物品种,原子核变换方法以及用原子核变换方法获得的物质,对平面印刷品的图案、色彩或者二者的结合作出的主要起标识作用的设计。

4)专利的申请与审批

一项发明创造想获得专利保护,需要向中华人民共和国国家知识产权局(简称国家专利局)提出给予专利保护的请求,由国家专利局根据《专利法》及其实施细则的规定对其是否能够获得授权进行审查。申请发明或者实用新型专利的,应当提交请求书、说明书及其摘要和权利要求书等文件。申请外观设计专利的,应当提交请求书、该外观设计的图片或者照片以及对该外观设计的简要说明等文件。

中国专利申请的审查和审批程序包括:

（1）受理阶段。在收到专利申请后进行复查，如果符合受理条件，专利局将确定申请日[①]，给予申请号。

（2）初步审查阶段。受理后的专利申请按照规定缴纳申请费的，自动进入初审阶段。

（3）公布阶段。经初步审查认为符合专利法要求的，从申请日起满十八个月，即行公布。国务院专利行政部门可以根据申请人的请求早日公布其申请。

（4）实质审查阶段。发明专利申请公布之后，由申请人提出实质审查请求且已生效，申请进入实质审查程序，如果申请人从申请日起三年内未提出实质审查请求或者请求未生效，申请视为撤回。实质审查阶段对专利申请是否具有新颖性、创造性和实用性以及专利法规定的其他实质性条件进行全面审查。

（5）授权阶段。实审通过后，进入授权程序。实用新型和外观设计专利申请经初步审查以及发明专利申请经实质审查未发现驳回理由的，申请进入授权登记准备，经复核，专利授权，并在两个月内于专利公报上公告。

其中实用新型和外观设计专利的申请，经初步审查没有发现驳回理由的，由专利局作出授予实用新型专利权或者外观设计专利权的决定，发给相应的专利证书，同时予以登记和公告。实用新型专利权和外观设计专利权自公告之日起生效。

优先权：申请人自发明或者实用新型在外国第一次提出专利申请之日起十二个月内，或者自外观设计在外国第一次提出专利申请之日起六个月内，又在中国就相同主题提出专利申请的，依照该外国同中国签订的协议或者共同参加的国际条约，或者依照相互承认优先权的原则，可以享有优先权。申请人自发明或者实用新型在中国第一次提出专利申请之日起十二个月内，或者自外观设计在中国第一次提出申请之日起六个月内，又向国务院专利行政部门就相同主题提出专利申请的，可以享有优先权。

5）专利权的期限、终止和无效

专利权的期限：1984 年制定的《专利法》规定发明专利权的期限为十五年，实用新型和外观设计为五年。1992 年、2000 年以及 2008 年修正的《专利法》规定发明专利权的期限为二十年，实用新型和外观设计为十年。2020 年修正的《专利法》（2021 年 6 月 1 日起施行）规定发明专利权的期限为二十年，实用新型专利权的期限为十年，外观设计专利权的期限为十五年，均自申请日起计算。专利权人自被授予专利权的当年开始缴纳年费。

专利权的终止和无效：没有按照规定缴纳年费的以及专利权人以书面声明放弃其专利权的，则专利权终止；自专利局公告授予专利权之日起，任何单位或者个人认为该专利权的授予不符合本法有关规定的，可以请求专利复审委员会宣告该专利权无效。

---

① 国家专利局收到专利申请文件之日为申请日。如果申请文件是邮寄的，以寄出的邮戳日为申请日。

6）专利权的归属

（1）非职务发明创造。非职务发明创造，是在本职工作或者单位交付的工作之外，完全依靠自己的物质技术条件作出的发明创造。非职务发明创造，申请专利的权利属于发明人或设计人。

（2）职务发明创造。执行本单位的任务或者主要是用本单位的物质技术条件所完成的发明创造为职务发明创造。职务发明创造的权利属于该单位；申请被批准后，该单位为专利权人。其中，执行本单位的任务分为三种情况：一是属于本职工作范围内的发明创造；二是履行本单位交付的本职工作之外的任务所作出的发明创造；三是退职、退休或者调动工作一年内作出的，与其在原单位承担的本职工作或者分配的任务有关的发明创造。

9.1.4 专利文献

专利文献是记录有发明创造信息的载体，指各国工业产权局（包括专利局、知识产权局及相关国际或地区组织）在受理、审批、注册专利过程中产生的官方文件及其出版物的总称。广义的专利文献包括：专利申请说明书，如专利说明书、实用新型说明书、外观设计说明书等；各工业产权局出版的公告性定期连续出版物，如专利公报、专利文摘、专利索引等。狭义的专利文献仅指各工业产权局出版的专利说明书。

（1）专利说明书：用以描述发明创造内容和限定专利保护范围的一种官方文件或其出版物。目前各工业产权局出版的每一件专利说明书基本包括以下组成部分：扉页、权利要求书、说明书（正文）及附图（如果有的话），部分工业产权局出版的专利说明书还附有检索报告。

（2）专利公报：各工业产权局报道最新发明创造专利申请的公开、公告和专利授权情况以及其业务活动和专利著录事项变更等信息的连续出版物。专利公报的特点是连续出版、报道及时、法律信息准确且丰富。所以，专利公报既可用于了解近期有关工业产权申请和授权的最新情况，也可用于进行专利文献的追溯检索，还可掌握各项法律事务变更信息以及各国工业产权保护方面的发展动态。专利公报主要包括申请的审查和授权情况、专利索引以及其他信息等内容。

1）专利文献的特点

（1）数量大：专利文献是世界上最大的信息源之一。

（2）信息广博：专利文献所涉及的发明创造信息几乎涵盖了所有应用技术领域，是非常重要的技术信息资源。由于专利与经济活动关系紧密，因而专利文献中还含有大量的法律、经济和战略信息。

（3）报道迅速：专利制度的三个特点决定了专利文献是一种出版周期短、报道速度快的文献。

（4）内容完整：专利的新颖性要求使得专利文献中公布的技术必须是该领域以前未出现过的技术。通常，为了获得市场的独占权，越是具备领先地位的技术就越倾向于选择专利权保护，因此，专利文献涵盖了最新的先进技术；专利文献对技术信息的揭示充分，不仅详细说明本发明的内容，同时也对该技术领域的已知技术作简要介绍，并参照现有技术指明其发明点并说明具体实施方式和有益效果，有些国家在出版专利文献时还附带检索报告或在文献的首页上以著录项目的形式记载有关文献。

（5）标准化：第一，格式统一规范。专利文献是依据专利法规和有关标准撰写、审批、出版的文件资料。各种专利说明书均按照国际统一格式出版，采用统一的著录项目识别代码，统一的国家名称代码。第二，文体结构标准。专利说明书一般有说明书正文、摘要、附图和权利要求书，其扉页的著录项目，有统一的编排体系，并采用国际统一的专利文献著录项目识别代码（INID）。专利说明书正文具有法定的文体结构，从发明创造名称、所涉及的技术领域和背景技术，到发明内容、附图说明和具体实施方式等，每项内容都有具体的撰写要求和固定的顺序，并严格限定已有技术与发明内容之间的界限。第三，分类体系统一。自 1971 年国际专利分类法（International Patent Classification，IPC）问世以来，各专利机构出版的发明和实用新型文献采用或同时标注国际专利分类号。IPC 分类号的组成及结构超越了各种自然语言的禁锢，是专利检索的国际语言。另外，各国专利机构出版的外观设计也采用或同时标注国际外观设计分类号，又称洛迦诺分类号。

2）专利文献的作用

作为一种特殊的文献类型，专利文献在专利制度中的作用主要体现在传播发明创造、促进科技进步、为经济政策和贸易活动提供决策依据，以及作为法律保护的重要依据等方面。

（1）支持国家政策的制定。专利文献包含的技术、法律和经济信息可以为政府机构科学地制定科技发展规划及重大战略提供决策依据；为技术创新、产业结构调整，以及生产、经营及科研发展提供科学参考；能够帮助国家制定相关政策，指导企业在产品出口和日益频繁的贸易壁垒中规避侵权；在技术引进过程中，正确选择、准确评估专利技术，避免造成不必要的经费损失；同时，专利文献在知识产权战略与重大事项知识产权预警制度的制定和实施中发挥着重要的支撑作用。

（2）引导企业专利战略的制定与实施。在经济全球化不断加速和知识经济日益发展的国际环境中，企业是创新的主体。专利信息作为重要的战略性信息资源，不仅在企业知识产权战略的制定和实施，知识产权的创造、运用、保护与管理过程中起到了重要的支撑作用，而且企业围绕经营发展所制定的有关技术创新、市场开拓、人才发展等各个战略决策过程中均起到了保障作用。

（3）传播发明创造。专利制度的根本目的是推动科技的进步，这一根本目的是通过专利文献来体现的。每一项专利包含的发明创造都是在已有技术基础上的进步，同时又是新技术的基础。只有不断地产生新的专利文献，才能促进发明创造技术的广泛传播，才能有效地实施和利用新发明创造，从而促进科技发展，体现专利制度的根本目的。

3）专利文献的编号

以中国专利文献为例，有发明、实用新型和外观设计三种类型的专利文献。在专利审查及审批的不同阶段，专利局会出版具有特定格式编号的相应专利文件。目前中国专利文献编号主要有两种。

（1）专利的申请号。申请号的组成结构：申请年代＋申请种类＋申请序号＋小数点＋校验位。如：200480000001.0，202011012772.9。

申请年代：根据年份不同，有 2 位（2004 年前）或 4 位（2004 年及以后）。

申请种类：1——发明申请；2——实用新型申请；3——外观设计申请；8——进入中国国家阶段的 PCT 发明申请；9——进入中国国家阶段的 PCT 实用新型申请。

（2）专利的文献号。文献号包括发明专利申请公开号、发明专利申请审定公告号、实用新型专利申请审定公告号和外观设计专利申请公告号，组成结构：国别代码＋序号＋文献种类代码。如：CN85100001A，CN85201109U，CN3005104S，CN1044155A，CN2144896Y。

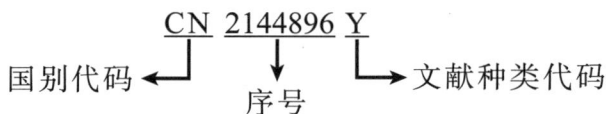

国别代码：代表国家的两个字母组成。

文献种类代码：A——第一公布级，表示在公开阶段产生的发明专利申请说明书；B——第二公布级，表示已经过实质审查尚未授予专利权的发明专利文件；C——第三公布级，表示已经经过实质审查并授予专利权的发明专利文件；U——第一公布级，表示未经实质审查尚未授予专利权的实用新型文件；Y——第二公布级，表示未经实质审查授予专利权的实用新型文件；Z——第三公布级，表示已经过实质审查并授予专利权的实用新型文件；S——外观设计文件。

9.1.5 专利分类

不同的国家和地区有着不同的专利分类体系,主要的分类体系有 IPC 分类、ECLA 分类、FI/F-term 分类、UCLA 分类、DC/MC 分类等(见表 9-1)。

表 9-1 主要的专利分类体系

分类体系	说明
IPC 分类	国际专利分类体系
UCLA 分类	美国专利商标局内部使用的分类体系
ECLA	欧洲专利局根据 IPC 建立的内容分类体系
FI/F-term 分类	日本专利分类体系
DC/MC 分类	德温特世界专利索引的分类体系,分别为德温特分类(Derwent Class,DC)和手工代码(Manual Codes,MC)

其中 IPC 分类(《国际专利分类体系》,International Patent Classicification)是根据 1971 年签订的《国际专利分类斯特拉斯堡协定》编制的,是唯一国际通用的专利文献分类和检索工具,目前我国主要采用 IPC 分类。

IPC 分类的编排采用了功能和应用相结合,以功能性为主、应用性为辅的分类原则。采用由高到低依次排列的等级式结构,设置的顺序是按部、大类、小类、大组、小组进行划分。依据某一产品的国际专利分类,就可以检索出该产品所属技术领域的专利文献。如果发明或者实用新型专利申请涉及不同的技术主题,并且这些技术主题构成发明信息时,应该根据所涉及的技术主题进行多重分类,给出多个分类号,那么排在第一位的分类号最能充分代表发明信息,称为主分类号。

(1)部:分类号包括了与发明专利有关的全部知识领域,将不同的技术领域概括成八个部,用大写英文字母表示,部是分类表等级结构的最高等级。A 部——人类生活必需(农、轻、医);B 部——作业、运输;C 部——化学、冶金;D 部——纺织、造纸;E 部——固定建筑物(建筑、采矿);F 部——机械工程;G 部——物理;H 部——电学。

(2)大类:每个部按不同的技术领域分成若干个大类,大类是分类表的第二等级,大类号由部的类号加 2 位数字组成,每个大类的类名表明该大类包括的内容。例如:A21 焙烤:制作或处理面团的设备;焙烤用面团。

(3)小类:每个大类包括一个或多个小类,小类是分类表的第三等级,小类号由大类号加上一个大写英文字母组成,小类的类名尽可能确切地表明该小类的内容。例如:A21B 食品烤炉;焙烤用机械或设备。

(4)组:每个小类细分成若干个组,既可以是大组,也可以是小组。每个组的类号由小类类号加上用斜线"/"分开的两个数组成。

大组的类号由小类号加上一个 1 到 3 位的数字、"/"及数字"00"组成,大组的类名确切地限定对检索目的有用的在小类范围内的特定技术主题[见图 9 - 1(a)]。如 A21B1/00 食品烤炉。小组是大组的细分,类号由小类类号、其所属大组的 1 到 3 位的数字、"/"及数字"00"除外的至少两位数字组成,小组的类名确切地限定对检索有用的、其大组范围内的一个特定技术主题[见图 9 - 1(b)]。如 A21B1/02 以加热装置为特征的。而 A21B1/02 的类名解读为:以加热为特征的烤炉。

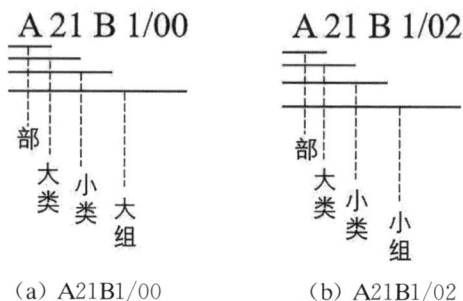

图 9 - 1 IPC 分类和构成

(a) A21B1/00   (b) A21B1/02

9.2 专利文献检索方法

9.2.1 检索字段

专利文献与图书、期刊等文献相比具有一些独特的检索字段,传统的主题或作者检索可以通过专利名称、摘要、主权项、发明人/设计人、申请人/专利权人等字段进行,另外还包括申请日期、公开日期、申请(专利)号、公开(公告)号以及分类号等对应专利文献相关著录信息的检索字段。

9.2.2 检索方式

专利文献最常用的检索方式有主题检索和号码检索。

主题检索一般提取涉及主题的关键词作为检索条件进行检索,号码检索则包括专利申请/专利号、公开(公告)号以及专利分类号等,现有专利检索工具均提供直接通过专利号检索特定专利文献的功能。有时专利分类号与主题检索结合使用可以缩小检索范围,以提高检索效率。

案例 9 - 1 检索多晶硅生产中与二氯二氢硅废液处理技术相关的专利文献

分析:(1)分析课题,提取表达课题含义的相关主题(检索要素)。其中分类号的获取,可以先根据主题进行初步检索,在相关检索结果中找到相应分类号。

检索要素 1:多晶硅 polysilicon/polycrystalline silicon

检索要素 2:二氯二氢硅/二氯硅烷 dichlorosilane

检索要素 3:分类号 C01B

(2)确定表达主题的检索词以及逻辑运算关系,制定检索策略。本例中二氯二氢硅属于氯硅烷的一种,为避免同义词和近义词表达不够完整,可以使用分类号 C01B。

策略 1:多晶硅 and (二氯二氢硅 or 二氯硅烷)

策略 2:多晶硅 and C01B

(3)在相应检索工具的相应字段(如:专利名称/摘要/权利要求/关键词等)中输入检索条件,根据检索结果可进一步调整检索词以及检索策略。

案例 9 - 2　利用 CNKI 数据库检索申请号 CN201210143676.7 的专利文献

在 CNKI 数据库中,选择"申请号"字段,填入 CN201210143676.7 即可(见图 9 - 2)。

图 9 - 2　CNKI 数据库的申请号(专利号)检索

9.2.3　特色检索

1）法律状态检索

专利的法律状态包括:专利权的授予,专利申请权,专利权的无效宣告,专利权的终止,专利权的恢复,专利权的质押、保全及其解除,专利实施许可合同的备案,专利实施的强制许可及专利权人姓名或名称、国籍、地址的变更以及与专利法律状态相关的信息。

专利的法律状态检索是指对一项专利的有效性、地域性,以及自该项专利授权之后所发生权利人变更等进行的检索,包括专利有效性检索、专利地域性检索和权利人变更检索。

(1)专利的有效性检索是指对一项专利或专利申请当前所处的法律状态进行的检索,目的是了解该项新专利申请是否被授权,授权的专利是否仍然有效,或者是因何种原因导致失效。

(2)专利的地域性检索是指对一项发明创造在哪些国家和地区申请了专利,并获得授权的检索,目的是确定该项专利获得保护或提交申请的国家范围。

(3)权利人变更检索是指对一项已经获得专利授权的发明创造,在授权之后,权利人是否发生变更的检索,即在当前情况下,谁是该项专利的真正权利人。

各种专利文献检索工具大多提供法律状态查询功能,但推荐使用各国知识产权机构官方提供的专利检索平台,能够实时查询专利的最新法律状态信息,如:中国国家知识产权局、日本特许厅、美国专利与商标局、印度国家信息中心专利数据库等。

2)同族专利检索

同族专利(patent family)是指具有共同优先权,由不同国家公布的内容相同或基本相同的一组专利或者专利申请。同族专利的分布情况,反映了该专利潜在的国际市场和该企业在全球的经济势力范围,因此分析同一发明的同族专利有助于评价一项发明的重要性。同时,由于同族专利的存在,用户能够有效解决阅读专利文献时遇到的语言障碍问题。

同族专利检索的目的是找出与目标专利或专利申请具有共同优先权的其他专利或专利申请的公布情况。通常可从已知专利入手,找出与其同属一个专利族的其他专利申请的相关信息。如图 9-3 所示,在欧洲专利局中找到专利"PROCESS FOR THE PREPARATION OF WATER-IN-OIL AND OIL-IN-WATER NANOEMULSIONS",其优先权的优先申请国家为 IT(意大利),优先申请日期为 2006.3.31,优先申请号为 IT2006MI00618。具有该优先权的同族专利有 CA2646175(A1)、CA2646175(C)、CN101443436(A)、CN10443436(B)、EP2001981(A)等。上述一组专利被统称为一个专利族,其中的任一件专利互为同族专利。

常见的专利文献检索工具大多提供同族专利信息,如中国国家知识产权局(www.cnipa.gov.cn)、欧洲专利局(http://worldwide.espacenet.com)、德温特创新索引(Derwent Innovations Index)等。

☆ US2009118380A1 PROCESS FOR THE PREPARATION OF WATER-IN-OIL AND OIL-IN-WATER NANOEMULSIONS

Bibliographic data　Description　Claims　Drawings　Original document　Citations　Legal events　Patent family

❶ Global Dossier ↗

| Applicants | ENI SPA [IT]; POLIMERI EUROPA SPA [IT] + |
| Inventors | BELLONI ALESSANDRA [IT]; BORTOLO ROSSELLA [IT]; DEL GAUDIO LUCILLA [IT]; LOCKHART THOMAS PAUL [IT]; TASSINARI ROBERTO [IT] + |

Classifications

| IPC | A23D7/00; A61K47/44; C10L1/32; |
| CPC | A61K8/06 (NO); A61K9/107 (NO); A61K9/1075 (EP,NO,US); B01F17/00 (NO); B01F17/0085 (EP,NO,US); B01F3/08 (NO); B01F3/0811 (EP,NO,US); C09K8/524 (EP,NO,US); C09K8/528 (EP,NO,US); C09K8/536 (NO); C09K8/54 (EP,NO,US); C10L1/32 (NO); C10L1/328 (EP,NO,US); B01F2003/0823 (NO,US); B01F2003/083 (US); |

Priorities	EP2007002863W·2007-03-28; ITMI20060618A·2006-03-31	优先权信息
Application	US29455207A·2007-03-28	
Publication	US2009118380A1·2009-05-07	同族专利

| Published as | CA2646175A1; CA2646175C; CN101443436A; CN101443436B; EP2001981A1; EP2001981B1; ES2781798T3; IL194255A; ITMI20060618A1; JP2009538221A; JP5694659B2; KR101411754B1; KR20090007383A; NO20084312L; NO345201B1; RU2008140070A; RU2422192C2; SA2955B1; US2009118380A1;US2013209527A1; US8431620B2; US9884299B2; WO2007112967A1; WO2007112967A8 |

图 9‑3　欧洲专利局的同族专利

9.3　常用专利检索工具

9.3.1　国家知识产权局

1）收录范围

国家知识产权局平台（https://www.cnipa.gov.cn/）可检索来自中国、美国、日本等国家，以及世界知识产权组织和欧洲专利组织等机构的专利数据，并可获取引文、同族、法律状态等数据。

2）检索规则

（1）逻辑运算符：AND、OR，不区分大小写。在发明名称、摘要、权利要求、说明书和关键词字段中检索时,两个检索词之间的空格默认为 OR。

如:发明名称＝(智慧 图书馆) 检索发明名称中含有"智慧"或"图书馆"的专利文献。

(2)日期检索格式:YYYY-MM-DD、YYYY.MM.DD、YYYYMMDD、YYYYMM、YYYY。

(3)优先运算符:半角圆括号。

(4)固定格式检索词:对于词组、专业术语或者检索词中有空格、保留关键字或者运算符的,需使用半角双引号,如:"WILLIAMS AND LANE INC",则检索结果中将包含 WILLIAMS AND LANE INC。发明名称＝("智慧图书馆") 检索结果为发明名称中含有词组"智慧图书馆"的专利文献。

3）检索功能及使用

案例 9-3　检索智慧图书馆相关的中国专利文献

　　智慧图书馆是指把智能技术运用到图书馆建设进而实现智慧化的管理与服务,其中包括云计算、物联网以及智能化设备等技术应用。请查找有关专利文献了解智慧图书馆技术发展情况。

分析：(1)进入国家知识产权局官方网站的"专利检索"系统。

方法 1:在常规检索界面直接输入"智慧图书馆"(见图 9-4)。

[提示] 常规检索提供申请号、公开号、申请(专利权)人、发明人和发明名称等常用字段的一框式检索,默认为自动识别检索模式。

图 9-4　国家知识产权局的常规检索

方法 2:在高级检索界面的"发明名称""摘要"或者"说明书"字段中输入"智慧图书馆"(见图 9-5)。

(2)从检索结果可以了解"智慧图书馆"相关专利文献的基本情况,包括有关专利的申请人、发明人、申请年、申请人国家地区、优先权国家地区、法律状态、IPC 分类号以及公开年等统计结果,图文、列表及多图形式的检索结果展示,点击单篇文献还可以进入专利文献的基本题录信息,进一步查看摘要、主权利要求、申请人信息、法律状态、同族专利以及专利文献的引证信息等,或者通过"详览"查看专利文献的全文以及相关信息(见图 9-6)。

图 9-5　国家知识产权局的高级检索

图 9-6　国家知识产权局的检索结果

案例 9-4　查找专利 CN101443436A 的同族专利

分析:(1)方法 1:使用专利检索与分析系统的常规检索或高级检索,选择"公开(公告)号"字段检索到该专利,然后在该专利的题录显示页面查看同族专利(见图 9-7)。

(2)方法 2:使用专利检索与分析系统的热门工具。选择"同族查询",在检索框中输入公开号或者公告号,即可得到该专利的同族信息,包括族号和优先权(见图 9-8)。

☐ **制备油包水和水包油纳米乳液的方法** 【公开】 同族：20 引证：2 被引：3

申请号：CN200780016432.X

申请日：2007.03.28

公开（公告）号：CN101443436A

公开（公告）日：2009.05.27

IPC分类号：C10L1/32 ;C09K8/536 ;B01F3/08 ;A61K8/06 ;B01F17/00 ;A61K9/107 ;

申请（专利权）人：艾尼股份公司 ;波利玛利欧洲股份公司 ;

发明人：L·德尔高迪奥 ;T·P·洛克哈特 ;A·贝尔罗尼 ;R·博托洛 ;R·塔希纳里 ;

优先权号：ITMI2006A000618

优先权日：2006.03.31

代理人：任宗华;

代理机构：中国国际贸易促进委员会专利商标事务所;

详览　收藏　+ 分析库　申请人　法律状态　监控

图 9 - 7　CN101443436A 的题录

| 常规检索 | 高级检索 | 导航检索 | 药物检索 | 热门工具 |

⌂ 所在位置: 首页 >> 热门工具 >> 同族查询

| 同族查询 | 引证/被引证查询 | 法律状态查询 | 国别代码查询 | 关联词查询 | 双语词典 | 分类号关联 |

公开（公告）号：　CN101443436A　　　查询　　重置

族号：37243014

公开（公告）号: EP2001981A1　　**公开（公告）日**: 2008.12.17　　**申请号**: EP07723805
优先权号: EP2007002863;ITMI20060618
发明名称: PROCESS FOR THE PREPARATION OF WATER-IN-OIL AND OIL-IN-WATER NANOEMULSIONS

详览　下载　收藏
法律状态　审查结果　引证: 0　被引证: 0

公开（公告）号: IL194255A　　**公开（公告）日**: 2013.08.29　　**申请号**: IL19425508
优先权号: ITMI20060618;EP2007002863
发明名称: Process for the preparation of water-in-oil or oil-in-water nanoemulsions, water-in-oil and ...

详览　下载　收藏
法律状态　引证: 0　被引证: 0

公开（公告）号: KR101411754B1　　**公开（公告）日**: 2014.06.25　　**申请号**: KR20087026798
优先权号: ITMI20060618;EP2007002863
发明名称: PROCESS FOR PREPARATION OF WATER-IN-OIL AND OIL-IN-WATER NANOEMULSIONS

详览　下载　收藏
法律状态　审查结果　引证: 2　被引证: 0

公开（公告）号: KR20090007383A　　**公开（公告）日**: 2009.01.16　　**申请号**: KR20087026798
优先权号: ITMI20060618;EP2007002863
发明名称: PROCESS FOR PREPARATION OF WATER-IN-OIL AND OIL-IN-WATER NANOEMULSIONS

详览　下载　收藏
法律状态　审查结果　引证: 0　被引证: 0

公开（公告）号: SA2955B1　　**公开（公告）日**: 2012.09.12　　**申请号**: SA07280148
优先权号: ITMI20060618
发明名称: Process for the Preparation of Water-in-Oil and Oil-in-Water Nanoemulsions

详览　下载　收藏
法律状态　引证: 0　被引证: 0

图 9 - 8　CN101443436A 同族专利查询及结果

9.3.2　欧洲专利局

1）收录范围

欧洲专利局检索系统（http://worldwide.espacenet.com）目前收录了超过 100 个国家的专利，包括中国（CN）、英国（GB）、德国（DE）、法国（FR）、美国（US）、瑞士（CH）等国家以及世界知识产权组织（WO）、欧洲专利组织（EP）等专利组织的专利，时间最早可以回溯到 1782 年（各国家收录时间范围有所不同）。欧洲专利局提供同族专利和法律状态等信息检索，90％以上的专利说明书可以免费下载。

2）检索规则

（1）字段间关系运算符：AND、OR 和 NOT。

（2）截词符（不支持左边截词）：" ＊ "代替任意多个字符，"?"代替 0 或 1 个字符，"♯"仅代替 1 个字符。

（3）词间运算符：

any：检索词中的任何一个出现在指定字段中，相当于词与词之间的关系为"逻辑或"。

all：所有检索词均出现在指定字段中，相当于词与词之间的关系为"逻辑与"。

＝：检索词作为固定短语出现在指定字段中。如在题目字段中检索词组 artificial intelligence，则按图 9-9 格式选择字段、算符以及输入检索词。

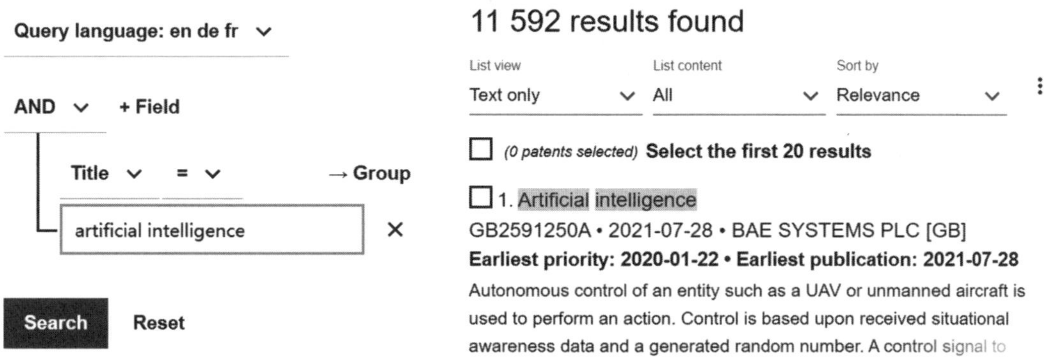

图 9-9　在题目字段中检索词组

proximity：相当于位置算符，用于设定词与词之间的距离以及出现顺序。其主要选项和含义如下：

＜n	间隔小于 n 个词
＜＝n	间隔小于等于 n 个词
A words away from B	A 和 B 出现顺序没有限制

A words away from (ordered) B	A 和 B 出现顺序有限制
A appears before B	A 出现在 B 之前
A in the same sentence as B	A 和 B 出现在同一句中
A in the same paragraph as B	A 和 B 出现在同一段中

如要求 interactive 与 intelligence 在字段中最多间隔 1 个单词但顺序不限,如图 9-10 选择字段、算符并输入检索词。

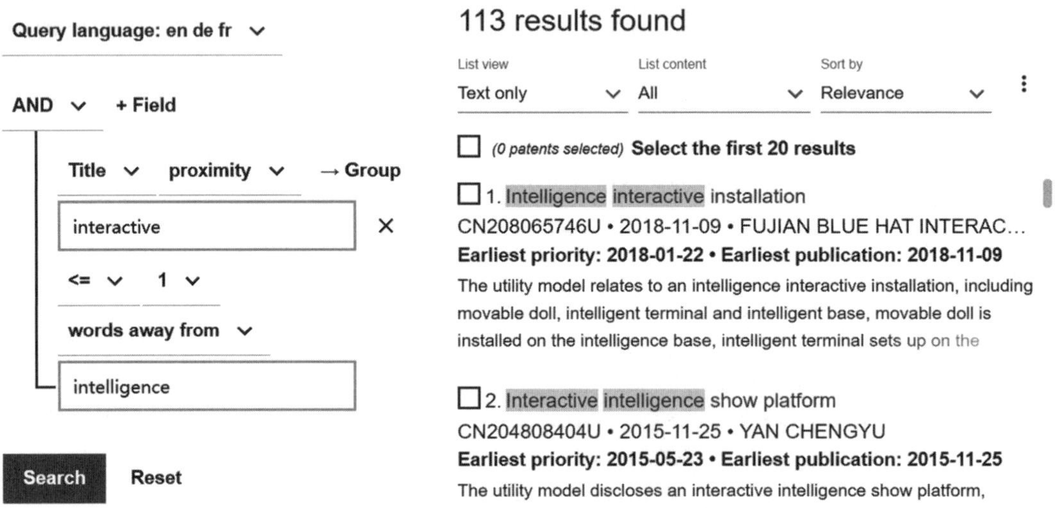

图 9-10　在题目字段中间隔特定数量单词的检索词

3) 检索功能

案例 9-5　检索多环芳烃(polycyclic aromatic hydrocarbon,polycyclic aromatic hydrocarbons)污染土壤(soil)修复(remediation,restoration)的有关专利文献

分析:(1)"多环芳烃"以固定短语形式进行检索,考虑到"烃"(hydrocarbon)的单复数变化,因此使用截词符 *,则多环芳烃的表达式为:polycyclic aromatic hydrocarbon *;另外,"修复"也存在动名词形式变化,同样借助截词符进行扩展。则该课题的通用检索式为:

polycyclic aromatic hydrocarbon * and soil and(remediat * or restorat *)

(2)进入欧洲专利局的 Advanced search,在 Text Fields 中选择 Title,abstract or claims 字段,输入上述检索式(见图 9-11)。

(3)单篇专利文献的检索结果页面提供 Bibliographic data(题录信息)、Description

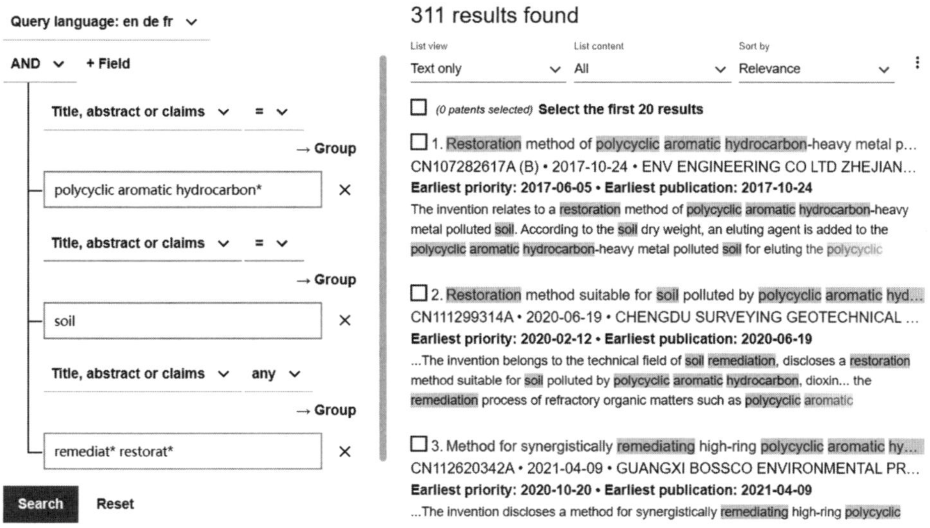

图 9-11　欧洲专利局的高级检索

（详细信息）、Claims（权利要求）、Drawings（图片）、Original document（文献原文）、Citations（引用信息）、Legal events（法律状态）、Patent family（专利家族）等。以专利 CN111705001A 为例，该专利发明人为 GONG LIANG 等 6 人，申请（专利权）人为 UNIV GUILIN TECHNOLOGY，该专利申请日期为 2020 年 7 月 23 日，9 月 25 日公开，10 月 27 日实质审查请求生效，优先权号 CN202010712934A，见图 9-12）。

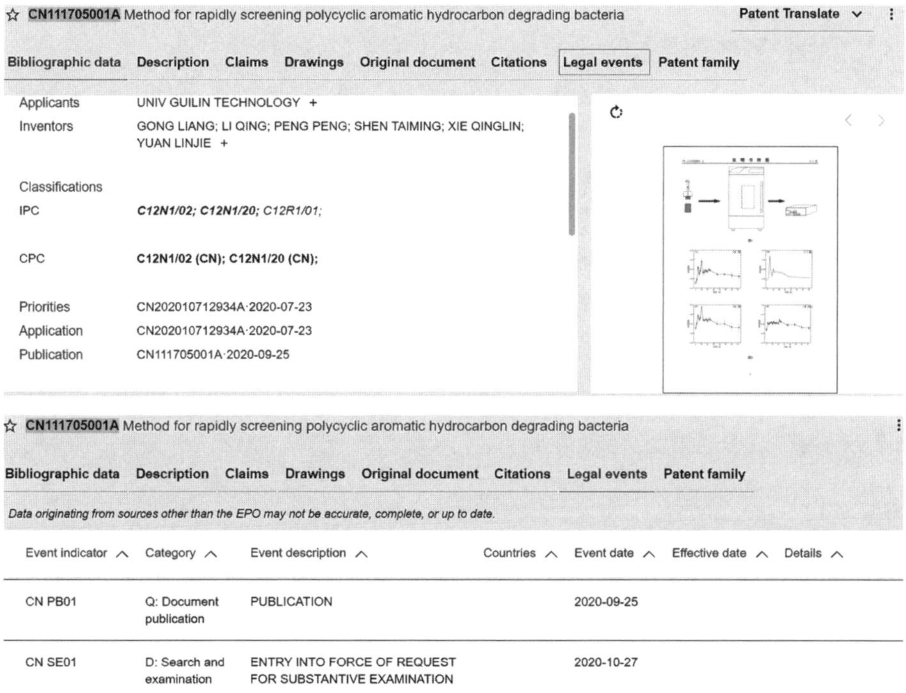

图 9-12　欧洲专利局的单篇文献题录信息及法律状态

案例 9 - 6　检索专利号为 US5416539 的同族专利

分析:选择"Advanced search"(高级检索),"Publication number"字段中输入专利号 US5416539 即可检索到该专利。点击"Patent family"即可查看该专利的同族专利。

Publication	Application number	Title	Publication date	Applicants
CA2081377A1	CA2081377A	Compact Keratoscope with Interchangeable Cones	1991-09-14	COMPUTE
CA2081377C	CA2081377A	COMPACT KERATOSCOPE WITH INTERCHANGEABLE CONES	1999-05-04	
DE69023007T2	DE69023007T	KERATOSKOP MIT AUSWECHSELBAREN KONEN.	1996-07-04	COMPUTE
EP0519931A1	EP91903182A	COMPACT KERATOSCOPE WITH INTERCHANGEABLE CONES.	1992-12-30	COMPUTE
EP0519931A4	EP91903182A	COMPACT KERATOSCOPE WITH INTERCHANGEABLE CONES	1993-04-21	COMPUTE
EP0519931B1	EP91903182A	COMPACT KERATOSCOPE WITH INTERCHANGEABLE CONES.	1995-10-11	COMPUTE
JP2849678B2	JP50319591A		1999-01-20	
JPH05509004A	JP50319591A		1993-12-16	
US5416539A	US62372092A	Compact keratoscope with interchangeable cones	1995-05-16	
WO9113583A1	US9006157W	COMPACT KERATOSCOPE WITH INTERCHANGEABLE CONES	1991-09-19	COMPUTE

图 9 - 13　欧洲专利局 US5416539 的同族专利信息

9.3.3　德温特创新索引

1)收录范围

德温特创新索引(Derwent Innovations Index,DII)。该数据库目前收录了超过 50 个专利机构发布的专利信息,涵盖专利文献和同族专利。数据可回溯到 1963 年,主要提供世界范围内化学、电子与电气以及工程技术领域的专利信息。该数据库的特点是其标题和摘要经过人工改写,突出了专利的新颖性、用途、优点和声明;支持使用国际专利分类代码或唯一的德温特分类代码进行精确检索;同时将来自多个专利发布机构的专利组配为单个专利家族,全面揭示每项发明。

2)检索功能

DII 数据库属于 WOS 平台的子库,其检索功能与平台基本一致,主要包括基本检索、高级检索以及被引专利检索,增加了专利文献信息特有的检索字段(如发明人、专利权人、专利号等),另外还提供了德温特专有索引如专利权人代码、德温特手工代码和德温特分类代码等,提高了专利文献的检索效率。

　　(1)专利权人代码。DII 数据库为其收录的专利文献的每个专利权人均指定 4 个字母的专利权人代码,分为标准代码和非标准代码两种,目前约有 2 万余家专利申请量较高的公司拥有唯一的标准代码;其他公司和个人专利权人会被赋予一个非标准代码,而非标准代码并不唯一。

　　在 DII 数据库中专利权人代码的显示方式是:ABCD-C(公司、组织、机构的标准代码)、ABCD-N(非标准代码)、ABCD-R(前苏联的机构)、ABCD-I(个人代码)。借助专利权人代码能够全面地检索某一专利权人的专利信息,比如通过标准代码能够检索公司及其全部子公司的名称和代码,大大提高了检索效率。例如:TOSHIBA CORP 的专利权人代码:TOKE-C。

　　(2)德温特分类代码。DII 数据库采用适用于所有技术的简单分类系统对专利文献进行分类,分为化学、工程、电气电子等三大领域,这些领域又分为 20 个主要的学科领域或专业:

√ Chemical Sections (A — M) 化学

√ Engineering Sections (P — Q) 工程

√ Electrical and Electronic Sections (S — X) 电气和电子

√ Chemical Sections (A — M) 化学

　　A　Polymers and Plastics

　　B　Pharmaceuticals

　　C　Agricultural Chemicals

　　D　Food，Detergents，Water Treatment and Biotechnology

　　E　General Chemicals

　　F　Textiles and Paper — Making

　　G　Printing，Coating，and Photographic

　　H　Petroleum

　　J　Chemical Engineering

　　K　Nucleonics，Explosives and Protection

　　L　Refractories，Ceramics，Cement and Electro(in) Organics

　　M　Metallurgy

√ Engineering Sections (P — Q) 工程

　　P　General

　　Q　Mechanical

√ Electrical & Electronic Sections(S — X) 电气和电子

　　S　Instrumentation，Measuring and Testing

　　T　Computing and Control

U Semiconductors and Electronic Circuitry

V Electronic Components

W Communications

X Electric Power Engineering

这些部分再进一步细分,用字母和两位数字表示,例如：X22 代表 Automotive Electrics(汽车电工学),C04 代表 Chemical Fertilisers(化肥)。德温特分类代码与其他检索字段(例如主题检索)组合使用时,分类代码能够精确有效地限定检索范围,提高检索准确性。

案例 9-7 德温特分类代码的检索规则

(1)T04 AND V05 检索同时具有德温特分类代码 T04 和 V05(两者同属于电气和电子领域)的专利文献。

(2)T04 OR V05 检索德温特分类代码为 T04 或 V05 的专利文献。

(3)T04 NOT (V05 OR V04)检索德温特分类代码为 T04,且不含有 V05 或 V04 的专利文献。

(4)在德温特分类代码字段进行检索时,用户也可以使用截词符。如 M1?(与 M1*相同)检索德温特分类代码以 M1 开头(属于化学领域的冶金学分类)的专利文献。

案例 9-8 检索汽车防抱死系统(ABS)技术的相关专利文献

分析："ABS"可以是汽车防抱死系统(Antilock braking systems)的缩写,是化合物丙烯腈—丁二烯—苯乙烯(Acrylonitrile-butadiene-styrene)的缩写,用户在检索时可以利用关键词 ABS 结合德温特分类代码(Q18-车辆刹车控制系统)进行优化(见图 9-14)。

选择数据库   Derwent Innovations Index   ▼

基本检索   被引专利检索   高级检索   ＋ 更多内容

ABS   ⊗   主题   ▼

And ▼   Q18   ⊗   德温特分类代码   ▼

图 9-14 DII 数据库的基本检索实现"主题＋德温特分类代码"组合检索

（3）德温特手工代码。德温特手工代码又称指南代码，比德温特分类代码更加详细，由德温特标引专家根据专利文献的文摘和全文对发明的应用及重要特点进行标引，分配相应的手工代码，例如：Semiconductor laser 的手工代码是 V08 - A04A，利用该代码可以检索到"半导体激光器"相关的专利文献，不需要考虑各种主题词的组合，因而德温特手工代码能提高查准率和查全率。另外，对于尚未有合适 IPC 分类号但已经具有德温特手工代码的新技术，同样推荐使用德温特手工代码进行检索，能提高检索效率、准确性和全面性。

手工代码按照分级结构排列，以"V08"为例，可以细分为如图 9 - 15 所示的四级结构；使用手工代码检索时，可以使用截词符，如："V08 - A＊"可检索到 V08 - A（激光）、V08 - A04（激光类型）以及 V08 - A04A（半导体激光器）的专利文献。

|___ V08 Lasers and masers	V08	Lasers and masers 激光器和激射器
|_____ V08-A Lasers	V08-A	Lasers 激光
|_____ V08-A04 Laser types	V08-A04	Laser types 激光类型
Code　V08-A04A	V08-A04A	Semiconductor laser 半导体激光器
Title·　Semiconductor laser		

图 9 - 15　德温特手工代码的四级结构

9.3.4　其他专利检索工具

其他专利检索工具包括了多个国家或组织的官方平台、文献数据库、专利搜索引擎等，常用工具如表 9 - 2 所示：

表 9 - 2　其他常用专利检索工具

检 索 工 具		说　明
国家或组织官方平台	美国专利与商标局	http://patft.uspto.gov/ 提供美国专利授权数据、专利申请公布数据以及相关信息查询，免费提供专利全文
	日本特许厅	https://www.j-platpat.inpit.go.jp/ 提供日本专利与商标数据以及相关信息的免费查询
	世界知识产权组织（WIPO）	https://www.wipo.int/patentscope/en/ 提供国际专利合作条约（PCT）申请发布的专利全文，以及 WIPO 成员的专利文件，免费查询

（续表）

	检索工具	说　明
文献数据库	CNKI	https：//kns.cnki.net/kns8？dbcode＝SCOD 包括中国专利和海外专利
	万方数据库	http：//c.wanfangdata.com.cn/patent 收录 1985 年至今 11 国(中国、美国、澳大利亚、加拿大、瑞士、德国、法国、英国、日本、韩国、俄罗斯)两组织(世界知识产权组织、欧洲专利局)的中外专利数据
	SciFinder 数据库	https：//scifinder.cas.org/ 提供化学化工领域相关专利检索
	Reaxys 数据库	https：//www.reaxys.com/ 数据涉及化学、生命科学、环境科学、药理学、材料学等 16 个学科领域,提供涉及这些学科领域的世界知识产权组织、美国专利局和欧洲专利局等的专利文献
专利搜索引擎	SOOPAT	http：//www.soopat.com/ 收录多个国家、地区和组织的专利文献,时间跨度长。免费注册的普通用户,可以检索中国专利相关信息

第10章 事实数据检索

◎ **本 章 重 点**

◇ 了解常见的事实型数据及其检
  索方法
◇ 了解常用的事实型数据库

事实型数据库是一类特殊的检索工具，以原始的信息资料、统计数据、音像图谱等文字、数值或多媒体等不同类型的事实数据为主要收录内容，通过不同形式的数据服务满足用户的检索需求。本章主要介绍事实数据类型以及常用的事实数据检索工具。

10.1 事实型数据

常见的事实型数据根据内容不同主要划分为三类。

（1）对综合学科或专门学科知识的汇总及各类社会资源的调查、统计和历史记载，如词典、年鉴、百科全书、人物传记、机构名录等。这类数据能系统地汇集某一范围的多种知识并按照一定方法编排形成信息密集型检索工具，为人们提供尽可能准确的资料或资料线索，其纸版发布形式即传统的参考工具书。目前大多被数字化后由数据库收录并提供检索，如中国知网提供 PDF 格式的年鉴全文浏览，搜数网提供年鉴的 EXCEL 数据文件下载等。

案例 10 - 1　如何检索《中国经济普查年鉴》中关于"电子商务交易"的相关年鉴数据？

分析：（1）方法 1：利用 CNKI 数据库的高级检索功能，选择在年鉴中检索，主题为"电子商务交易"，年鉴名称为《中国经济普查年鉴》（见图 10 - 1）。

图 10 - 1　利用 CNKI 数据库高级检索功能进行年鉴数据检索

（2）方法2：利用CNKI数据库的出版物检索功能，在出版物名称中检索得到《中国经济普查年鉴》，在条目题名中检索"电子商务交易"，即可获得相关数据（见图10-2）。

图10-2　利用CNKI数据库的出版物检索进行年鉴数据检索

（3）方法3：利用搜数网直接输入关键词"中国经济普查年鉴"和"电子商务"获得相关统计数据（见图10-3），平台提供EXCEL和HTML文件的数据下载。

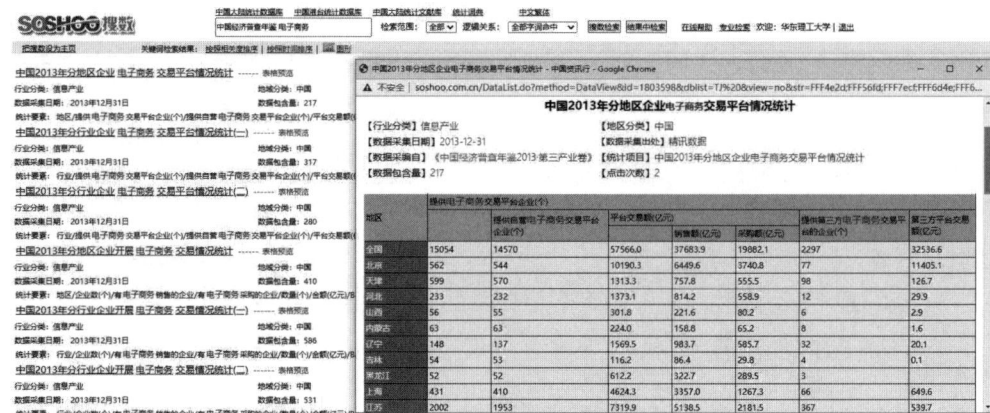

图10-3　利用搜数网进行年鉴数据检索

　　（2）不同国家、地区经济贸易活动中产生的各类信息，既包括宏观的市场动态、投资信息、金融分析、政策法规，也包括微观的经济统计数据、市场与产品信息等。形式上主要包括研究报告等文献资料和统计数据两类，如国务院发展研究中心信息网（国研网）整合了国内外经济金融领域的研究成果和相关数据，包含了理论研究、形势分析、政策解读、数据发布等，成为目前国内较为权威、全面和科学的经济金融数据库之一。

案例 10 - 2　如何检索 2020 年上半年国家进出口贸易的宏观经济数据?

分析:(1)进入国研网统计数据库,选择在宏观经济数据库中进行检索。

　　(2)设定查询的有关数据参数,主要包括指标、时间等。

　　(3)点击"显示数据"获得检索结果(见图 10 - 4)。

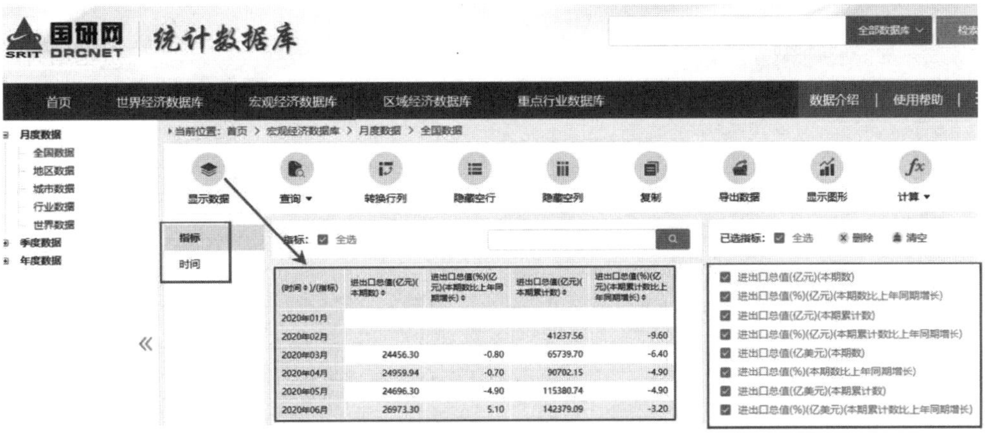

图 10 - 4　国研网的经济统计数据检索

　　(3)基础研究、应用研究、试验开发、考察调查等科研活动过程中产生的原始科学数据及其衍生数据。目前国内外正在建设的各种科学数据资源已经成为新型科研环境中重要的信息源,学科范围覆盖自然和社会科学的多个领域。最具代表性的是哈佛大学于 2006年开发的 Dataverse,最初用于社会科学数据管理,而后引入天文与天体物理、生命科学、政治学等多学科数据,目前已发展成为开源的数据管理服务框架得到广泛应用,包括北京大学开放研究数据平台、复旦大学社会科学数据平台等均以 Dataverse 为基础开发,为科学研究提供数据共享服务。目前开放共享的科学数据平台大多由不同科研机构或组织以自建方式为主,数据规模、质量以及平台功能各有特色,可根据具体的研究需要选择使用数据平台。需要注意的是,科学数据的使用必须遵守数据开放获取规范,数据引用要注明来源出处。

案例 10 - 3　如何使用开放共享的科学数据?

　　目前城市居民的能源消费成为碳排放的主要增长源,有学者正在从事有关主题研究,希望获得有关数据支撑与参考。

分析:以复旦大学社会科学数据平台为例,直接使用检索词"碳排放"进行检索,用户须登录后方可访问有关数据集(见图 10-5)。

图 10-5　复旦大学社会科学数据平台

10.2　常用事实型数据库

事实型数据库由传统参考工具书发展而来,高质量的事实型数据库往往具有较高的可靠性、真实性和客观性,成为满足确定性检索需求的重要检索工具。表 10-1 介绍一些常用的事实型数据库。

表 10-1　常用事实型数据库一览表

工具	工具介绍	访问地址
中国年鉴网络出版总库(中国知网)	国内中央、地方、行业和企业等各类年鉴的全文文献,内容覆盖基本国情、地理历史、政治军事外交、法律、经济、科学技术、教育、文化体育事业、医疗卫生、社会生活、人物、统计资料、文件标准与法律法规等各个领域	https://navi.cnki.net/KNavi/Yearbook.html
知网工具书库(中国知网)	集合了多部语文词典、双语词典、专科辞典、百科全书、图录、表谱、传记、语录、手册等工具书,内容涵盖哲学、文学艺术、社会科学、文化教育、自然科学、工程技术、医学等各个领域	https://gongjushu.cnki.net/rbook/

（续表）

工具	工具介绍	访问地址
地方志（万方）	收录按一定体例,全面记载某一时期某一地域的自然、社会、政治、经济、文化等方面情况或特定事项的书籍文献,按年代分为新方志(1949 年以后)和旧方志(1949 年以前)	http://fz.wanfangdata.com.cn/
法律法规（万方）	涵盖了国家法律、行政法规、部门规章、司法解释以及其他规范性文件	http://c.wanfangdata.com.cn/claw
国研网（国务院研究发展中心网站）	主要包括专题文献库(经济、金融、行业、教育等方面的经济参考信息)、研究报告库(宏观经济分析报告、金融分析报告以及行业报告等)、统计数据库(国内外政府、权威机构发布的各类经济和社会发展统计数据)	http://edu.drcnet.com.cn/
CEIC 中国经济数据库	提供国内外官方统计机构、行业协会、研究机构、金融信息提供商等来源的宏观经济数据、行业数据、区域数据等	https://insights.ceicdata.com/
中国统计数据应用支持系统	采用国家统计局权威数据,涵盖全国多省市的国民经济、社会发展各方面的宏观和行业统计数据	http://edu.acmr.cn/index.aspx
搜数网	数据来源覆盖国家及各地方统计局的统计年鉴及海关统计、经济统计快报以及中国人民银行统计资料等,收录年鉴、统计汇编、年报、抽样调查资料、白皮书、发展报告等	http://www.soshoo.com.cn/
Dataverse	由哈佛大学开发的用于共享、保存、引用、检索和分析科研数据的开源 Web 应用,目前支持人文与社会科学、地理空间、生命科学、信息科学、管理学等多学科数据	https://dataverse.org/
复旦大学社会科学数据平台	收集整理并开发了多学科的社会经济发展数据,综合调查数据等,为社会科学研究提供数据共享服务	https://dvn.fudan.edu.cn/home/
北京大学开放研究数据平台	收录了北京大学中国调查数据资料库(包括中国家庭追踪调查、中国健康与养老追踪调查、北京社会经济发展年度调查等)、北京大学健康老龄与发展研究中心、北京大学可视化与可视分析研究组、北京大学生命科学学院生物信息学中心等跨学科的开放数据	https://opendata.pku.edu.cn/

第11章 检索工具使用技巧

本章针对特定作者文献检索、特定主题文献检索及全文获取等不同的检索需求,通过实际案例进一步提供更为有效的检索工具应用策略。

本章重点

◇ 能够灵活运用多种检索工具进行特定作者或特定主题的文献检索

◇ 熟悉常见的全文获取途径及常用工具

11.1 检索工具运用

前述章节介绍了检索工具的基础知识以及代表性检索工具的功能及使用方法,然而在实际应用中,如何更有效地选择和利用检索工具满足不同的需求仍然有待于在实践中不断地提高。下面通过几个具体的应用案例详细分析常见情境中的检索工具运用。

11.1.1 特定作者文献检索

有些文献线索存在检索意义上的歧义或者模糊,需要借助检索工具或相关信息的辅助进一步明确检索目标,比如查找特定作者的相关文献,由于作者存在同名现象,因此需要进一步利用归属机构、发文的研究方向等明确检索目标,完善检索条件。另外,用户在检索外文文献时还会遇到作者和机构名称存在不同书写方式的情况,则需要通过不同途径扩展检索条件,提高检索的全面性。

案例 11-1 如何全面检索华东理工大学学者田禾的相关研究成果?

分析: (1)在中文数据库中进行作者检索时,一般同时采用作者(精确匹配)和作者单位(模糊匹配)两个字段检索就可以获得相对准确的检索结果,对于同名作者,一般可以通过分析相关文献的学科、主题等做进一步的判断筛选。具体检索过程如下:

扫码看视频

第一步,以 CNKI 数据库为例,直接使用作者发文检索功能进行检索(使用方法见案例 7-3)。

第二步,可以在检索结果界面,利用分组筛选功能进一步确认检索结果的有效性,比如:借助工具的分组筛选功能,通过"学科""主题"分组查看有关成果是否属于该学

者的主要研究领域,并对不相关成果的作者信息做进一步确认(见图 11-1)。

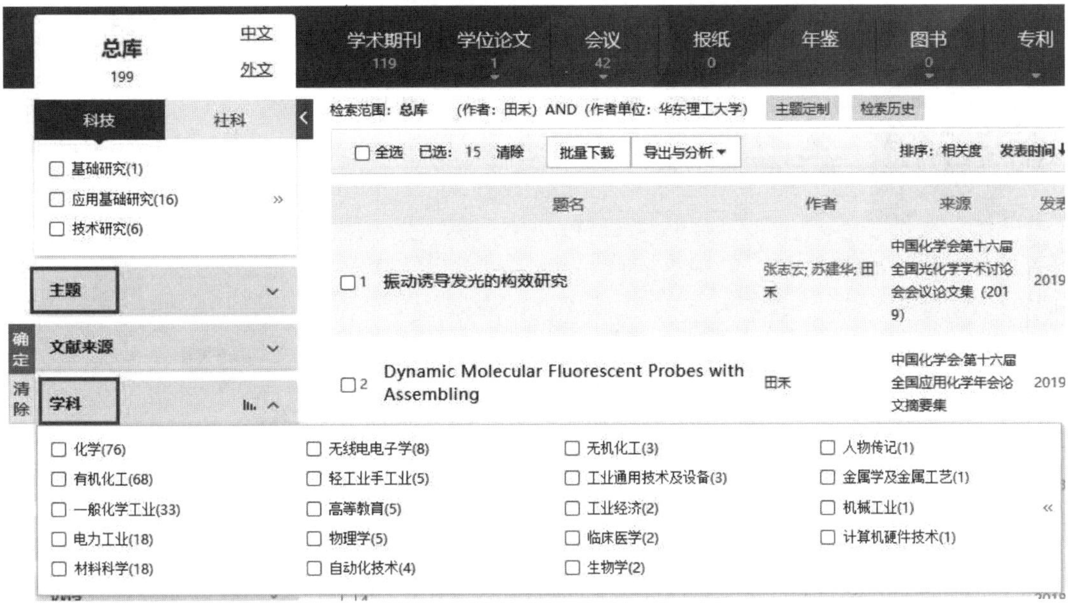

图 11-1　CNKI 数据库的作者发文检索

(2)在外文数据库中进行作者检索则需要考虑学者姓名的不同书写方式,结合文献数据库的辅助功能完成检索。以数据库核心合集为例,可以通过两种方法进行检索:

第一种,在基本检索界面进行作者和机构字段组合检索。其中:作者姓名可以按照姓的 全拼、名的首字母进行输入;机构的限定可以选择"所属机构"字段,进入机构索引查找检索目标(见图 11-2),或者在"地址"字段直接输入机构所在地区的邮政编码(见图 11-3)。

图 11-2　WOS 数据库借助机构索引进行作者检索

图 11-3   WOS 数据库借助地址限定进行作者检索

第二种,使用平台的研究人员检索功能。如图 11-4 所示,输入作者姓氏、名字和中间名首字母(如 tian　h),通过对作者所属的国家/地区(如 PEOPLES R CHINA)以及组织(如 EAST CHINA UNIVERSITY OF SCIENCE &. TECHNOLOGY)等的进一步精炼获得初步的作者记录,对相关信息进行记录合并后可查看该作者的所有文献。或者直接通过作者的 Research ID[①] 或 ORCID[②] 等作者标识符进行检索(如"0000-0003-3547-7485",见图 11-5)。

图 11-4   WOS 数据库研究人员检索功能的姓名检索结果

---

①　Researcher ID(http://www.researcherid.com/)由 WOS 提供全球每位学术研究社群成员 的专属身份识别号码,可以建立研究人员的个人著作清单,并通过 WOS 数据库产生引用信息。

②　ORCID(https://support.orcid.org/)是国际开放非营利组织,通过为研究者配置唯一的并可链接到其研究成果的身份标识码(ORCID iD),从而解决学术文献中的系统性的研究者姓名混淆问题。个人可以免费注册,目前全球 有数百家学术图书馆、研究机构、资助机构和出版商等使用 ORCID 作为作者标识进行成果数据跟踪。

文献	研究人员

| 作者标识符　　　　　　　　　　　∨ | Web of Science ResearcherID 或 ORCID
0000-0003-3547-7485　　　　　　　　× |

×清除　检索

图 11 - 5　WOS 数据库研究人员检索功能的作者标识符检索

扫码看视频

11.1.2　特定主题文献检索

主题检索是最为常见的文献检索情境,通常是指在已知课题背景信息及主题内容的情况下开展文献收集。进行特定学科的主题检索可以从检索工具的合理选择以及检索功能的灵活运用两个方面着手制定检索策略。

1）检索工具的选择

通常来说,对科研选题、探究式学习等目的的文献调研以查全为主要目标,因此优先考虑选择收录范围更广、数据覆盖更全面的综合性检索工具,比如:中国知网、万方、Scopus、WOS 等涵盖多学科资源的文献数据库,而具有学科特色的文献数据库也是主题检索工具选择的理想目标,比如:进行工程技术主题检索,可以考虑 Inspec、EI 等文献数据库。另外,针对特定学科提供专业化检索功能的文献数据库也是优先选择的检索工具,比如 SciFinder 数据库提供的物质检索、反应检索等特色功能在化学文献检索中可以发挥更大的作用。

2）检索功能的利用

如前文所述,现代的文献检索工具通过不同的检索功能不断丰富检索途径、优化检索效果,比如可以通过"浏览检索"功能完善检索条件,通过"精炼检索"缩小检索范围,或者通过"知识网络"等特色功能发现有关文献及其他信息,综合运用多种检索辅助功能,可以有效地弥补单一检索条件的局限性,从而提升检索效果。

> **案例 11 - 2　了解非相关文献知识发现的研究现状**
>
> 1986 年美国芝加哥大学唐・R. 斯旺森(Don R. Swanson)发文指出,内容上不直接相关的文献间也可能存在隐含的知识关联[①],其知识发现的基本思路是:如果一组

---

① SWANSON D R. Fish oil,Raynaud's syndrome,and undiscovered public knowledge[J]. Perspectives in Biology & Medicine,1986,30(1):7 - 18.

文献表明 A 和 B 有关联,而另一组文献表明 B 和 C 有关联,那么 A 和 C 之间也可能存在一定的关联。基于此,Swanson 针对生物医学文献进行挖掘,陆续成功发现了雷诺氏病与食用鱼油、偏头痛和镁缺乏等的潜在关联,并通过临床实践证明了这些发现的应用价值。目前已经形成基于非相关文献的知识发现理论与方法体系,并应用于更多领域的知识推理。

分析:文献调研的检索过程往往不是一蹴而就的,用户需要经过反复尝试,直到获得较为理想的检索结果,一般可以从以下两个方面考虑检索的切入方向。

检索方向 1:与主题相关的全方位检索,明确重点后缩小范围

本例所调研的主题属于信息技术、图书情报研究方向,同时又涉及生物医学等应用领域,因此首先选择综合性数据库进行初步的主题检索,了解有关研究概况,而后通过检索结果分析获得对该研究方向的总体认识,并进一步明确感兴趣的内容以便缩小检索范围。

(1)检索词:非相关;文献;知识发现;literature-based discovery;literature-related discovery（LRD）;disjoint literature discovery

(2)通用检索式:

中文:非相关 and 文献 and 知识发现

外文:literature near/0（base＊ or relate＊ or disjoint＊）near/0 discovery

(3)检索工具:中国知网、万方、Web of Science、Scopus

(4)检索结果:经检索发现有关研究成果以期刊论文为主,也有少量博士及硕士学位论文、会议论文和专利等,详情见表 11－1。

表 11－1 非相关文献知识发现主题初步检索结果

	中国知网	万方	Web of Science	Scopus
检索结果/篇	99	139	215	270
文献类型	期刊、学位论文、会议论文、专利	期刊、学位论文、会议论文、科技成果、专利	期刊、会议论文	期刊、会议论文、图书

以 CNKI 数据库为例对中文文献检索结果进行分析。

在 CNKI 数据库检索结果页面上点击"发表年度""主题"等分组,用户可以获得检索结果的简单统计规律。例如:通过发文时间分布情况(见图 11－6),了解到相关国内研究在 2007 年、2009 年以及 2014 年前后较为集中;而研究主题则集中于医学等领

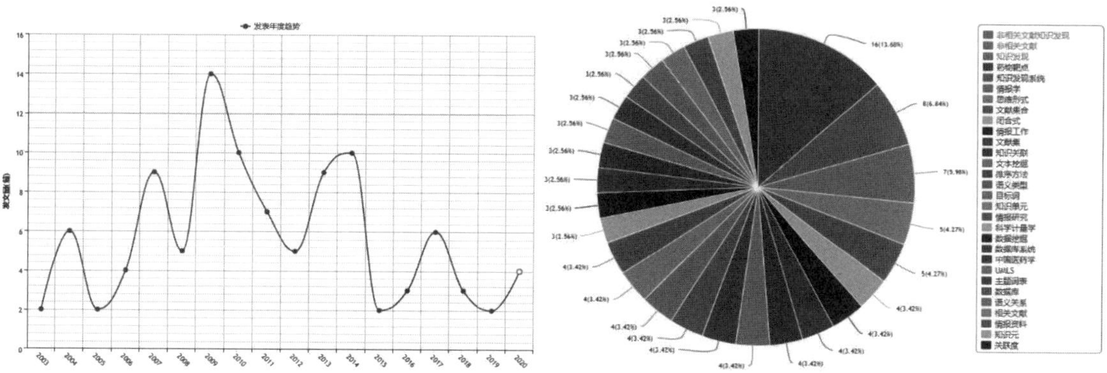

图 11 - 6　CNKI 数据库的可视化分析结果

域的方法运用（如药物靶点）、系统设计与技术开发（如知识发现系统）以及知识发现方法与模式研究（如闭合式、知识关联、文本挖掘）等。在此基础上，我们可以进一步明确个人感兴趣的研究方向，比如，需要了解知识发现系统或工具的技术应用与开发现状，则可以补充关键词"软件""系统""工具"等进一步缩小检索范围。

检索方向 2：从关键学者、重要文献出发，以点带面扩大检索范围

任何一项研究的发展过程中都会出现推动研究进程的关键学者以及重要文献，这些信息对于准确把握研究现状、研究发展趋势具有很重要的作用。其中重要文献主要包括如下类型：一是较早提出概念、理论或方法的有关文献，属于开创性成果，具有一定的关注度或者源自关键学者，主要表现为发文时间较早；二是作为后续研究的重要知识基础而获得广泛关注与认可的文献，属于重要的阶段性成果，表现为被引频次较高；三是高质量的综述文献，报道领域专家对研究阶段性发展的总结与展望，内容具有较高的参考价值，尤其适用于有关领域的初学者。

图 11 - 7　通过 Web of Science 数据库获得关键学者的有关文献

本例中提出该理论的学者 Don R. Swanson 是研究的奠基人，可以通过 WOS 的作者检索查看其有关成果，并从中筛选与主题密切相关的高被引论文，分析后可知非相关文献知识发现的研究源自该学者在生物医学领域中的知识发现探索，先后发现了鱼油和雷诺症、镁和偏头疼、生长调节素与精氨酸等之间的潜在关联[1]，随后开始有关分析方法研究[2]，直至开发出著名的 Arrowsmith 知识发现工具[3]。

也可以在主题检索的结果页面，按照被引频次进行降序排列，从而获得高影响力的成果，作为了解阶段进展的主要关注对象；或者通过精炼检索结果的功能从检索结果中找到文献类型为综述的文献（Review），作为全面了解有关研究的切入点（见图 11-8）。

图 11-8　通过 Web of Science 数据库获得高影响力的成果和综述文献

11.2　全文获取途径

检索策略可以帮助用户找到所需文献的线索，然而不是所有的检索工具都直接提供目标文献的全文，因此全文获取成为我们进一步了解文献内容及有关细节的必要环节。

[1]　SWANSON D R. Fish oil，Raynaud's syndrome，and undiscovered public knowledge[J]. Perspectives in Biology and Medicine，1986，30(1)：7-18.
SWANSON D R. Migraine and Magnesium-11 neglected connections [J]. Perspectivesin Biology and Medicine，1988，31(4)：526-557.
SWANSON D R. Somatomedin C and Arginine：implicit connections between mutually isolated literatures[J]. Perspectives in Biology and Medicine，1990，33(2)：157-186.
[2]　SWANSON D R. Medical literature as a potential source of new knowledge[J]. Bulletin of the Medical Library Association，1990，78(1)：29-37.
SWANSON D R，SWALHEISER N R. An interactive system for finding complementary literatures：a stimulus to scientific discovery[J]. Artificial Intelligence，1997，91(2)：183-203.
[3]　SWANSON D R，SWALHEISER N R. Implicit text linkages between medline records：using Arrowsmith as an aid to scientific discovery[J]. Library Trends，1999，48(1)：48-59.

本节主要关注学术文献的全文获取,目前常用的获取途径主要有三种。

11.2.1　开放网络资源

随着网络资源的日益丰富,获取全文已经变得越来越方便,而开放网络资源则是全文获取最为便捷的途径,其中搜索引擎、开放获取资源和在线资源共享平台是主要渠道。

1)搜索引擎

搜索引擎是最常用的检索工具,由于大多数搜索引擎面向通用互联网环境中各类信息的查找,因此检索功能多侧重于检索条件的字词匹配,适用于简单文献线索的全文获取,比如已知文献标题获取全文。搜索引擎本身覆盖最大范围的互联网资源,因此会直接将所有来自不同网络站点的符合检索条件的网页链接作为检索结果返回给用户,其中就包含了下面要介绍的开放获取资源、资源共享平台乃至文献数据库。搜索引擎本身不提供全文资源,只提供访问全文资源的链接。

2)开放获取资源

开放获取(Open Access,OA),也称开放存取,是国际学术界、出版界、文献信息服务机构为推动科研成果在互联网自由传播而发起的运动,倡导在尊重著作权和作者权益的前提下免费提供文献全文,允许任何用户阅读、下载、复制、分发、打印、搜索或链接文献全文。目前主要的开放获取资源有两种类型:一是 OA 期刊,与传统期刊一样采用严格的同行评审制度保证论文质量,一般采用作者付费出版、读者免费获得、无限制使用的运作模式。近年来越来越多的出版商开始推出高质量的 OA 期刊在线公开,如:施普林格—自然公司就先后出版了大量开放获取图书及 *Nature Communications*(NC)等多本 *Nature* 子刊;二是 OA 仓储(OA 知识库),面向特定学科或者由特定机构的开放获取资源存储,如 OALib(https://www.oalib.com/)是 Open Access Library 公司创建的一个开放存取性质的数据库,主要存储开源论文及论文元数据,覆盖全部学科,提供包括 OALib 期刊出版(同行评审的 OALib Journal)、OA 期刊论文检索、OALib Preprints 以及外来预印本和后印本的存储服务。预印本平台也是常见的 OA 仓储形式,如 BioRxiv(https://www.biorxiv.org/)主要用于发布生命科学领域未发表的预印本资源,在线发布的文章不经过同行评审,但进行基本的科学内容筛选和剽窃检查,类似的平台大多由非营利研究机构或教育机构运营,因此存在一定的不稳定风险。图 11 - 9 展示的即为 OALib 和 BioRxiv 的开放存取资源的主页面。

3)在线资源共享平台

在线资源共享平台主要是指分享电子文档资源的开放协作式平台,也称在线文库。

图 11-9　OALib 和 BioRxiv 开放存取资源

部分平台提供涉及生活、工作、学习等各方面的实用性文档资源分享,如百度文库(https://wenku.baidu.com/)、豆丁网(https://www.docin.com/)、道客巴巴(https://www.doc88.com/)等,也有专门面向学术交流和科研共享的互动社区,如小木虫论坛(http://muchong.com/)、ResearchGate(https://www.researchgate.net/)等,成为全文获取的有效补充渠道。但这种开放协作的文档分享方式大多缺乏对于文档内容的专业审核,因此在使用这类文档时,用户应注意鉴别文档质量和可靠性。

11.2.2　文献数据库

文献数据库一般是由专业的文献出版或信息服务机构运营并提供有关文献与技术保障服务,是获取学术文献全文最可靠的来源。其中,全文型数据库直接提供文献原文,以中国知网、万方、维普和超星等为代表的国内综合性全文数据库均提供多学科的全文资源,因而中文文献的全文获取相对容易,只需要选择合适的检索字段和方法检索到该文献就可以直接获得全文;但外文全文型数据库大多为文献出版商运营的文献发布平台,各自独立提供其所拥有的期刊、图书等出版物全文,如 ScienceDirect、SpringerLink、Wiley等。因此,外文文献全文资源相对分散,推荐优先使用大规模文摘型数据库获取目标文献信息,并通过数据库提供的出版商全文链接途径获得文献全文。

> **案例 11-3**
>
> 某同学从一篇学位论文的参考文献中获取到下列文献"周飞燕,金林鹏,董军.卷积神经网络研究综述[J].计算机学报,2017,40(06):1229-1251.",他想进一步了解文献内容,如何获取全文?

分析:目标文献的有关信息越完整,获得文献全文的效率越高。本案例为中文期刊文献,因此可以选择常用的中文全文数据库,如中国知网、万方和维普数据库等,直接根据文献标题、作者以及出版物来源等信息进行检索。需要注意的是,目前数据库大多默认采用模糊检索,因此单一字段检索有可能无法直接定位目标文献,增加文献筛选的环节(如图 11-10),可以采用多条件组合检索提高检索效率,如"篇名"+"作者"(如图 11-11),或者通过文献信息中的来源期刊信息,根据卷期号和页码信息直接锁定该文献(如图 11-12)。

图 11-10 中国知网数据库的篇名字段检索结果

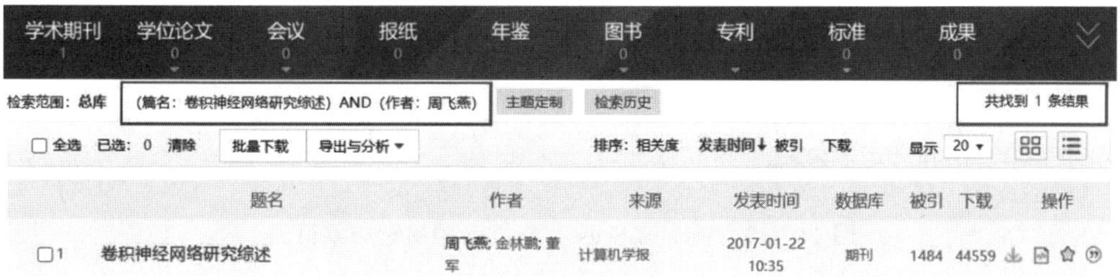

图 11-11 中国知网数据库的"篇名＋作者"字段组合检索结果

图 11-12 中国知网数据库的期刊导航检索结果

Yaofeng Shao,Lingzhi Wang,Jinlong Zhang,Masakazu Anpo,Synthesis and characterization of high hydrothermally stable Cr-MCM-48,Microporous and Mesoporous Materials,Volume 109,Issues 1-3,2008,Pages 271-277,https://doi.org/10.1016/j.micromeso.2007.05.001.

分析：(1)方法1：选择常用文摘型数据库检索到该文献，比如在 Web of Science 数据库中，通过出版商全文链接获得该文献的原文(见图11-13)。

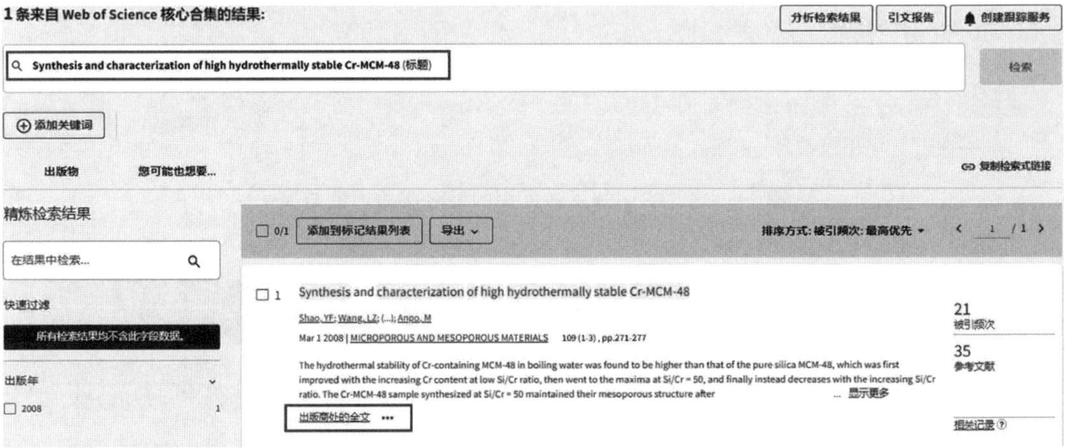

图11-13 Web of Science 数据库的检索结果页面

(2)方法2：利用文献的 DOI 信息，直接在浏览器地址栏输入带"https://doi.org/"前缀和 DOI 号码的 URL 访问地址，直接访问出版商提供的文献全文页面，如：https://doi.org/10.1016/j.micromeso.2007.05.001。

案例11-5 如何查找下列文献的全文?

标题：Chemo-enzymatic synthesis of poly (4-piperidine lactone-b-ω-pentadecalactone) block copolymers as biomaterials with antibacterial properties

作者：Xiao,Y (Xiao,Yan)；Pan,J H (Pan,Jinghao)；Wang,D (Wang,Dong)；Heise,A (Heise,Andreas)；Lang,M D (Lang,Meidong)

来源：BIOMACROMOLECULES 出版年：JUL 2018 卷：19 期：7 页：2673-2681

分析：文献信息中如果包含特殊字符或表达，就可能出现无法检索到该文献的情况，比如上述文献直接使用 Web of Science 等数据库的标题进行检索是无法查找到相应文献的。这种情况下有两种处理方式：

方法 1：更换检索工具，如选择百链数据库进行标题检索，可以通过数据库整合的全文资源或者邮箱接收全文等形式获取文献全文（见图 11‐14）。

方法 2：将标题中的特殊表达从检索词中剔除，保留相对常规的检索词，例如：去掉标题中的物质名称"poly（4-piperidine lactone-b-ω-pentadecalactone）"，继续使用 WOS 数据库的标题字段检索"Chemo-enzymatic synthesis of block copolymers as biomaterials with antibacterial properties"就可以获得检索结果（见图 11‐15）。

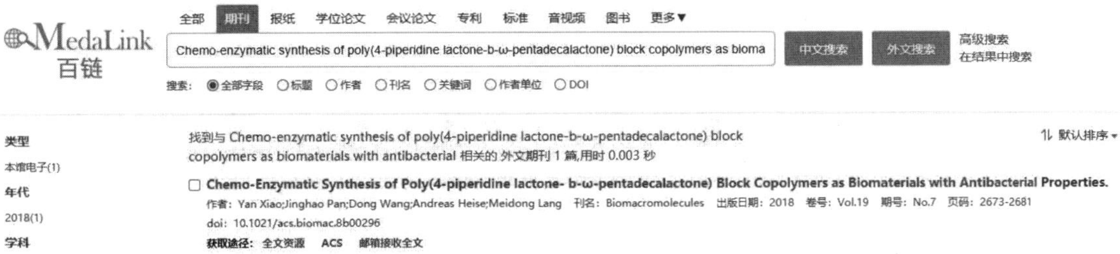

图 11‐14　百链数据库的检索结果

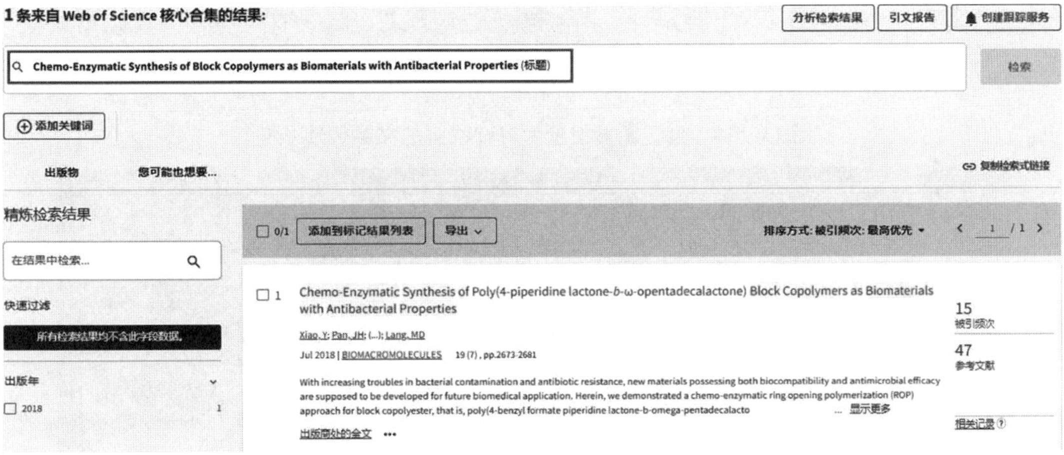

图 11‐15　Web of Science 数据库的检索结果

11.2.3　文献传递

文献传递服务是借助网络或其他途径为用户提供文献全文的增值服务，由图书馆等文献服务机构的馆际互借服务发展而来，能有效弥补本地文献收藏的不足。目前主要的文献传递渠道有如下两种：

（1）通过传统文献服务机构委托全文传递服务。以高校图书馆为例，大多与中国高等教育文献保障系统（CALIS）、中国高校人文社会科学文献中心（CASHL）等建立协作关系

获取并提供全文文献;

(2)通过各类公益性组织和技术平台获得文献全文服务。如:全国图书馆参考咨询联盟(http://www.ucdrs.cn)组织成员馆通过网络、电话等渠道为读者提供网上查询、参考咨询和远程文献传递等服务(见图11-16);上海研发公共服务平台(见图11-17)建成了资源丰富的上海科研论文和科技信息共享服务子平台(https://lib.sgst.cn/),提供期刊论文、会议论文、学位论文、专利文献、标准文献等国内外高质量科技文献信息,可通过注册用户身份获得文献全文查看和传递服务权限。

图 11-16　全国图书馆参考咨询联盟的文献传递服务

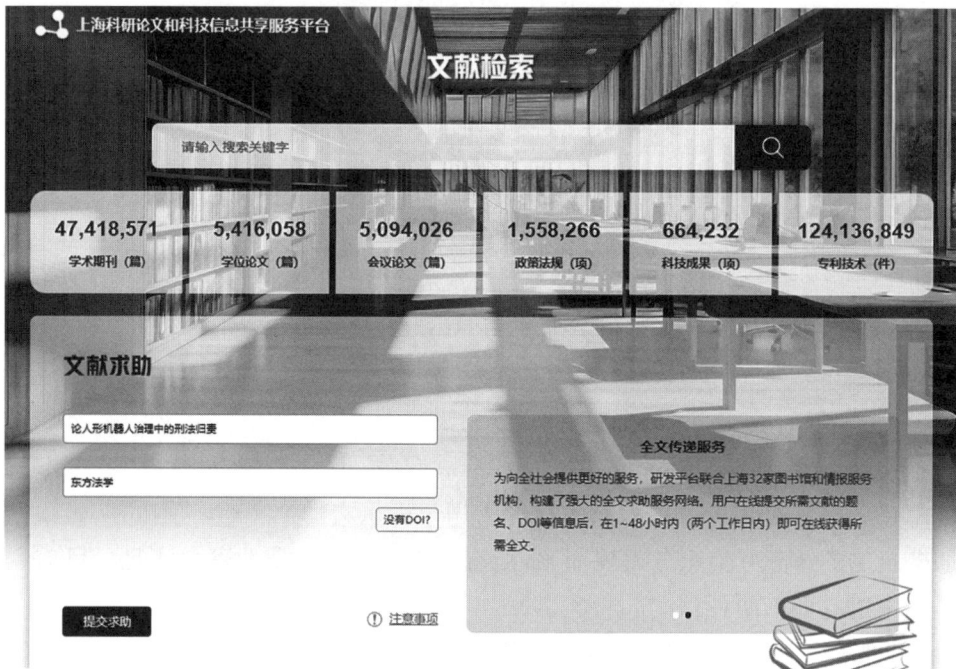

图 11-17　上海研发公共服务平台的文献传递服务

第**12**章 信息分析的基本指标

本 章 重 点
◇ 了解信息分析的概念
  和作用
◇ 掌握常见的计量分析
  指标

随着信息社会尤其是数据技术时代的到来,信息分析已成为生存和发展的一种基本需要,对于国家、组织和个人竞争来说,信息分析都具有基础性的意义和战略、战术方面的重要价值。信息分析是指根据特定问题的需要,对大量相关信息进行深层次的思维加工和分析研究,形成有助于问题解决的新信息的活动。从分析对象看,信息分析主要包括科技信息分析、经济信息分析和社会信息分析。本书的信息分析主要是指科技信息分析。

12.1 发文指标

科技信息分析与其他类型的信息分析相比,最重要的特点是以文献资源为基础,文献分析不仅为科技信息分析提供可供选择的经过加工的系列情报源,而且其本身就是科技信息分析的主要对象和内容,通过对文献知识单元的深入分析,可以揭示科学进展、动向和趋势,为科技发展和科学技术向生产力转化提供信息支持。

信息分析通常包括定量分析、定性分析、定量和定性相结合等,在进行定量分析时,用户经常会用到各种不同的信息计量指标,主要包括发文指标、引用指标、主题指标等。

发文指标主要是指发文量,即表示科研成果产出的数量,科研成果包括期刊论文、专利、学位论文、会议论文等多种文献类型。通过对不同文献的发文数量进行分析,我们可以了解其知识产出情况,而结合时间、作者、机构等维度也可以进一步进行发文趋势或对比分析。传统的发文统计以期刊论文为主要对象,根据具体特点可以进一步细分,比如:按照来源期刊的收录情况,可以分为核心期刊论文和非核心期刊论文;按照是否有基金支持可以分为基金论文和非基金论文。通常核心期刊以及获得基金支持的期刊上发表的论文质量更高。

12.2 引用指标

根据常见引文网络的定义与内涵,引用相关的概念主要包括以下几种:

(1)引文。全称是"被引文献",又称为"参考文献",是为撰写或编辑论文和著作而引用的有关文献信息资源。任何一项研究成果,都是在前人基础上发展起来的,具有一定的继承性,因此参考文献反映的是本文研究工作的背景和依据。二级参考文献是指本文参考文献的参考文献,更进一步反映研究历史的追溯和起源。

(2)引证文献。与"被引文献"相对,主动引用其他文献的文献,反映的是该研究工作的继续、应用、发展或评价。引证文献是衡量学术影响大小的重要因素,文献被引证的次数越多,一定程度上反映出该文献价值越高。二级引证文献则是指本文引证文献的引证文献,更进一步反映研究的继续、发展或评价。

(3)共引文献。与本文有至少 1 篇相同参考文献的文献,与本文有共同研究背景或依据。

(4)同被引文献。与本文同时被作为参考文献引用的文献,与本文共同作为进一步研究的基础。

与引用相关的计量指标主要包括被引频次,以及在被引频次基础上发展起来的复合计量指标,如 H 指数和影响因子。

12.2.1　被引频次

被引频次是指以一定数量的统计源(来源期刊)为基础而统计的特定对象被来源期刊所引用的总次数,是引文分析中最具代表性的指标,通常被视为衡量研究成果被同行关注程度的重要指标。其在一定程度上代表了一篇文献的学术价值、影响力及其在科技发展中所发挥的作用和地位。被引频次分为总被引频次、自引频次、他引频次、篇均被引频次等。热点论文、高被引论文以及世界 TOP 10%论文等,均是在被引频次的基础上计算得到的。

12.2.2　H 指数

H 指数是一种主要用于科研人员个人科研成就评价的混合量化指标,最早由美国加利福尼亚大学圣迭哥分校的物理学家赫希(Jorge Hirsch)于 2005 年提出。其定义为:如果某科研人员一定时期内发表的论文至少有 h 篇的被引频次不低于 h 次,则其 H 指数等于 h。通常认为 H 指数越高,其学术影响力越大。后来也有学者将 H 指数应用于对机构、期刊等其他对象的分析评价。

12.2.3　影响因子

影响因子是一种测度期刊有用性和显示度的指标,而且也是测度期刊的学术水平乃至论文质量的重要指标,目前已成为国际上通用的期刊评价指标。期刊过去两年发表的学术论文在统计当年获得的总引用次数与该期刊过去两年发表的学术论文数量的比值。后来影响因子又延伸出其他计算方法,用于提高对学术影响力的准确评价,比如他引影响因子等。影响因子是一个相对统计量,影响因子的数值会随时间的变化而发生变化。

12.3　主题指标

12.3.1　词频

　　词频是指在一定范围内的语言材料中某词的使用频率,在文献中指的是反映主题内容的关键词或主题词出现的频次。词频反映了词汇对文献内容的揭示作用,可分为低频词、中频词和高频词。词频统计是一种传统的词汇分析研究方法,通过对一定长度文本的词频进行统计、分析,进而描绘出词汇规律[①]。通常情况下,词频越高,其在知识领域中越重要,越能代表领域知识的研究重点和研究热点,因此词频分析法往往通过统计主题词(关键词)的频次排序,结合领域的科学知识,分析高频词所承载的科技内容,并将主题进行相应的分类与组织,从而揭示领域研究的范围与热点。

12.3.2　共词

　　共词分析是指通过分析在同一个文本主体中的款目(单词或名词短语)共同出现的形式,以发现科学领域的学科结构的一种分析方法。共词强度是指两个词同时出现在同一文本主体中的次数,是衡量两个词联系程度的指标。由此,统计一组文献的主题词两两之间在同一篇文献出现的频率,便可形成一个由这些词对关联所组成的共词网络,网络内节点之间的远近便可以反映主题内容的亲疏关系,进而分析这些词所代表的学科和主题结构的演变。共词分析方法用高频词聚类来分析过去和现在学科领域的热点,通过低频词聚类可以预测未来的学科研究热点。

---

　　① 　罗燕,赵书良,李晓超,等.基于词频统计的文本关键词提取方法[J].计算机应用,2016,36(03):718-725.

第**13**章 学术出版物评价

本 章 重 点

◇ 掌握常见的出版物评价方法及相关工具

◇ 能够利用中国知网、JCR、CSSCI 等检索工具查询期刊的基本指标数据

学术出版物评价是指以图书、期刊等文献为对象展开的各种定性和定量的评价活动,常见的评价形式是利用同行评议或文献计量学的各种指标对出版物的内容质量、学术价值、创新水平以及可能产生的学术影响等方面做出正确的分析与判定。学术出版物评价对于指导读者选择合适的出版物、图书馆进行馆藏建设都具有重要的参考价值。

13.1 学术期刊评价

如何找到高价值的期刊一直是人们关注的问题。从学术期刊评价方法的发展历程来看,同行评议一直是通用的定性评价方法,但其具有相当的主观色彩,同行评议的结果往往容易受到评审专家自身研究领域和研究偏好的影响。因此,后来兴起的以文献学、统计学及计量分析等为基础的定量评价方法逐渐成为同行评议的有益补充,能够提供相对客观的评价依据,成为应用更为广泛的期刊评价方法。

学术期刊的定量评价从 20 世纪 30 年代的布拉德福经验定律,到后来反映文献老化速度的普莱斯指数,再到加菲尔德文献集中定律,历经长足的发展,已经形成相对丰富的定量评价指标体系,为学术期刊的评价问题提供了多种视角。目前,常用的期刊评价信息查询方法主要有两种:一是利用检索工具进行期刊评价指标的查询,二是借助高质量检索工具或权威核心期刊认定获得高质量期刊。

13.1.1 利用检索工具进行期刊评价指标的查询

常见的期刊评价指标主要包括被引频次、影响因子、即年指标、被引半衰期等,可以通过特定检索工具查询学术期刊的相关评价指标,包括专门的期刊评价信息查询工具,如期刊引证报告(Journal Citation Reports,JCR)、中国科学院文献情报中心期刊分区表(简称中科院分区表)等,而一些常见的文献数据库,如中国知网、万方数据库、Scopus 等大多也提供期刊主要评价指标及相关信息的查询功能。

1）期刊引证报告

期刊引证报告每年定期出版。JCR 提供了总引用次数（Total Cites）、影响因子（Journal Impact Factor）、五年影响因子（5 Year Journal Impact Factor）、立即指数（Immediacy Index）等指标。以其大量的期刊统计数据及计算的影响因子等指数，成为国内外应用最为广泛的期刊定量评价工具。其主要指标定义如下：

（1）总引用次数：某一特定学科下期刊的论文在 JCR 出版年被引用的总次数。

（2）影响因子：期刊过去两年发表的学术论文在当前 JCR 年获得的总引用次数与该期刊过去两年发表的学术论文数量的比值。

（3）五年影响因子：期刊过去五年发表的学术论文在当前 JCR 年获得的总引用次数与该期刊过去五年发表的学术论文数量的比值。

（4）立即指数：用期刊中某一年发表的论文在当年被引用次数除以同年发表论文的总数得到的指数，反映期刊中论文得到引用的速度。

（5）影响因子分区：JCR 中影响因子分区采用四分法，将同一学科领域中期刊按影响因子从高到低排序并划分为 4 等分，每等分为一个区间。相关区间划分如下：

$$Q1：0.0 < Z \leqslant 0.25$$
$$Q2：0.25 < Z \leqslant 0.5$$
$$Q3：0.5 < Z \leqslant 0.75$$
$$Q4：0.75 < Z$$

案例 13 - 1　如何利用 JCR 数据库获得期刊的计量指标？

查找期刊 *Water Research* 2018 版的总被引次数、影响因子、五年影响因子、立即指数和 JCR 分区。

分析：（1）进入 JCR 数据库，输入期刊名称"Water Research"并进行检索（见图 13 - 1）。

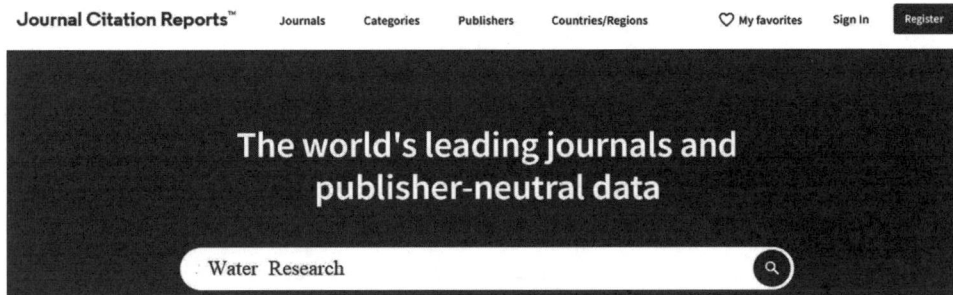

图 13 - 1　JCR 数据库期刊检索

（2）在检索结果中选择目标期刊,进入期刊详情页,可查看期刊基本信息(如:ISSN、
出版机构、所属学科、语种、出版周期等)以及相关指标数据(见图 13 - 2)。

（3）在 JCR 出版年(JCR YEAR)下拉列表中选择 All Years,可查看该期刊某一年的总
引用次数、影响因子、五年影响因子和立即指数,比如该期刊 2018 年的总引用次数为
87258,影响因子为 7.913,五年影响因子为 8.424,立即指数为 1.661(见图 13 - 3)。

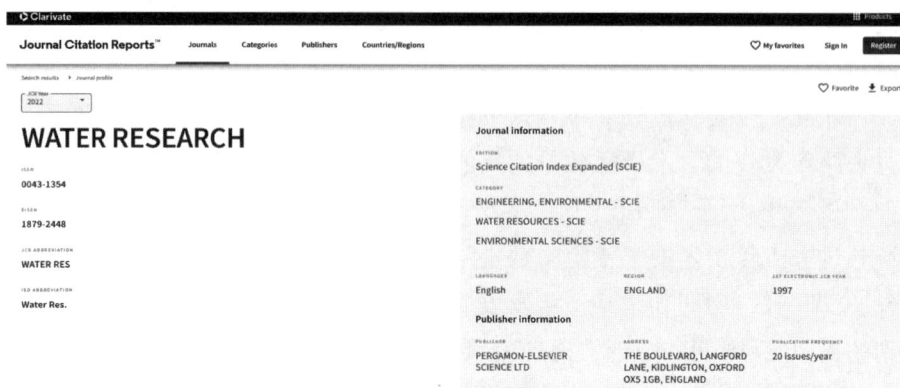

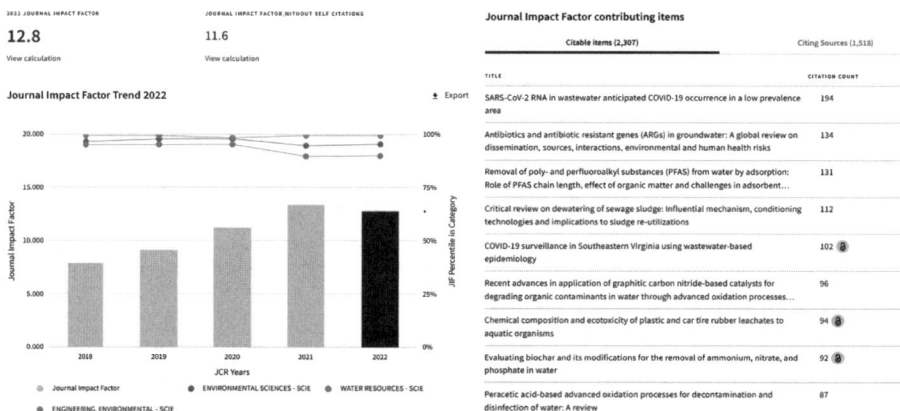

图 13 - 2　JCR 数据库期刊详细信息

Year ▼	Total Citations	Journal impact factor	JIF without self cites	5 Year Impact Factor	Immediacy Index	Citable items	% of articles in Citable items	Average JIF Percentile
2023	139,373	11.4	10.5	12.2	2.3	1,329	95.49	96.8
2022	144,182	12.8	11.6	13.3	2.7	1,358	96.24	95.0
2021	148,888	13.400	12.397	13.847	3.519	1,188	92.59	94.706
2020	120,695	11.236	10.177	11.547	2.202	1,119	93.21	97.277
2019	99,442	9.130	8.177	9.639	1.805	940	93.94	97.559
2018	87,258	7.913	7.138	8.424	1.661	840	94.76	97.085
2017	76,647	7.051	6.303	7.621	1.066	803	94.89	97.644

图 13 - 3　JCR 数据库期刊各年指标信息

（4）在 JCR 出版年（JCR YEAR）下拉列表中选择 2018，下翻页面至"Rank by Journal Impact Factor"栏目，可以查看该期刊在 2018 年的 JCR 学科分区情况。该期刊在 ENGINEERING, ENVIRONMENTAL 学科、ENVIRONMENTAL SCIENCES 以及 WATER RESOURCES 学科均处于 Q1 区（见图 13‑4）。

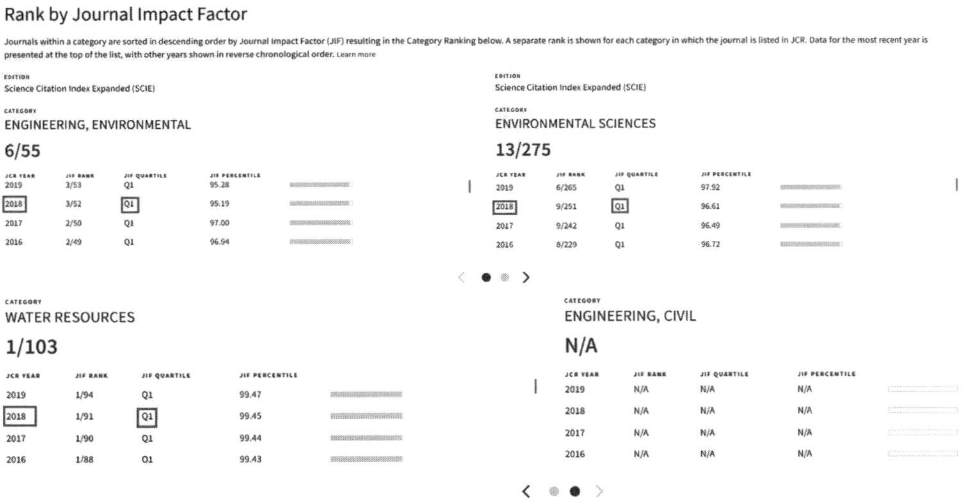

图 13‑4　JCR 数据库期刊分区情况

2）中国知网数据库

中国知网的《中国学术期刊国际国内影响力统计分析数据库》发布了我国正式出版的近 6000 种学术期刊的国际、国内评价指标，从引证评价指标、办刊评价指标、互引评价指标、引用时间指标和评价综合指标等进行评价，不仅提供了传统评价期刊的计量评价指标，而且提供了综合评价指标、针对期刊特征的丰富指标。

> **案例 13‑2　如何利用中国知网数据库获得期刊的计量指标**
>
> 利用中国知网数据库获取《无机材料学报》被引频次、下载频次、复合影响因子、综合影响因子和基金论文数量。

分析：（1）进入中国知网主页，选择"来源出版物检索"，在"来源名称"字段输入"无机材料学报"，进行出版来源检索，得到复合影响因子、综合影响因子、被引次数和下载次数（见图 13‑5）。

（2）进入期刊主页查看更加详细的信息，包括该期刊的基本信息、出版信息以及评价信息，其中评价信息提供了影响因子以及被哪些数据库收录等（见图 13‑6）。

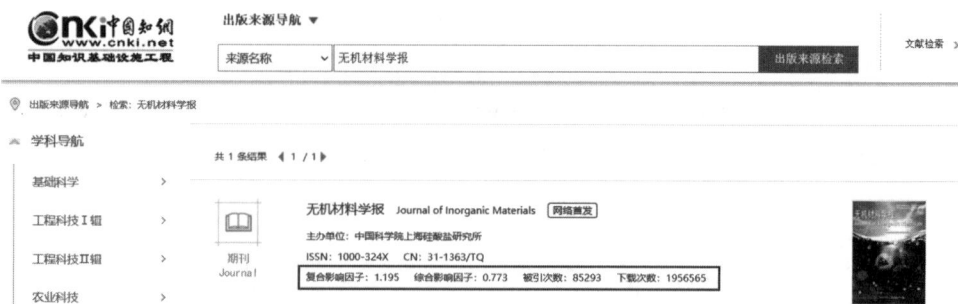

图 13-5　中国知网数据库出版来源导航界面

图 13-6　中国知网数据库《无机材料学报》期刊界面

(3)选择期刊详情页的"统计与评价"功能,显示期刊年度出版概况,包括年度总文献量、年度基金资助文献量、期刊近十年文献所属栏目分布;显示学术热点动态,包括期刊近十年文献的学科分布与期刊近十年的关键词分布(见图 13-7)。

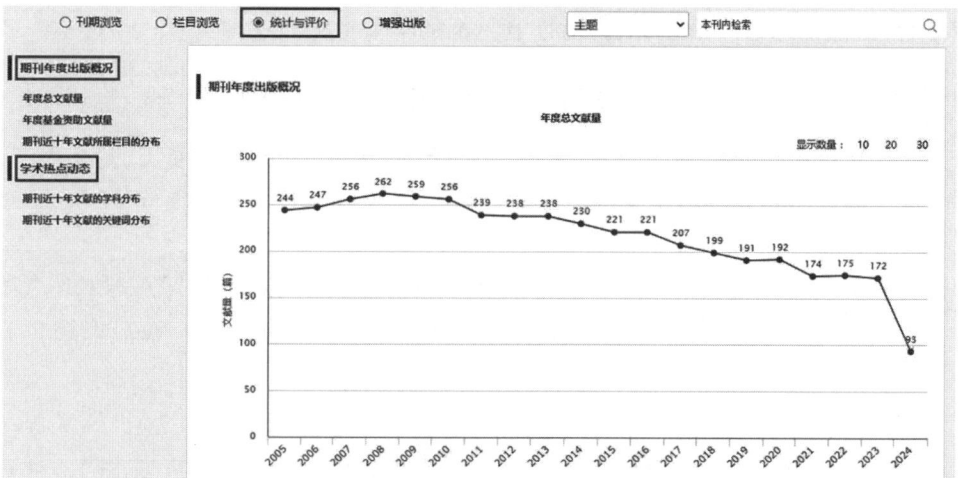

图 13-7　中国知网数据库《无机材料学报》统计与评价期刊年度出版概况

（4）点击"年度基金资助文献量"，显示各年度基金资助文献数量及比率（见图 13 - 8）。

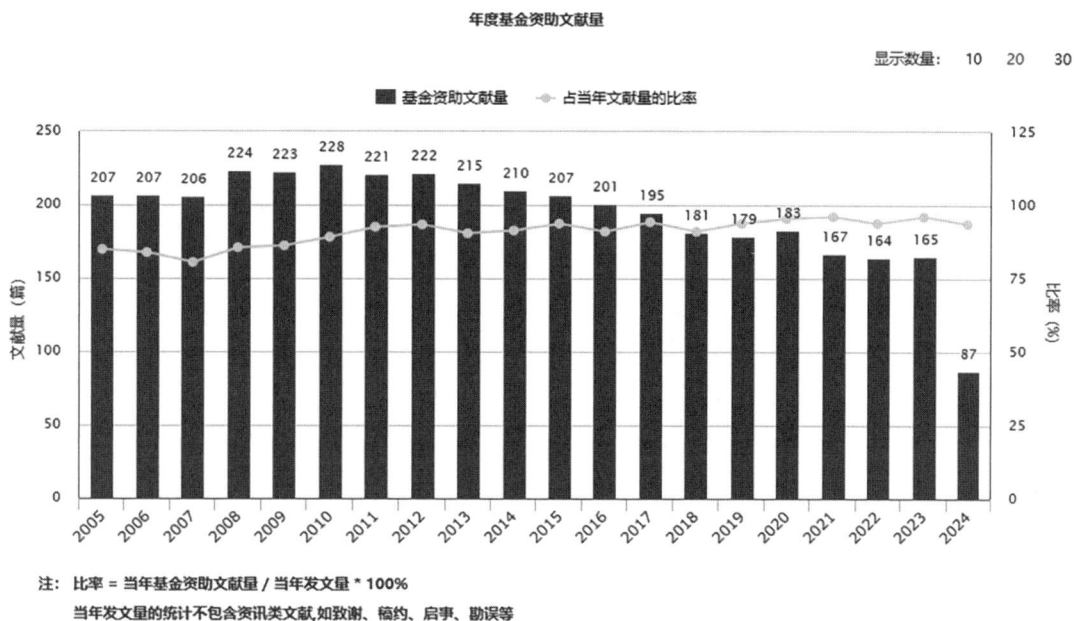

图 13 - 8　中国知网数据库《无机材料学报》统计与评价年度基金资助文献量

13.1.2　借助高质量检索工具或权威核心期刊认定获得高质量期刊

高质量的检索工具都有严格的选刊标准和遴选程序，以保证其收录的期刊有较高的学术水平和参考价值，因此被高质量检索工具收录的期刊也更容易获得有关领域学者的关注，进而获得更高的学术影响力。目前得到广泛认可的高质量检索工具主要包括：WOS 平台的 SCI-EXPANDED、SSCI、A & HCI 三大引文索引数据库以及 Conference Proceedings Citation Index-Science（CPCI-S）、Conference Proceedings Citation Index — Social Science & Humanities（CPCI-SSH）两大会议录索引数据库，Engineering Village（美国工程索引数据库），中文社会科学引文索引（Chinese Social Sciences Citation Index，CSSCI）等。

由权威机构认定的核心期刊也是判断高质量期刊的常用依据，目前国内常见的核心期刊目录主要包括 CSSCI 来源期刊目录、中文核心期刊要目总览。另外，中国科技论文统计源期刊（中国科技核心期刊）、中国科学引文数据库（Chinese Science Citation Database，CSCD）来源期刊等也是常见的国内期刊评选体系。

1）CSSCI 来源期刊目录

CSSCI 由南京大学中国社会科学研究评价中心开发研制，采取定量与定性相结合的方法从中文人文社会科学领域的学术期刊中遴选学术性强、编辑规范的期刊作为来源期刊，提供多种定量指标数据，如被引频次、影响因子、即年指标、半衰期等，为期刊评价提供参考。CSSCI 来源期刊平均每两年发布一次，可以通过官网（https://cssrac.nju.edu.cn/）直接下载来源期刊目录，也可以直接使用 CSSCI 数据库（http://cssci.nju.edu.cn/）进行检索查询。

案例 13 - 3　如何利用 CSSCI 数据库检索论文收录及引用情况？

查找期刊论文《大学生就业市场景气指数的建构与分析》的 CSSCI 收录及引用情况。

分析：（1）选择 CSSCI 数据库的"来源文献"检索，输入篇名并检索（见图 13 - 9）。

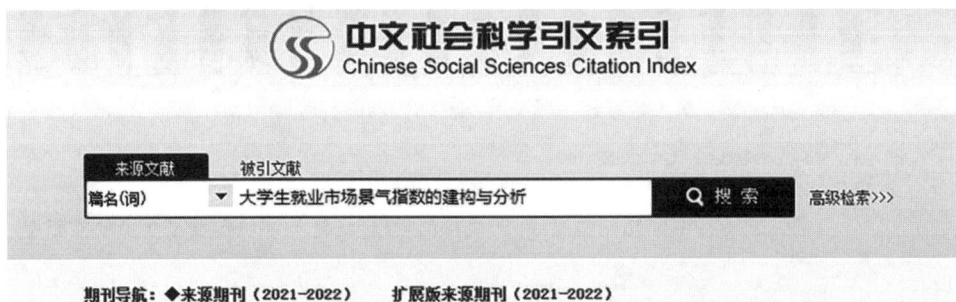

图 13 - 9　CSSCI 数据库"来源文献"检索

（2）选择 CSSCI 数据库的"被引文献"检索，输入被引篇名并检索，可直接获得被引频次为 2 次（见图 13 - 10）。

序号	被引作者	被引文献篇名	被引期刊	被引文献出处	被引次数
□ 1	邓峰	大学生就业市场景气指数的建构与分析	教育研究	2021，(2)	2

图 13 - 10　CSSCI 数据库被引检索结果

2）中文核心期刊要目总览

《中文核心期刊要目总览》（又称北大核心）是由北京大学图书馆主持，多家机构专家参与研制的核心期刊目录，为图书情报部门对中文学术期刊的评估与订购、为读者导读提供参考依据。不同于 CSSCI 主要面向人文社会科学领域，《中文核心期刊要目总览》覆盖哲学、社会学、政治、法律、经济、文化、教育、历史、自然科学、医药、卫生、农业科学、工业技术等全学科，通过定量评价和定性评审评选出核心期刊。《中文核心期刊要目总览》已经出版了 1992 年、1996 年、2000 年、2004 年、2008 年、2011 年、2014 年、2017 年、2020 年、2023 年共 10 版。我们可以根据学科查找有关期刊，比如学科"植物保护"有如下核心期刊：

1《植物保护》　　　　　　4《植物病理学报》　　　　　7《生物安全学报》

2《植物保护学报》　　　　5《环境昆虫学报》　　　　　8《中国植保导刊》

3《中国生物防治学报》　　6《农药学学报》　　　　　　9《农药》

13.2　学术图书评价

学术图书是指按照学术规范撰写的关于特定主题的图书，一般包括各类学术专著与文集等。随着学术图书规模的不断增加，图书评价问题日益引起关注。但不同于期刊评价，图书的被引信息相对较少，相关信息收集困难，完全从被引角度来评价图书的质量或影响力存在一定难度；同样有别于普通图书的评价模式，诸如豆瓣读书、当当、亚马逊等图书平台提供的互动型书评及打分模式，在学术出版平台中普及度较差，可作为学术性图书评价依据的专业信息也相对较少；也有学者提出了相对可行的评价方法，比如将图书馆藏量、出版社声誉等作为图书出版质量的考量因素，但对学术性图书的影响力、学术价值等仍无法很好地体现或者更为直接地测度，学术图书评价仍有待进一步发展完善。

目前可用的图书评价信息检索工具较少，如南京大学中国社会科学研究评价中心推出的中文学术图书引文索引（Chinese Book Citation Index，CBKCI）数据库，科睿唯安推出的图书引文索引（Book Citation Index，BKCI）数据库等。

第14章 研究主题分析

本章重点

◇ 了解研究主题分析的常用方法
◇ 能够利用中国知网数据库、万方数据库等常见检索工具进行主题分析
◇ 能够利用 Citespace 等常用文献信息分析工具进行主题分析

主题分析是一种常见的定性研究量化分析方法，强调对研究相关文献的内容进行分析与综合，从中提取出全部主题要素，确定各要素之间的关系和主题类型，进而形成完整的主题概念的过程。从文献检索与利用的角度，主题分析大多通过对表征文献主题内容的索引词进行提取、统计和分析，有效了解相关研究的热点及发展趋势，以数据统计或可视化图谱等形式展示分析结果，为科学研究提供有价值的参考。本章主要介绍如何利用文献数据库以及文献信息分析工具开展研究主题分析。

14.1 利用文献数据库进行主题分析

扫码看视频

关键词或主题词是出现在文献的标题、摘要以及正文中，能够表达主题内容的规范化或未经规范化的自然语言词汇，在文献数据库中常作为文献的检索入口，也成为主题分析的主要对象。目前各文献数据库大多提供针对检索结果的关键词或主题词统计分析功能，便于开展相关研究的主题分析。

案例 14 - 1　如何利用文献数据库对可见光催化领域研究进行主题分析？

分析：方法 1：利用万方数据库的关键词分析功能

(1)进入万方数据库，在高级检索界面，选择在期刊论文、学位论文、会议论文、专利、中外标准、科技成果和科技报告中检索，主题字段输入"可见光""催化"，用户得到检索结果并进行结果分析。

(2)在"结果分析"界面，选择关键词分析功能，左侧显示高频关键词清单，提供主要关键词的出现频次及百分比数据；右侧为高频关键词生成的可视化图谱，方便对研究热点进行展示(见图 14 - 1)。从图谱中可以发现：相关研究主题既包含 TiO_2、二氧化钛、石墨烯、g-C_3N_4 等催化材料，也包含了罗丹明 B、亚甲基蓝、甲基橙等降解染

料,以及水热法、溶胶—凝胶法、掺杂改性等制备方法,这些高频的研究主题代表的可见光催化研究聚焦的热点主题和发展方向;而选择图谱中感兴趣的某一个或多个关键词,还可以进一步深入分析,以催化材料 $g-C_3N_4$ 为例,可以查看该材料的历时研究趋势,从图中可以看出,该催化材料可见光催化领域的研究最早出现在 2009 年,相较可见光催化研究(相关文献较早发表于 20 世纪 90 年代)起步较晚,2021 年该催化材料的研究成果数量达到峰值,2019 年以来发文量连续多年保持在 400 到 500 篇,该研究目前仍可以继续关注(见图 14-2)。

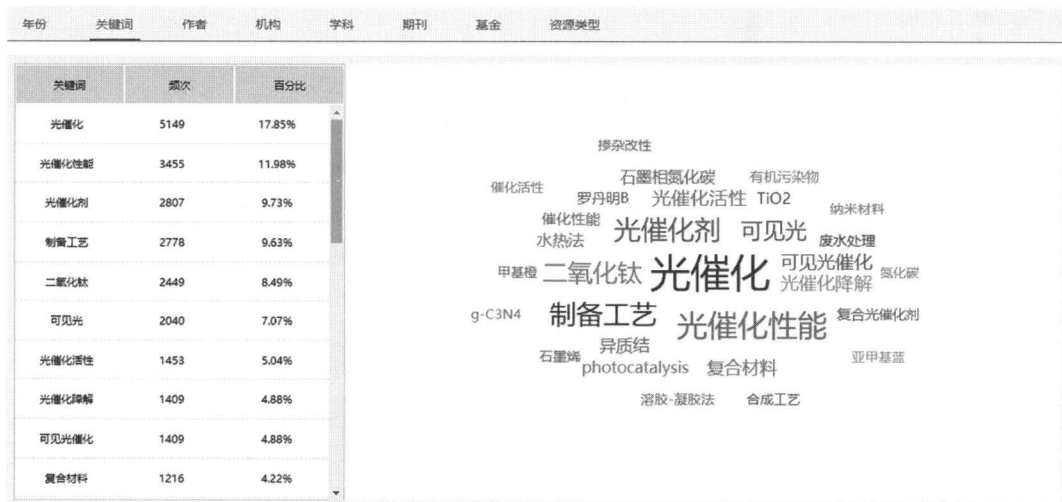

图 14-1　万方数据库可见光催化关键词分析

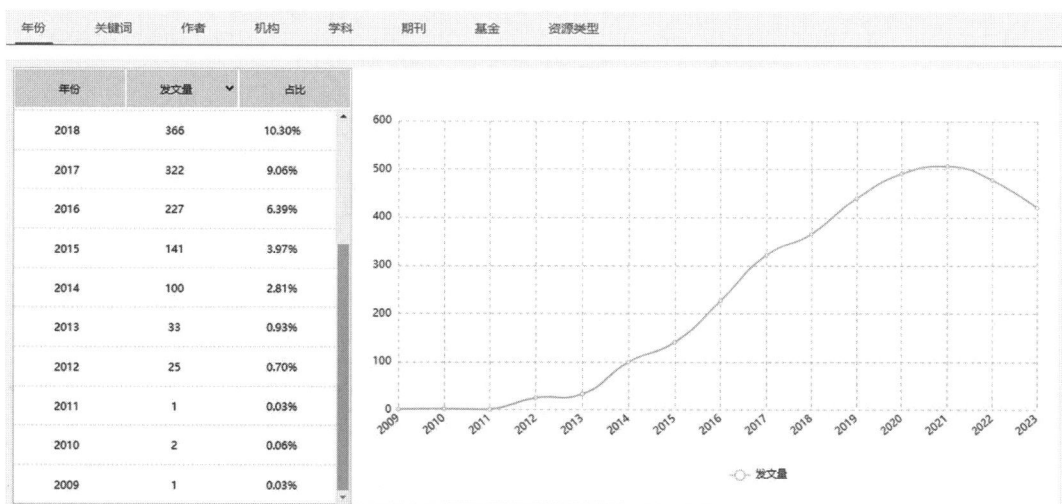

图 14-2　万方数据库催化材料 $g-C_3N_4$ 年度发文趋势

方法2：利用中国知网的检索结果可视化分析功能

（1）用户进入中国知网数据库，主题字段输入"可见光""催化"进行检索，并对检索结果进行计量可视化分析。

（2）在可视化分析界面，根据主题分布进行分析，我们可以发现其主题分析结果与万方数据库类似。但与万方数据库不同的是：中国知网将主题词划分为主要主题和次要主题两种，以使分析过程所关注的主题范围更为全面和细致（见图14-3）。

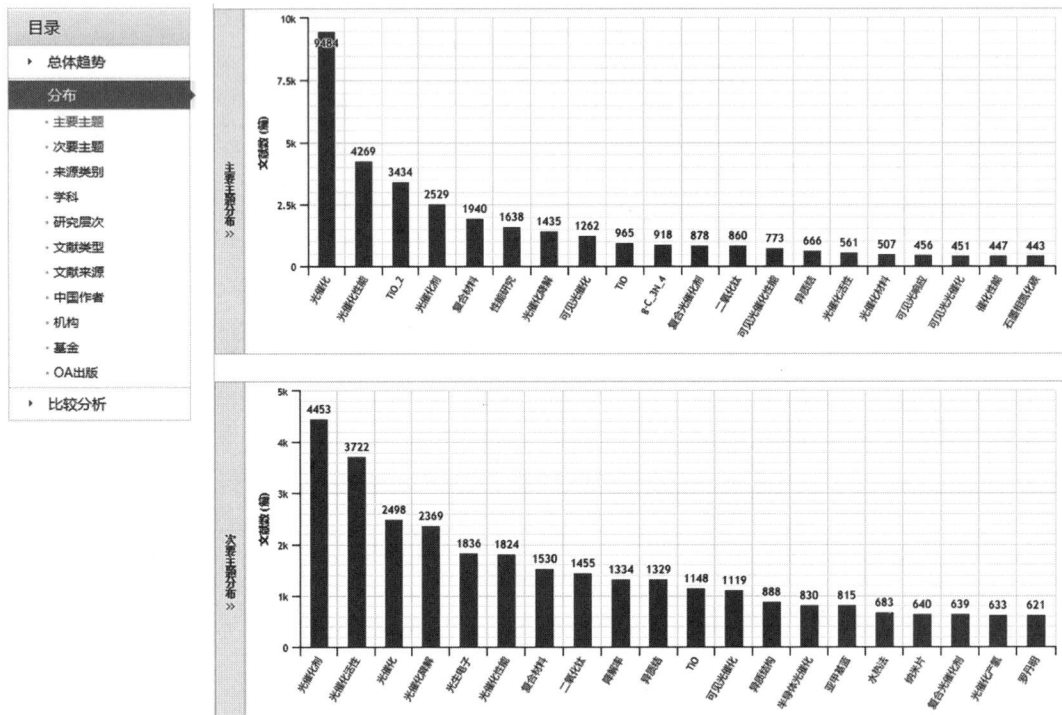

图14-3 中国知网可见光催化主题词分析

14.2 利用文献信息分析工具进行主题分析

扫码看视频

文献信息分析工具一般综合运用文献计量学、统计学、图形学、机器学习与计算机科学等多学科的技术与方法，对科学文献开展数据挖掘、文本分析以及可视化分析，从而获得有价值的分析结论。比如：HistCite能够利用引文数据快速绘制出特定研究领域的发展脉络，快速锁定研究方向的重要文献；Sati(Statistical Analysis Tool for Informetrics，文献题录信息统计分析工具)能够对期刊全文数据库题录信息进行字段抽取、频次统计和共现矩阵构建；VOSviewer适合更加灵活的文献计量关系的可视化展示，能够建立作者、期刊、关键词等各种知识单元的共现或共引关系图谱；CiteSpace 可以用不同类型的科学图谱展示相关研究领域的热点话题、重要学者和研究机构，还能呈现特定时间跨度内研究课题的突显与发展变化。

目前文献信息分析工具被广泛应用于各学科领域的研究，辅助人们对特定研究主题知识结构的宏观认识及其发展趋势的整体了解。一般文献信息分析工具的使用包括如下几个步骤：首先是数据采集，检索相关文献，保存适当格式的题录及引用等相关数据，然后将数据导入分析工具，进行数据处理与可视化，从而对结果数据、科学图谱等进行解读得到最终的结论。

案例 14-2　如何利用文献信息分析工具进行智慧图书馆研究的主题分析？

分析：（1）数据采集。选择中国知网为主题分析的数据源，以"KY＝'智慧图书馆' OR KY＝'智能图书馆' OR（KY ＝'图书馆' AND（ KY ＝'智慧化' OR KY ＝'智慧服务' OR KY ＝'智慧'））"为检索式进行精确检索，时间不限，获取中文文献为3750 篇（检索时间 2024 年 5 月 7 日）；将检索结果导出为 Refworks 格式的原始文献数据。

（2）数据导入及转换。以 CiteSpace 为例进行主题分析（本例采用 5.3.R11 版本），将原始文献数据导入 CiteSpace，并利用工具自带的数据处理工具对 CNKI 文献数据进行格式转换。

（3）数据处理及可视化。首先，建立新的文献信息分析项目"智慧图书馆"，并指定对应的分析项目文件（project）和数据文件（data）的路径（见图 14-4）。

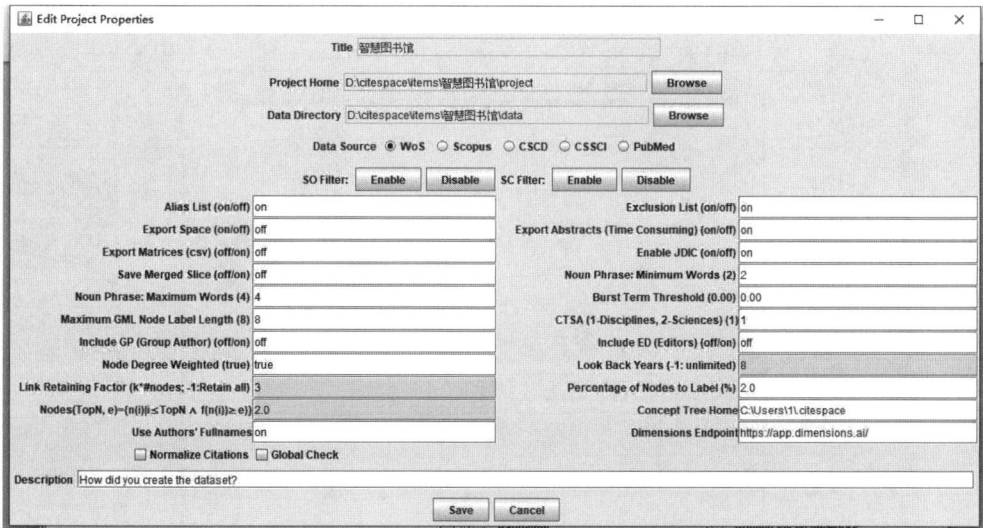

图 14-4　建立"智慧图书馆"分析项目

其次,对参数进行设置,主要设置如下:时间跨度为 1992—2024 年,时间区间为 1 年;节点类型(Node Types)选择关键词(Keyword),节点强度(Strength)默认余弦函数(Cosine)和时间切片内(Within Slices),数据阈值(Selection Criteria)设定为 TOP50,网络裁剪功能区(Pruning)参数选择寻径网络(Pathfinder)和裁剪合并后的网络(Pruning the merged network),可视化方式(Visualization)选择静态聚类(Cluster view-Static)和合并网络(Show Merged Network)(见图 14 - 5)。

最后,点击 GO! 运行数据处理程序获得分析结果,并通过 visualize 进入关键词共现分析的可视化界面(见图 14 - 6)。

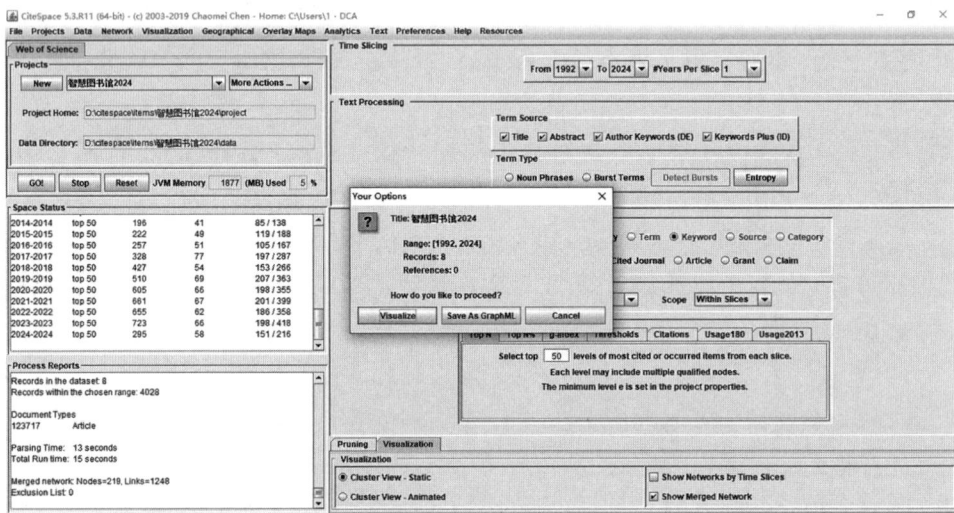

图 14 - 5　CiteSpace 参数设置

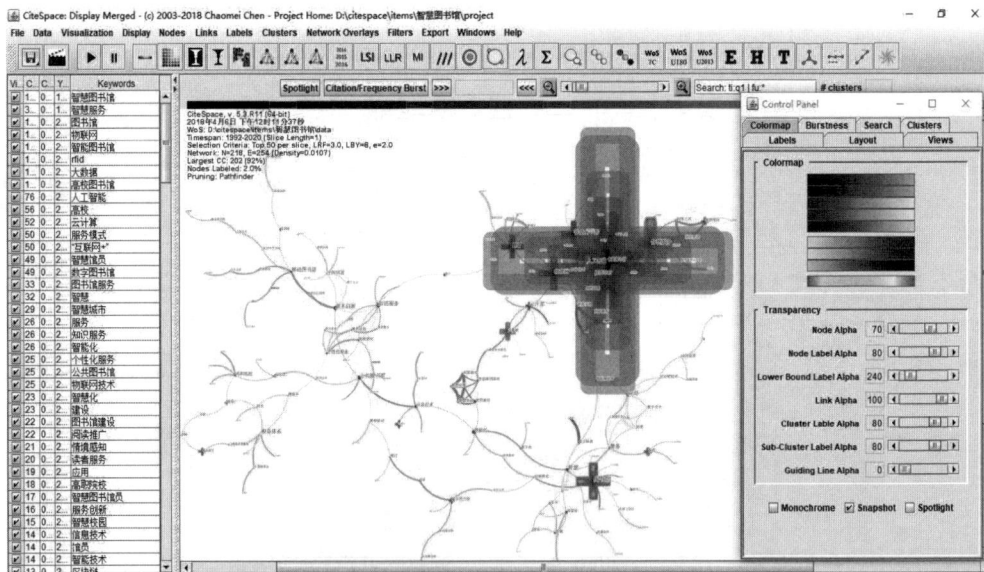

图 14 - 6　CiteSpace 可视化分析结果

（4）数据分析。首先，点击聚类图标 ![icon]，并选择以关键词作为聚类标签 ![icon]，对关键词进行聚类分析。然后，通过菜单 Clusters 选项对聚类网络进行调整，这里我们选择过滤掉规模较小的聚类，并调整了聚类填充的颜色，优化图谱的可视化效果（见图 14 - 7）。

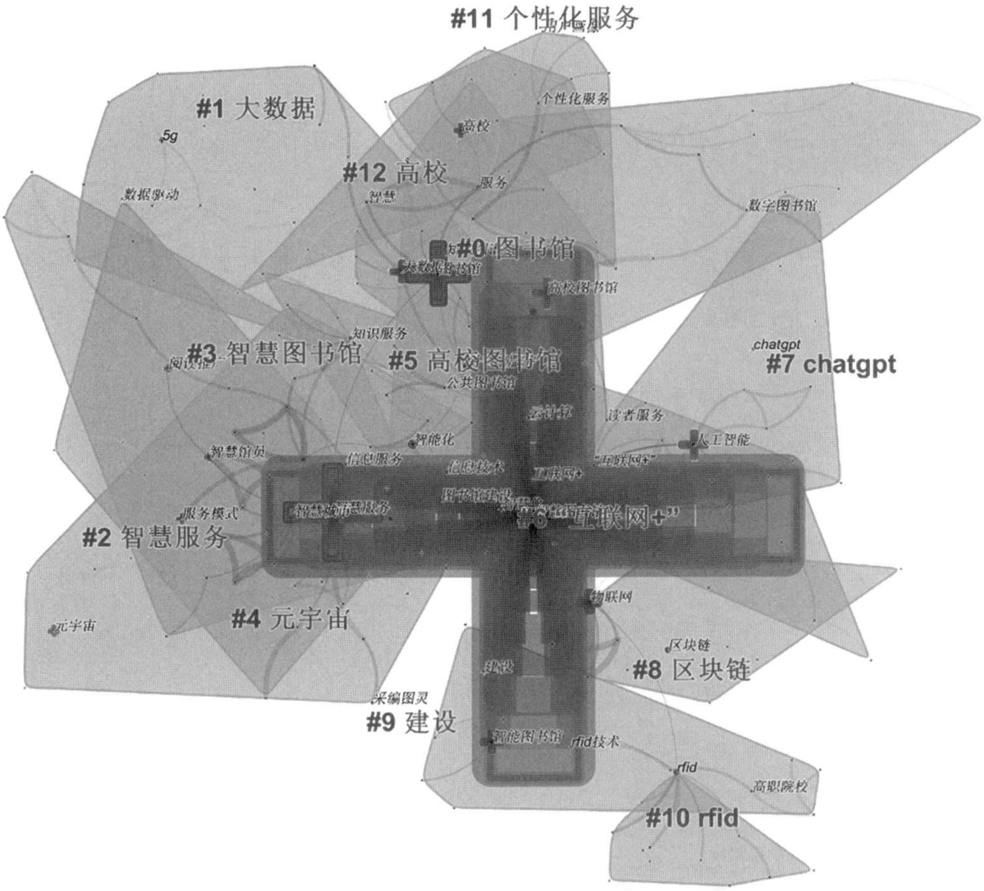

图 14 - 7　参数调整后的关键词聚类图谱

另外，聚类也可以以其他方式呈现，比如 Timeline ![icon] 或者 Time zone ![icon] 方式（见图 14 - 8 和图 14 - 9）。

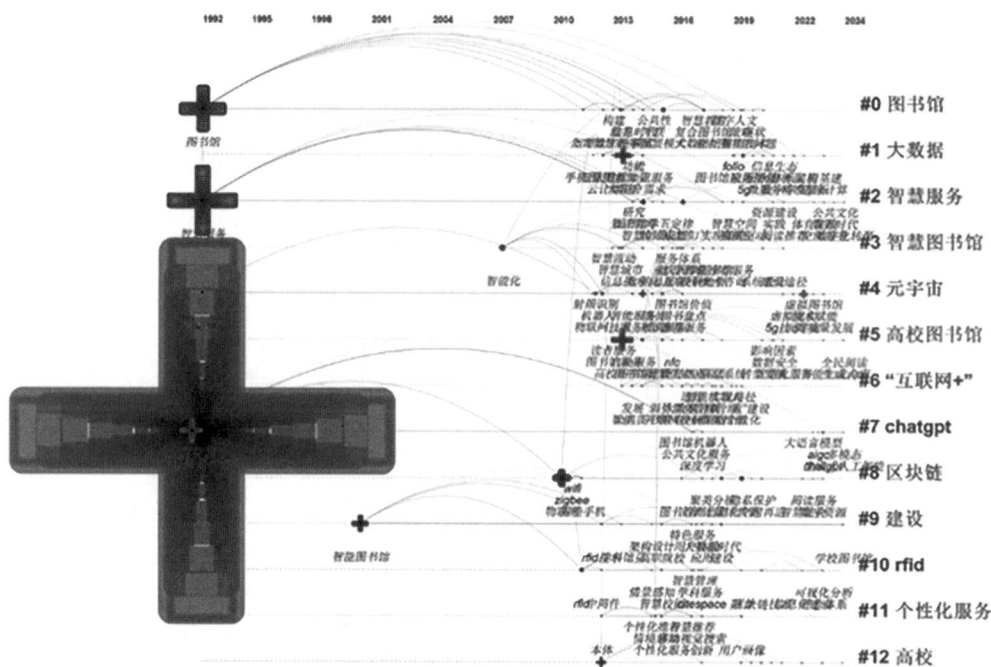

图 14 - 8　关键词聚类的 Timeline 图谱

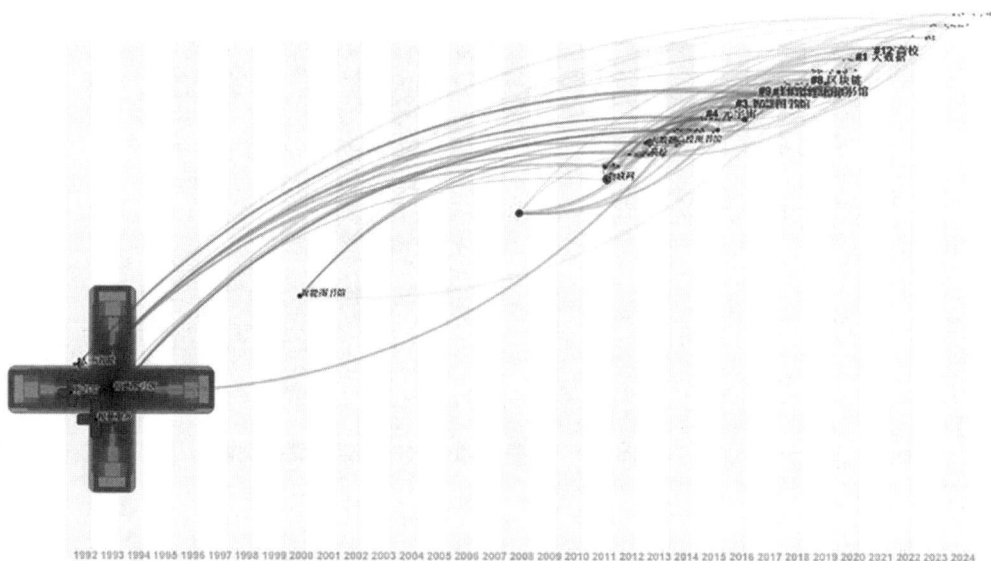

图 14 - 9　关键词聚类的 Timezone 图谱

通过关键词聚类图谱可以得到 13 个聚类簇，分别为＃0 图书馆、＃1 大数据、＃2 智慧服务、＃3 智慧图书馆、＃4 元宇宙、＃5 高校图书馆、＃6"互联网＋"、＃7ChatGPT、＃8区块链、＃9 建设、＃10rfid、＃11 个性化服务、＃12 高校。

　　——聚类♯0、♯3、♯5 三个聚类围绕图书馆主题。智慧图书馆是将智能技术运用到图书馆建设的一种新型模式,是数字图书馆与智能建筑的结合创新,体现智慧化支撑高校图书馆在校园文化建设、教学服务和科研中发挥更大作用。该主题包含的关键词主要有智能化、数字人文、智慧教育等。

　　——聚类♯1 大数据、♯4 元宇宙、♯6"互联网＋"、♯7ChatGPT、♯8 区块链、♯10rfid围绕新技术相关主题。在大数据和智能技术快速发展的时代背景下,元宇宙、ChatGPT 火爆全球,区块链、物联网、人工智能等新兴技术渗透至各行各业不断融合创新。智慧图书馆的建设、管理与服务面临巨大挑战的同时紧跟时代步伐,将现有技术融合应用成为关注焦点。该主题包含的关键词主要有云计算、5G 技术、虚拟现实、人工智能、物联网、信息化等。

　　——聚类♯2 智慧服务和聚类♯11 个性化服务围绕服务主题。智慧服务是指用智慧为其他人或组织提供服务,而个性化服务是根据用户的特定偏好和信息需求充分利用现有资源与技术提供有针对性的服务,两者体现了当代图书馆服务的主流方向。该主题包含的关键词有智慧馆员、数据驱动、用户画像等。

　　——聚类♯9 突出建设主题。主要关注图书馆的空间再造和智慧化建设的实现路径、服务模式、服务体系以及管理机制等。

　　——聚类♯12 高校体现了高校图书馆必须适应高校发展要求及新时期人才培养定位,聚焦图书馆如何为学校提供更优良的平台,关注主题覆盖了未来学习中心、智慧校园、十四五规划等。

第**15**章　学术影响力分析

本章重点

◇ 了解学术影响力分析的主
要维度和相关指标数据

◇ 能够利用 WOS、CSSCI、
中国知网等检索工具进行
作者、机构的影响力分析

◇ 了解常见的学科分类体
系，能够利用 ESI、InCites
等学科分析工具进行学科
影响力分析

学术影响力泛指某一时期内学者、机构等对相关学术
研究领域内科研活动的影响范围和影响程度。科学评估科
研活动主体的学术影响力有助于加深对研究活动的了解和
认识，有效推动科研进程，因而长期以来对学术影响力的测
评和分析一直广受关注。目前学术影响力分析主要通过以
同行评议为主要形式的主观评价、以文献计量为主要依据
的定量分析以及多种方法综合的评价体系等多种方式进
行。学者们也在不断完善和改进各种方法与指标，期望得
到科学性更高的结论。总体而言，定性与定量相结合仍然
是当前最为认可的分析方法。本章主要针对学者、机构及
不同学科，通过案例说明如何利用检索工具获取和分析常
用计量学指标数据。

15.1　学者影响力分析

诚然，论文并不能作为学术影响力分析的唯一考量因素，简单的论文或者引用的数量
统计也无法全面反映一项成果、一位学者乃至一个科研机构的学术影响力，但从信息分析
的角度，我们可以学习如何通过一些基础的文献计量方法、借助常用的高质量文献数据库
工具获得可用于学术影响力分析的相关数据并基于客观数据作出基本的分析判断。

目前，从客观数据层面反映学者影响力的主要计量学指标包括发文量、被引频次以及
H 指数，虽然这些定量指标不能替代同行专家的定性评价，但一定程度上能够体现学者的
科研产出情况及其受关注度。相关数据可以通过文献数据库检索分析获得。

> **案例 15 - 1　如何利用 Web of Science 数据库定量分析学者影响力？**
>
> 　　2020 年 10 月，瑞典皇家科学院宣布将 2020 年诺贝尔化学奖授予两位杰出的女
> 科学家 Emmanuelle Charpentier 和 Jennifer Doudna，获奖理由是她们发现了用于切
> 割 DNA 的 CRISPR / Cas9 基因剪刀，推动了 CRISPR 基因编辑技术的发展。那么
> 两位学者的学术影响力表现如何呢？

分析：(1)以 Jennifer Doudna 为例，进入 Web of Science 核心合集，在作者字段输入学者的姓名"Doudna J"，同时在所属机构字段输入"Univ Calif Berkeley"进行作者检索，获得初步的检索结果(见图 15 - 1)。

图 15 - 1　WOS 核心合集数据库作者检索结果

(2)点击检索结果记录中的作者姓名，进入作者主页，能够获得更全面的检索结果及相关信息，包括该学者的任职履历(除检索条件中的任职机构外，该学者还在其他机构任职并发表成果，因此初步检索的结果并不全面，实际操作中应全面考虑学者任职经历)、数据库收录的相关成果以及引文网络等，可以进一步查看全文以及完整的引文报告(见图 15 - 2)。

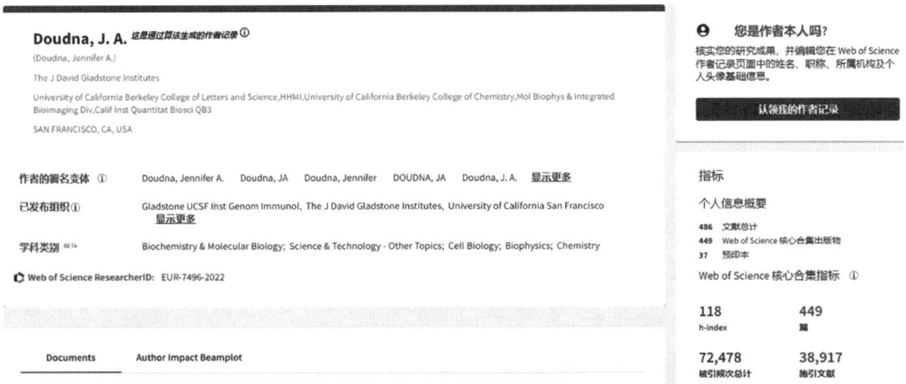

图 15 - 2　WOS 数据库作者主页

(3)进一步查看引文报告可以发现：该学者共发表论文 343 篇，其 H 指数为 112，论文的篇均引用次数为 187.67 次，被引频次总计 64371 次，其中他引 63074 次(见图

15－3）。

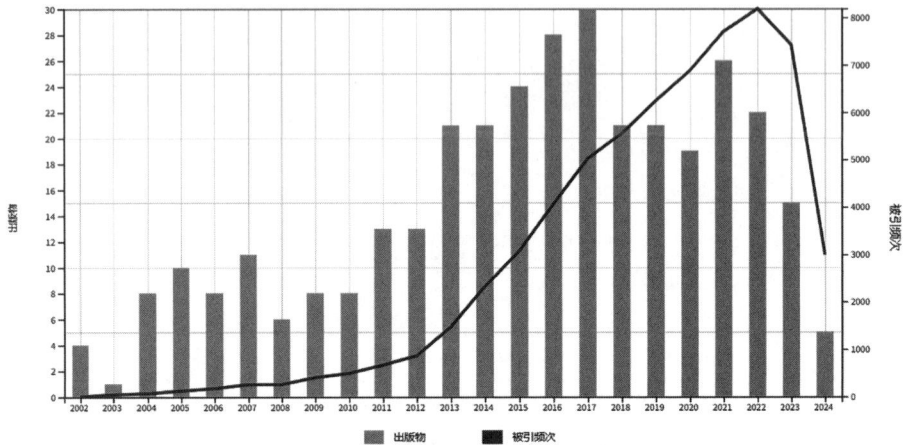

图 15－3　WOS 核心合集数据库学者 Doudna J 的引文报告

案例 15－2　如何利用引文索引数据库自行计算学者的 H 指数?

除了利用数据库工具提供的引文报告功能获得 H 指数等计量指标外，还可以利用引文索引直接计算获得影响力数据，下面以中国社会科学引文索引数据库 CSSCI 为例。

分析：(1)根据 H 指数的定义，H 指数的计算思路如下：检索学者某个时段(或全部)的论文，并按被引次数从高到低排序并编号，将每篇论文的序号和被引次数进行比较，找到序号 h，使得这一篇论文的序号 h 小于或等于它的被引次数，而下一篇论文(序号为 h＋1)的序号大于它的被引次数。

(2)利用 CSSCI 数据库被引文献检索功能，选择"被引作者"字段检索学者"何雪松"，获得该学者发表论文集合，确认检索结果是否为该学者成果(见图 15－4)。

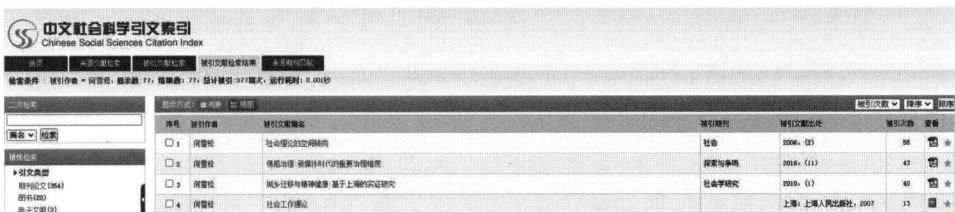

图 15－4　CSSCI 被引文献检索结果

（3）确认该学者成果后，将论文按照被引次数降序排列，发现序号 10 的论文的被引次数为 10（序号<=被引次数），序号 11 的被引频次是 9（序号>被引次数），10 即为该作者的 H 指数，即该作者有 10 篇论文至少被引用过 10 次（见图 15－5）。

显示方式：≡列表 ≡视图					被引次数∨ 降序∨ 排序	
序号	被引作者	被引文献篇名	被引期刊	被引文献出处	被引次数	查看
□ 1	何雪松	社会理论的空间转向	社会	2006，（2）	52	
□ 2	何雪松	城乡迁移与精神健康：基于上海的实证研究	社会学研究	2010，（1）	44	
□ 3	何雪松	情感治理：新媒体时代的重要治理维度	探索与争鸣	2016，（11）	22	
□ 4	何雪松	社会工作理论		上海：上海人民出版社，2007	18	
□ 5	Payne, Malcolm	现代社会工作理论		上海：华东理工大学出版社，2005	15	
□ 6	何雪松	空间、权力与知识：福柯的地理学转向	学海	2005，（6）	12	
□ 7	何雪松	证据为本的实践的兴起及其对中国社会工作发展的启示	华东理工大学学报(社会科学版)	2004，（1）	12	
□ 8	何雪松	迈向中国的社会工作理论建设	江海学刊	2012，（4）	12	
□ 9	何雪松	重构社会工作的知识框架：本土思想资源的可能贡献	社会科学	2009，（7）	11	
□ 10	何雪松	社会工作学：何以可能？何以可为？	学海	2015，（3）	10	
□ 11	何雪松	社会工作的"时势权力"	社会工作	2013，（5）	8	

图 15－5　CSSCI 被引文献 H 指数计算

15.2　机构影响力分析

与学者影响力分析类似，对于机构的计量学评价仍然主要以机构整体的发文量、被引频次以及 H 指数作为参考依据。

案例 15－3　如何使用文献数据库对华东理工大学的学术影响力进行分析？

分析：（1）选择 Web of Science 核心合集和中国知网数据库，兼顾理工科和人文社科的发文特点，更为全面地反映机构的学术影响力。

（2）进入 Web of Science 核心合集，选择所属机构字段输入机构名称"East China University of Science & Technology"，时间跨度选择自定义年份范围 2017－1－1 至 2019－12－31，进行检索（见图 15－6）。

［提示］数据库的引文报告功能适用于不超过 10000 篇文献的结果集，如果检索结果超过这一上限，建议对检索结果进行筛选或精炼后再进行分析。

图 15‑6　Web of Science 核心合集所属机构检索

(3)对检索结果直接进行引文分析,点击"引文报告"(见图 15‑7)。

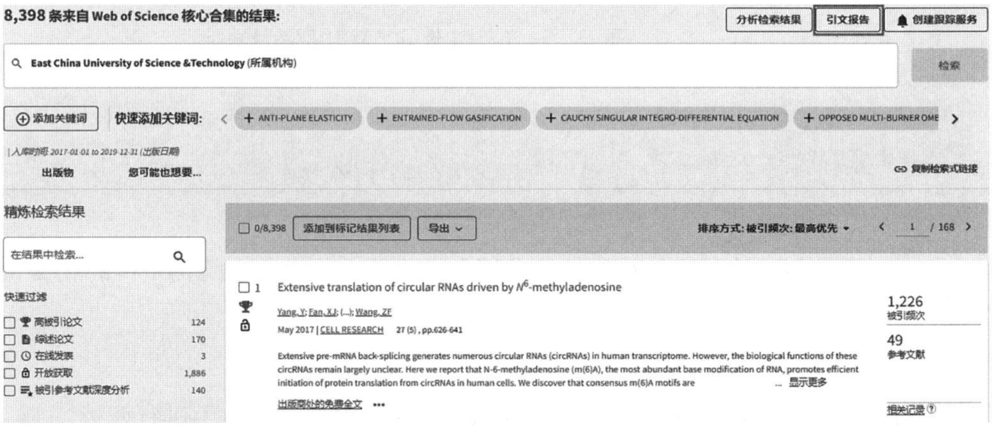

图 15‑7　Web of Science 核心合集机构检索结果

(4)浏览引文报告可以获得华东理工大学在 2017—2019 年发表论文数量、被引总频次、H 指数、篇均被引频次、施引文献数量、发表论文在各年被引用情况等指标数据(见图 15‑8)。

(5)进入中国知网数据库,检索作者单位为华东理工大学 2017—2019 年发表的论文,获得机构发文量(见图 15‑9)。

(6)选择中国知网的引文检索功能,进入中国引文数据库,可以获得华东理工大学 2017—2019 年成果的被引用情况,包括文献总数、总被引、篇均被引等(见图 15‑10 和图 15‑11)。

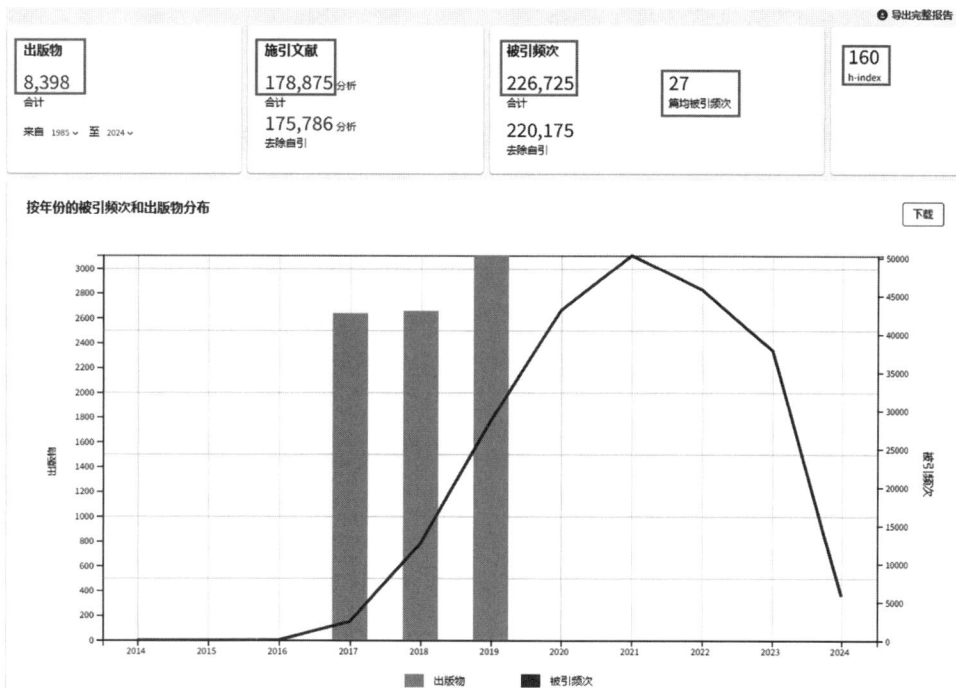

图 15 - 8 Web of Science 核心合集机构发文引文报告

图 15 - 9 华东理工大学 2017—2019 年论文发表情况

图 15－10　中国知网数据库的引文检索页面

图 15－11　华东理工大学 2017—2019 年成果的被引用情况

(7)选择被引降序排列,可计算华东理工大学 2017—2019 年 H 指数为 78(见图 15－12)。

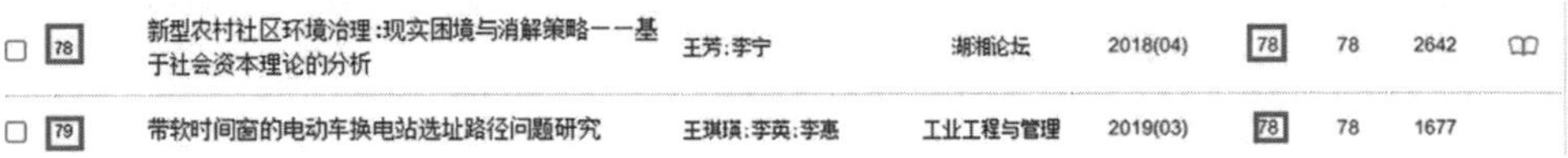

图 15－12　华东理工大学 2017—2019 年的 H 指数

15.3　学科影响力分析

不同于以学者、机构等单一主体为对象的影响力分析,学科影响力分析以学科为对象,对学科的学术产出、发展潜力与创新能力进行分析评价,与同行的学科领域进行对标分析,帮助了解学科的发展现状与动态,为学科建设提供参考依据。可以说,学科影响力分析是一种涵盖了特定学科领域范围内的学者、机构、期刊、论文等多种要素的综合分析。

15.3.1　学科分类体系

学科是相对独立的知识体系,不同的知识体系使得学科区别于具体的业务体系或产品①。根据应用目的的不同,产生了不同的学科分类体系,目前常用的学科分类体系主要有教育部学科分类体系、WOS 学科分类和基本科学指标(Essential Science Indicators,ESI)学科分类体系等。

1）教育部学科分类体系

《研究生教育学科专业目录(2022)》是由国务院学位委员会、教育部印发,在原《学位授予和人才培养学科目录(2011 年颁布,2018 年修订)》基础上编制形成的现行学科专业目录。分为学科门类、一级学科和专业学位类别,是国家进行学位授权审核与学科专业管理、学位授予单位开展学位授予与人才培养工作的基本依据。目前,目录共设置 14 个学科门类,即哲学、经济学、法学、教育学、文学、历史学、理学、工学、农学、医学、管理学、军事学、艺术学、交叉学科,下设一级学科和专业学位类别。例如,理学学科门类包含数学、物理学、化学、天文学、地理学、大气科学、海洋科学、地球物理学、地质学、生物学、系统科学、科学技术史、生态学、统计学、气象等。

2）WOS 学科分类

WOS 学科分类主要应用于 Web of Science 平台的核心合集数据库,涵盖了 254 个学科,WOS 分类与期刊是多对多的关系,一本期刊可以同时属于多个 WOS 学科分类,一个WOS 学科对应若干种期刊。

3）ESI 学科分类体系

ESI 数据库是由美国科学信息研究所(The Institute of Scientific Information,ISI)于 2001 年推出的衡量科学研究绩效、跟踪科学发展趋势的基本分析评价工具。ESI 基于WOS 核心合集中 SCIE 和 SSCI 收录的期刊数据进行计量分析,将所收录期刊划分为 22个学科:生物学与生物化学、化学、计算机科学、经济与商业、工程学、地球科学、材料科学、数学、综合交叉学科、物理学、社会科学总论、空间科学、农业科学、临床医学、分子生物学与遗传学、神经系统学与行为学、免疫学、精神病学与心理学、微生物学、环境科学与生态

---

① 参见:学科分类与代码:GB/T 13745—2009[5],2009.

学、植物学与动物学、药理学与毒理学。

15.3.2　常用学科分析工具

1）ESI 数据库

ESI 对 Web of Science 核心合集(SCI 和 SSCI)数据库中近十年的数据进行统计,按照其划分的 22 个专业领域,通过论文数、引文数、篇均被引频次和单篇年均被引频次、平均年份、引文阈值等指标,从各个角度对各国科研水平、期刊的声誉和影响力,以及科研机构和科学家的学术水平进行定量分析,同时提供高被引论文、热点论文、高影响力论文。所有统计数据每两个月更新一次。ESI 已成为目前全球范围内普遍用于评价学术机构和大学的国际学术水平及影响力的重要参考指标。

(1)高被引论文(Highly Cited Paper):过去十年中发表的论文,其被引频次排在同一年同一 ESI 学科发表论文的全球前 1%。

(2)热点论文(Hot Paper):过去两年中所发表的论文,在最近两个月中被引频次排在某一 ESI 学科发表论文的全球前 0.1%。

(3)高影响力论文(Top Paper):高被引论文和热点论文取并集后的论文集合。

(4)研究前沿(Research Fronts):一组高被引论文,是通过聚类分析确定的核心论文。论文之间的共被引关系表明这些论文具有一定的相关性,通过聚类分析方法测度高被引论文之间的共被引关系而形成高被引论文的聚类,再通过对聚类中论文题目的分析形成相应的研究前沿。

(5)学科基准值(Field Baselines):评价基准线,是指某一 ESI 学科论文的分年度期望被引频次。它是衡量研究绩效的基准,是帮助理解引文统计的标尺。

(6)篇均被引频次(Citation Rates):近十年间各学科每年发表的论文分别进行统计,表示各学科每年的篇均被引频次。

(7)百分位(Percentiles):每年发表的论文达到某个百分点基准应至少被引用的频次,用于衡量论文引用的活跃度。

(8)学科排名(Field Rankings):提供近十年的论文总数、被引频次、篇均被引频次和高被引论文数。

(9)引用阈值(Citation Thresholds):在某一 ESI 学科中,将论文按照被引频次降序排列,确定其排名或百分比位于前列的最低被引频次。

(10)ESI 学科阈值(ESI Thresholds):近十年,某一 ESI 学科被引频次排在前 1% 的作者和机构,或排在前 50% 的国家或期刊的最低被引频次。

(11)高被引论文阈值(Highly Cited Thresholds):近十年,某一 ESI 学科被引频次排在前 1% 的论文的最低被引频次。

（12）热点论文阈值（Hot Paper Thresholds）：近两年，某一 ESI 学科最近两个月被引频次排在前 0.1% 的论文的最低被引频次。

案例 15‑4　如何使用 ESI 分析机构学术影响力？

利用 ESI 数据库，查找华东理工大学进入全球 1% 的 ESI 学科情况，分析其材料学科的相关计量指标数据。

分析：（1）进入 ESI 数据库，在 Results List 菜单选项中选择 Research Fields（研究领域），Add Filter 选项中选择 Institutions（机构），并输入"East china university of science and technology"，Include Results For 选项中可以选择输出高被引论文、热点论文或高影响力论文。

（2）根据检索结果，截至目前华东理工大学有 12 个学科进入 ESI 前 1%，从左到右依次为学科、论文数、被引次数、篇均被引次数、高影响力论文（见图 15‑13）。

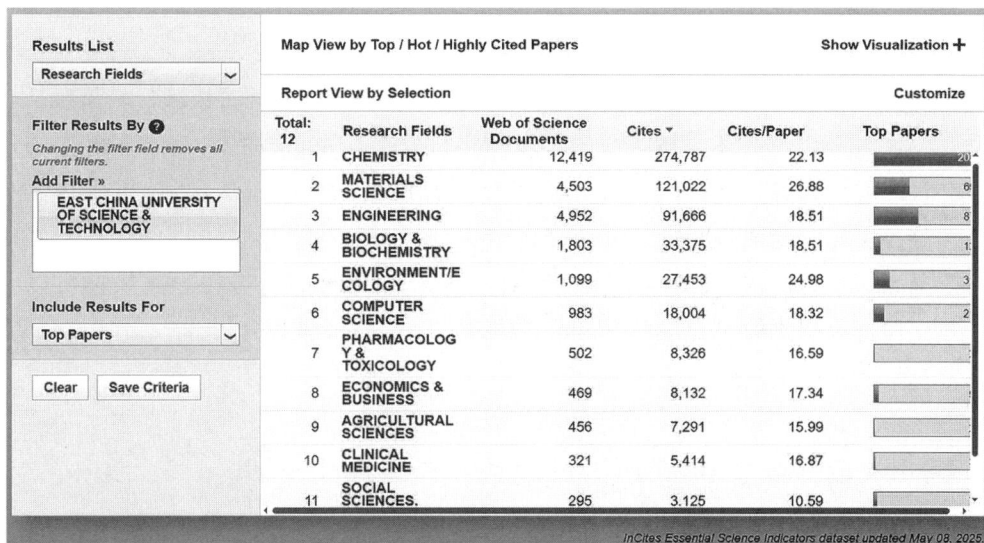

图 15‑13　华东理工大学进入 ESI 学科分布情况

（3）重新设置检索条件，在 Results List 菜单选项中选择 Institutions，在 Add Filter 选项中选择 Research Fields，选择 Materials Science（材料科学），可以查看材料学科的基本情况；对检索结果按照被引频次排序，我们可以发现：华东理工大学材料学科全球排名为 141（见图 15‑14）。

Total: 1514	Institutions	Countries/Regions	Web of Science Documents	Cites ▾	Cites/Paper
140	BASIC SCIENCE - KOREA (IBS)	SOUTH KOREA	2,319	125,199	53.99
141	EAST CHINA UNIVERSITY OF SCIENCE & TECHNOLOGY	CHINA MAINLAND	4,515	124,722	27.62
142	STATE UNIVERSITY OF NEW YORK (SUNY) SYSTEM	USA	3,932	123,665	31.45
143	CNRS - INSTITUTE FOR ENGINEERING & SYSTEMS SCIENCES (INSIS)	FRANCE	5,568	122,598	22.02
144	NATIONAL TAIWAN UNIVERSITY	TAIWAN	4,333	122,449	28.26
145	ISLAMIC AZAD UNIVERSITY	IRAN	6,409	122,389	19.10

图 15‐14　华东理工大学材料学科 ESI 排名情况

2）InCites 数据库

InCites 数据库集成了历年 Web of Science 核心合集的引文索引数据，涵盖包括教育部学科、JCR 分类以及 ESI 学科等在内的多种学科分类体系，采用多方位、多层次的计量分析指标（绝对指标、标准化指标、百分位指标和合作指标），可以从学科、机构、地域、人员、期刊等各层面对全球多所研究机构进行全面分析，跟踪并评估其科研绩效，开展对标分析，挖掘高影响力机构、人员等潜在合作对象等。InCites 的优势在于其指标可以组合使用，并支持将定制化的 Web of Science 数据导入 InCites 进行分析。

第16章 信息分析应用案例

本·章·重·点

◇ 通过案例了解如何利用检索工具进行研究
热点与学科前沿追踪

本章通过完整案例介绍信息分析方法
在研究热点与学科前沿追踪中的应用。

16.1 案例背景与要求

16.1.1 背景分析

2020 年 7 月,科学网先后发布热文《为什么课堂要结合学科前沿:十大理由》和《教学与学科前沿》,阐述了两种不同的教学理念,引发了人们的深层思考与争论:到底是"欣赏历史的美"还是"拥抱未来的不确定性"? 然而,两种不同思维理念的碰撞却无法阻碍人们对研究热点或是学科前沿进行探索与跟踪。那么如何追踪研究热点与学科前沿? 这里我们通过一个简单的案例来介绍前沿与热点探测的基本方法。

16.1.2 案例要求

利用 Web of Science 数据库进行物理领域的研究热点和学科前沿分析追踪,把握领 域的发展方向与趋势。

扫码看视频

16.2 实施过程与总结

16.2.1 实施过程

1)选择学科前沿探测的起点

选择 WOS 平台的 ESI 数据库,在 Indicators 功能界面选择 Research Fronts(研究前 沿)选项,并查看 Physics(物理)学科的 Highly Cited Papers(高被引论文)和 Hot Papers(热点论文)。

通过对 ESI 提供的学科研究前沿进行分析可以发现,超导体研究是物理学领域的重要前沿之一,本案例以该主题为例进行深入分析。

2) 开展学科前沿的背景调研

可以通过百度等搜索引擎或者其他检索途径,初步了解超导的概念及有关研究的发展历程。据报道:人类最初发现物体的超导现象是在 1911 年,当时荷兰科学家海克·卡末林·昂内斯(Heike Kamerlingh Onnes)等发现,某些材料在极低的温度下,其电阻完全消失,呈超导状态。使超导体电阻为零的温度,叫超导临界温度。超导是指导电材料在温度接近绝对零度的时候,物体分子热运动下材料的电阻趋近于 0 的性质。超导体是指能进行超导传输的导电材料。零电阻和抗磁性是超导体的两个重要特性。超导技术在能源、信息、交通、医疗、航天等领域中发挥着重要的作用,比如高温超导发电机、高温超导磁悬浮列车都已经实验成功,正逐渐走进人们的生活。如表 16-1 所示即为根据高被引及热点论文整理的物理学科研究前沿的前十位。

表 16-1　根据高被引及热点论文整理的物理学科研究前沿 TOP 10[①]

排名	热点前沿	核心论文	引用频次	出版年月
1	笼目超导材料 AV_3Sb_5 的特性研究	45	3121	2021.2
2	黑洞信息佯谬与纠缠熵研究	45	3277	2020.9
3	量子场论中的散射振幅研究	42	3251	2020.2
4	无限层型镍酸盐的超导电性研究	22	1981	2020.2
5	高压下富氢化物的高温超导电性研究	26	4222	2020.1
6	过渡金属硫化物的莫尔超晶格研究	12	1817	2020.1
7	μ 子反常磁矩的测量	34	5845	2019.6
8	AlGaN 深紫外发光二极管	11	1957	2019.3
9	双场量子密钥分发	31	5825	2019.2
10	部分子分布函数研究	20	3140	2019.2

在背景知识的初步调研过程中,一篇发表在《科学通报》题为《铁基高温超导体的研究进展及展望》的论文(见图 16-1)引起了我们的关注。该文虽然发表于 2008 年,但其系统地回顾了超导体材料的探索、制备以及设计,另外还在理论和实验上对超导机理的认识给予了介绍与总结。该文还提及了贝德诺尔茨(Bednorz)和穆勒(Muller)在 1986 年发表的一篇关于铜氧化物超导转变温度的经典论文,自此引发了相关研究的热潮,而该文献也成为了了解超导体研究的必读高质量文献。

---

① 本表数据引用自中国科学院科技战略咨询研究院、中国科学院文献情报中心和科睿唯安联合发布的《2023 年研究前沿》。

诚然,仅一篇论文还不足以全面深入了解相关研究,从一篇高质量的论文出发了解研究全貌,也是一种有效的文献调研思路。那么如何实现这一过程? WOS 数据库的核心合集提供权威的引文索引检索,可以通过被引参考文献检索实现从已知研究论文入手开展后续研究进展的调研(见图 16-2)。虽然 WOS 数据库的引文分析功能也可以实现论文引用和后续研究进展的分析,但需要确保该篇论文在 WOS 数据库检索范围内,假如需要检索的论文恰好不在 WOS 数据库的收录范围内,还可以通过 WOS 数据库的被引参考文献检索模块来实现后续研究进展的发现之旅。

图 16-1　从文献中发现调研线索

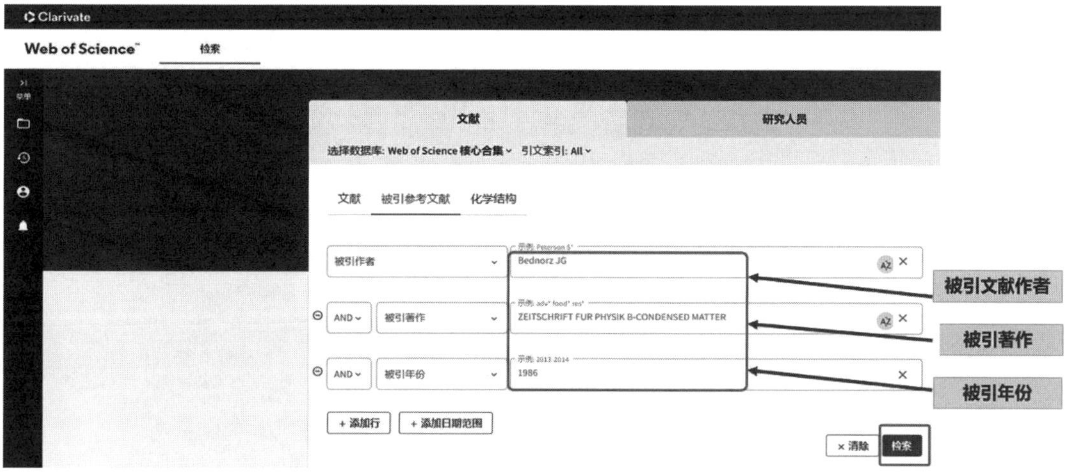

图 16-2　WOS 核心合集的被引参考文献检索

通过对检索结果进行分析可以发现，该论文后续被 3818 篇文献引用，将结果按照被引频次排序，我们发现几篇关于"superconductor"或者"superconductivity"的高被引论文均出现在 2008 年，因此推测相关研究在 2008 年有了重要进展（见图 16‐3）。

由此，我们也可以考虑重新调整检索策略，进一步聚焦研究发展动向，比如通过特定时间节点的主题检索锁定超导体研究的关键进展。同样，选择 WOS 核心合集，在基本检索中选择标题字段检索"superconduct ＊"（＊为截词符号）并限定在 2008 年（见图 16‐4）。

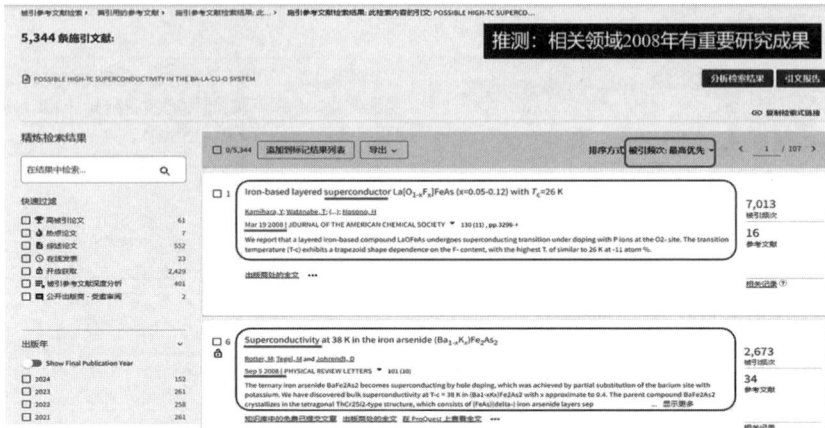

图 16‐3　被引参考文献的检索结果分析

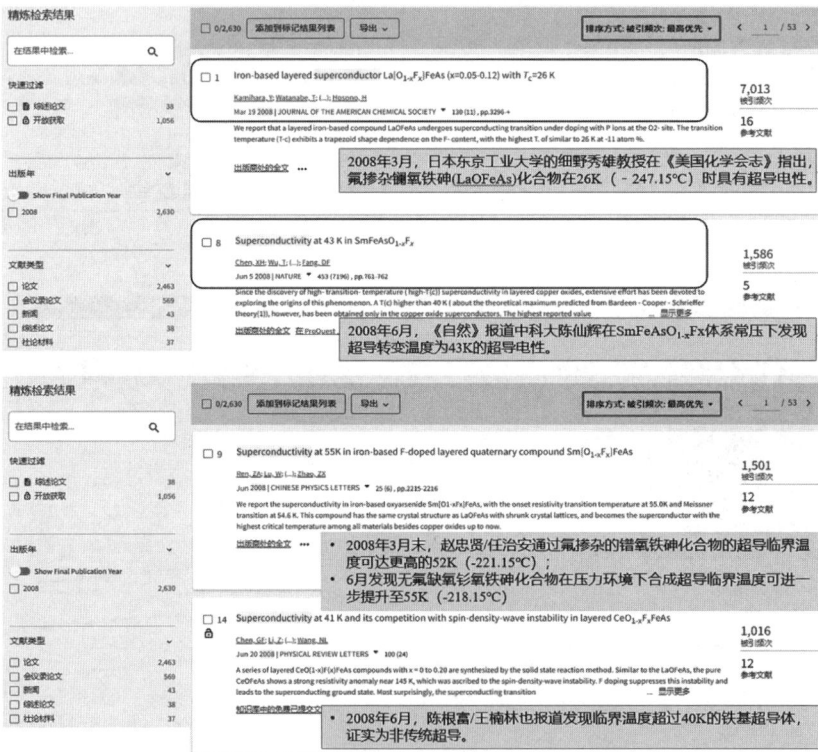

图 16‐4　挖掘重要进展的相关文献报道

3）聚焦研究热点论文

从学科前沿方向的背景调研能够发现领域研究的重要突破,而聚焦热点论文则有效地帮助我们追踪最新的学界关注焦点。通过 WOS 数据库检索结果页面的高被引或热点论文过滤功能,我们可以发现由麻省理工学院的曹原在《自然》杂志上发表的关于石墨烯超导的重大发现,以及中山大学和清华大学合作发表的关于高压下镍酸盐的超导特征研究等重要研究成果(见图 16 - 5)。

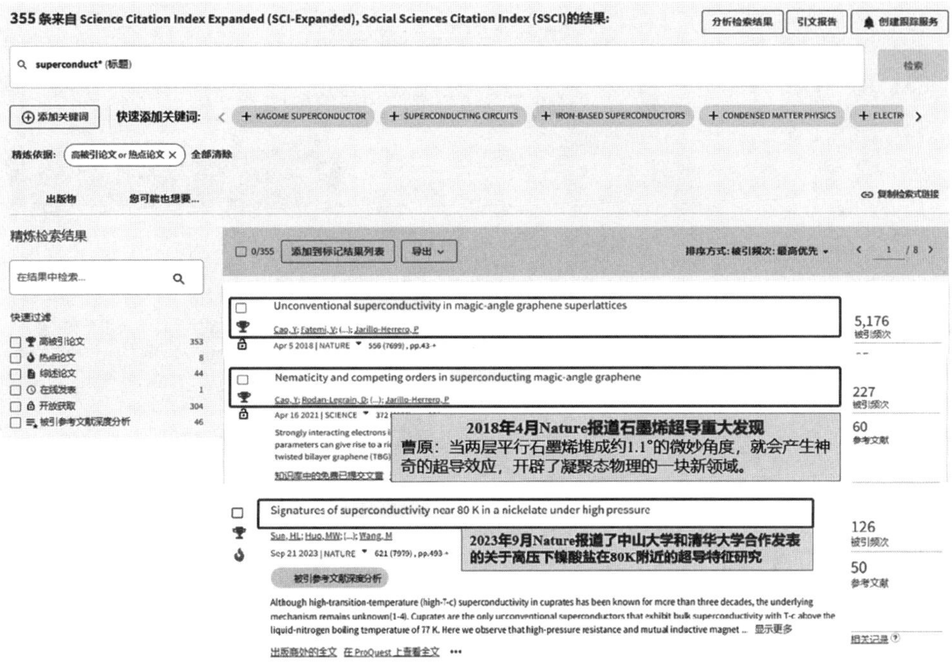

图 16 - 5　近年高被引、热点论文中发现最新研究热点

4）梳理研究发展脉络

根据文献调研的相关结果以及对重要进展的挖掘与分析,我们可以结合学科前沿与研究热点整理出高温超导体研究发展历程的知识脉络图(见图 16 - 6)。

5）拓展相关维度分析

当然,我们在此基础上也可以拓展其他的相关分析以获得更多有价值的结论。仍然以 Bednorz 及其经典文献为检索条件在 WOS 核心合集中进行被引文献检索,并对获得的检索结果进行发文趋势、高产国家或地区、机构以及作者等多个维度的文献分析,具体如图 16 - 7 至图 16 - 10 所示。

J.Georg Bednorz和K.Alex Muller发现铜酸盐的高温超导体并获得1987年的诺贝尔物理奖。

2008日本细野秀雄教授发现氟掺杂镧氧铁砷化合物在26K时具有超导电性。

2008年中科大陈仙辉等在SmFeAsO₁₋ₓFx体系常压下证明铁基超导体是除铜氧化物之外的又一类非常规高温超导体。

1988-2007年间，在科学家的努力下铜氧化物超导体的临界温度达到134K（常压）和164K（高压）。

2012年德国研究人员发现石墨颗粒能在室温下表现出超导性。

2019年美国乔治·华盛顿大学等报道了镧化氢在高压下实现了260K的临界温度。

| 1986 | 1987 | 1988 — 2007 | 2008 | 2010 | 2012 | 2015 | 2018 | 2019 — 2023 |

1987年朱经武和赵忠贤等人先后研制成临界温度约为90K的超导材料YBCO（钇钡铜氧）。

铁硫族化合物超导体家族

2015年德国马普学会化学研究所报道了二硫化氢在高压下实现了203K的临界温度。

2019-2020年美国加州大学圣芭芭拉分校报道了钒基笼目超导材料AV₃Sb₅的特性研究。

2008年陈根富、王楠林发现临界温度超过40K的铁基超导体。

2008年赵忠贤、任治安发现氟掺杂的镨氧铁砷化合物超导临界温度可达52K。

2008年4月赵忠贤等发现无氟缺氧钐氧铁砷化合物在压力环境下合成超导临界温度可提升至55K。

2018年4月报道石墨烯超导重大发现，MIT曹原（中国）。

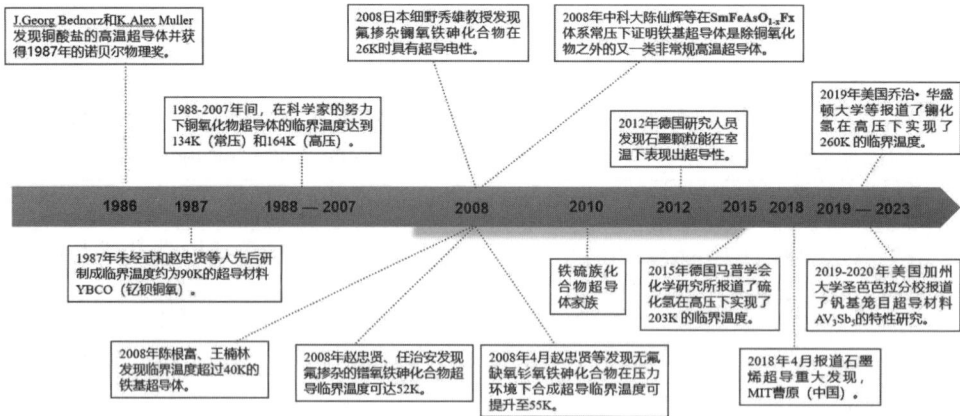

图 16‑6　高温超导体研究的知识脉络图

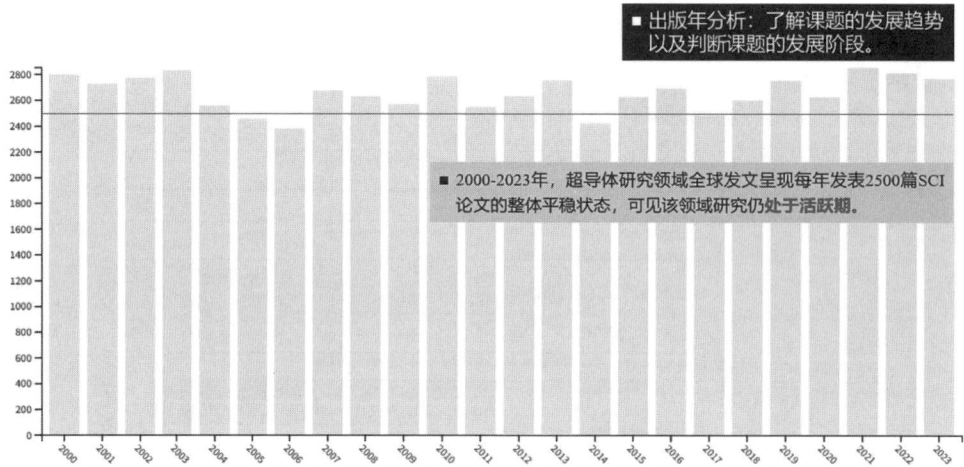

■ 出版年分析：了解课题的发展趋势以及判断课题的发展阶段。

■ 2000-2023年，超导体研究领域全球发文呈现每年发表2500篇SCI论文的整体平稳状态，可见该领域研究仍处于活跃期。

图 16‑7　相关研究发文趋势分析

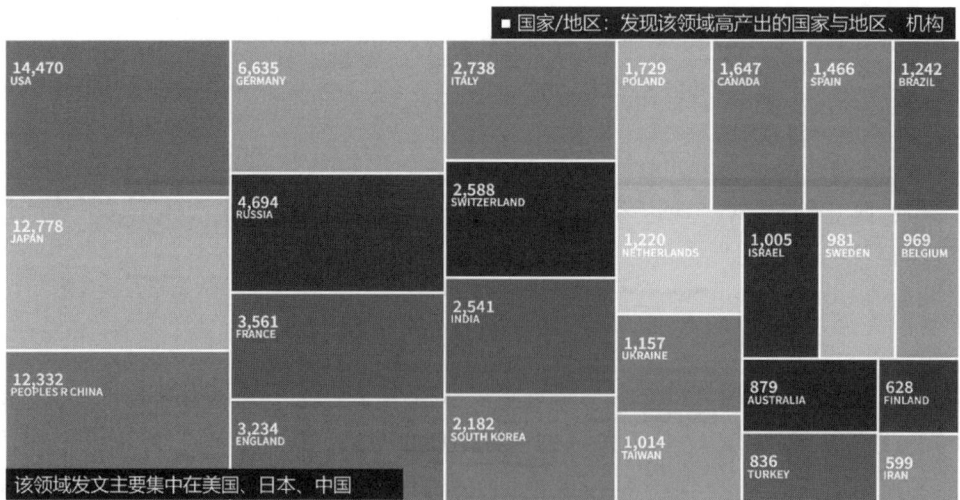

■ 国家/地区：发现该领域高产出的国家与地区、机构

该领域发文主要集中在美国、日本、中国

图 16‑8　相关研究论文发表国家或地区分析

全选 □	字段: 所属机构		记录数	13,084的百分位
		■ 国家/地区：发现该领域高产出的国家与地区、机构		
□	CHINESE ACADEMY OF SCIENCES	中国科学院	5,048	38.581%
□	INSTITUTE OF PHYSICS CAS	中国科学院物理研究所	1,848	14.124%
□	UNIVERSITY OF CHINESE ACADEMY OF SCIENCES CAS	中国科学院大学	1,315	10.050%
□	NANJING UNIVERSITY	南京大学	1,126	8.606%
□	UNIVERSITY OF SCIENCE TECHNOLOGY OF CHINA CAS	中国科学技术大学	1,005	7.681%
□	HEFEI INSTITUTES OF PHYSICAL SCIENCE CAS		819	6.260%
□	TSINGHUA UNIVERSITY		709	5.419%
□	PEKING UNIVERSITY		667	5.098%
□	ZHEJIANG UNIVERSITY	该领域发文的中国研究机构主要有: 中国科学院、南京大学和中国科技大学		

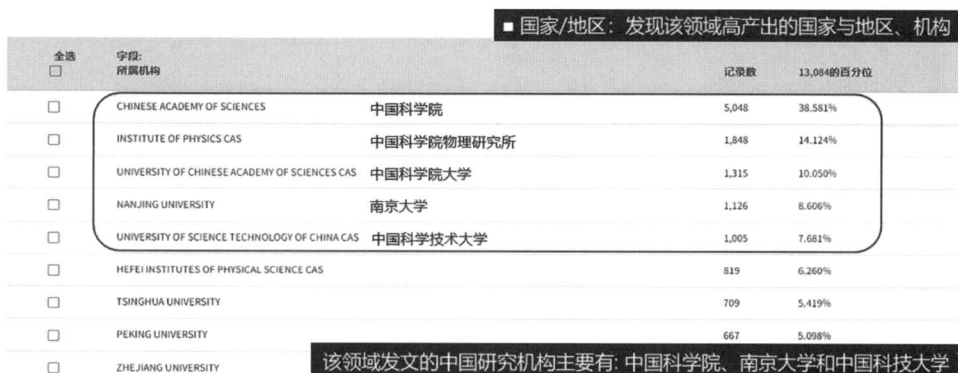

图 16‒9　相关研究发文机构分析

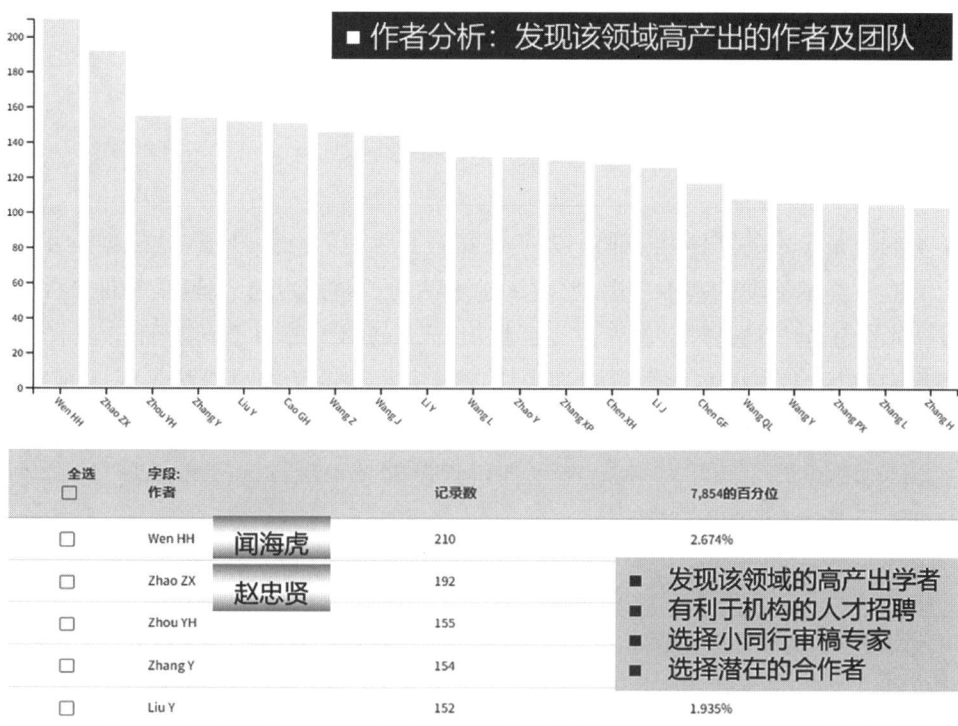

■ 作者分析：发现该领域高产出的作者及团队

全选 □	字段: 作者		记录数	7,854的百分位
□	Wen HH	闻海虎	210	2.674%
□	Zhao ZX	赵忠贤	192	
□	Zhou YH		155	
□	Zhang Y		154	
□	Liu Y		152	1.935%

■ 发现该领域的高产出学者
■ 有利于机构的人才招聘
■ 选择小同行审稿专家
■ 选择潜在的合作者

图 16‒10　相关研究高产作者分析

16.2.2　案例总结

　　研究热点与学科前沿追踪的核心在于对领域内重要研究进展的了解以及对研究过程关键发展阶段的持续关注,这一过程离不开对经典成果的跟踪与相关高质量文献的深入阅读与线索梳理,信息分析能力在其中发挥了至关重要的作用。

第17章 学术规范与学术写作

本 章 重 点

◇ 了解学术规范的基本内容,能够识别并避免
　学术不端行为
◇ 了解学术写作的主要成果形式及相关标准
◇ 了解学术论文的基本构成及写作过程

学术规范为学术诚信提供保障,促进学术研究发展与进步;学术写作以学术成果产出为主要形式,推动学术交流和传播。本章基于相关指导文件与技术标准梳理学术规范的主要内容,介绍学术写作的主要成果形式和相关标准,重点关注学术论文写作。

17.1　学术规范

学术规范是学术共同体①内部形成的从事学术活动的行为规范,是根据学术发展规律制定的有关学术活动的基本准则,反映了学术活动长期积累的经验,是保证学术共同体科学、高效、公正运行的条件。教育部先后推出《高等学校哲学社会科学研究学术规范(试行)》并组织编写《高校人文社会科学学术规范指南》《高等学校科学技术学术规范指南》等,对学术研究全过程应遵循的基本规范进行了明确,内容覆盖:学术研究规范、学术道德规范、学术引用规范、学术注释规范、学术评价规范和学术批评规范等。表 17－1 列出了学术规范指导性文件的提纲摘录。

表 17－1　学术规范指导性文件的提纲摘录

高校人文社会科学学术规范指南	高等学校科学技术学术规范指南
2 学术伦理:求真务实、诚实守信、集成创新、恪守职责 **3 选题与资料规范** 3.1 <u>选题的基本要求</u>:充分酝酿;注重学术价值和社会价值;了解和尊重既有研究成果;避免低水平重复;注重立意与主题的择定	**二、科技工作者应遵守的学术规范** (一)**基本准则**:遵纪守法,弘扬科学精神;严谨治学,反对浮躁作风;公开、公正,开展公平竞争;相互尊重,发扬学术民主;以身作则,恪守学术规范 (二)<u>查新和项目申请规范</u>:查新;项目申请

---

　　①　学术共同体:具有共同学术旨趣的学者,遵守共同的道德规范,相互尊重、相互联系、相互影响,推动学术的发展,通过内部的学术活动机制而形成的共同体。学术共同体是学术活动的主体和承担者,担负着创造和评价学术成果的功能,也是学术规范的制定者和执行者。

（续表）

高校人文社会科学学术规范指南	高等学校科学技术学术规范指南
3.2 搜集资料的基本要求：充分占有资料；审慎选取资料；综合和诠释资料；不断补充和积极甄选资料	（三）项目实施规范：遵守项目资助单位的有关规定；实施过程中坚持实事求是；科研协作与学术民主
4 引用与注释规范	（四）引文和注释规范：引文、注释规范
4.1 学术引用的作用：学术引用有利于将成果放在相关学术史的适当位置；学术引用是学术评价的重要指标；学术引用的伦理状况是学术职业化程度的衡量尺度	（五）参考文献规范：原则、格式规范
	（六）学术成果的发表与后续工作规范
4.2 学术引用的规则：引用应尊重原意，不可断章取义；引用应以论证自己的观点的必要性为限；引注观点应尽可能追溯到相关论说的原创者；引用未发表作品应征得作者同意并保障作者权益；引用未成文的口语实录应将整理稿交作者审核并征得同意；学生采用导师未写成著作的思想应集中阐释并明确说明；引用应伴以明显的标识，以避免读者误会；凡引用均须标明真实出处，提供与引文相关的准确信息	1 发表：不得代写论文或成果造假；不得一稿多投；成果署名；专利申请；致谢
	2 后续工作：有错必纠；反对炒作；有利后续研究工作；保密原则
	（七）学术评价规范：同行评议；坚持客观公正原则；执行回避和保密制度
	（八）学术批评规范：实事求是，以理服人；鼓励争鸣，促进繁荣
	（九）人及实验动物研究对象规范：以人类为试验对象，知情、自愿、无害；以动物为试验对象，善待实验动物
4.3 引用与注释的内容与格式	**三、学术规范中的相关规定**
4.4 参考文献：著录项目俱全；编排符合规范；避免多杂和遗漏；不故意回避	引用（quotation and citation）、注释（annotation）、参考文献（reference）、综述（review）、编（compile）、编著（compile）和著（compose）的概念、形式、合理使用和适当引用的相关规定
5 成果呈现规范	
5.1 成果的构成项目	
5.2 成果的发表：遵守法律；避免一稿多发	**四、学术不端行为的界定**
5.3 成果署名：个人论著、合作论著、向资助者致谢	（一）抄袭和剽窃（Plagiarism）
	（二）伪造（Fabrication）和篡改（Falsification）
6 学术批评规范	（三）一稿多投（Multiple Contributions）和重复发表（Repetitive Publication）
6.1 学术批评规范的正当性：推动学术发展的动力；监督学术活动的有效手段	
6.2 学术批评的原则：实事求是，以理服人；激浊扬清，推介精品；鼓励争鸣，促进繁荣	
6.3 学术批评的方式：书评	

案例 17-1　关于学术不端行为的认定

　　2024 年 4 月 26 日,十四届全国人大常委会第九次会议通过了《中华人民共和国学位法》,自 2025 年 1 月 1 日起施行。第六章第三十七条规定了不授予学位或者撤销学位的三种情形,其中包括"学位论文或者实践成果被认定为存在代写、剽窃、伪造等学术不端行为"。那么哪些行为属于学术不端行为呢?

分析:关于学术不端至今仍存在多种不同的认定。20 世纪 90 年代,申请课题、实施研究和报告结果过程中出现的"伪造、篡改和抄袭"三种行为就被认定为不端行为;2006年,由科技部审议发布的《国家科技计划实施中科研不端行为处理办法》对国家科技计划实施过程中发生的六种科研不端行为进行了界定;2016 年,由教育部审议发布的《高等学校预防与处理学术不端行为办法》则明确了高等学校及其教学科研人员、管理人员和学生,在科学研究及相关活动中应当认定的七类违反公认的学术准则、违背学术诚信的行为。

　　第四章第二十七条　确认被举报人在科学研究及相关活动中有下列行为之一的,应当认定为构成学术不端行为:

　　(一)剽窃、抄袭、侵占他人学术成果;

　　(二)篡改他人研究成果;

　　(三)伪造科研数据、资料、文献、注释,或者捏造事实、编造虚假研究成果;

　　(四)未参加研究或创作而在研究成果、学术论文上署名,未经他人许可而不当使用他人署名,虚构合作者共同署名,或者多人共同完成研究而在成果中未注明他人工作、贡献;

　　(五)在申报课题、成果、奖励和职务评审评定、申请学位等过程中提供虚假学术信息;

　　(六)买卖论文、由他人代写或者为他人代写论文;

　　(七)其他根据高等学校或者有关学术组织、相关科研管理机构制定的规则,属于学术不端的行为。

　　　　　　　　　　——出自 2016 年教育部《高等学校预防与处理学术不端行为办法》

案例 17 - 2　了解学术出版中人工智能生成内容使用的边界

为应对人工智能生成内容(artificial Intelligence generated content，AIGC)滥用可能导致的科技伦理问题，2023 年 9 月 20 日，中国科学技术信息研究所与爱思唯尔、施普林格·自然、约翰威立国际出版集团(John Wiley)等多家国际出版集团共同完成的《学术出版中 AIGC 使用边界指南》(*Guideline on the Boundaries of AIGC Usage in Academic Publishing*)(中英文版)正式对外发布。该指南详细阐述了学术出版中 AIGC 的使用原则，介绍了在学术出版研究开展和论文撰写、投稿、论文发表/出版后各阶段符合诚信原则的行为框架或实践指导，以防范学术不端、加强科研诚信治理。2024 年 9 月 26 日，《学术出版中的 AIGC 使用边界指南 2.0》发布，在前一版本指南的基础上，进一步对论文撰写的关键环节(如图表制作和文字撰写等)以及投稿后的同行评审流程的规范化进行了补充与优化。

分析：AIGC 在学术出版中的使用场景具有多样性。在技术快速发展的同时，AIGC 的使用边界仍存在大量模糊地带有待厘清，指南的制定为学术出版过程中的 AIGC 使用明确了最佳行为框架和实践指导，关注并了解 AIGC 使用的基本规范才能以负责任、透明化的方式正确使用人工智能(见图 17 - 1)。

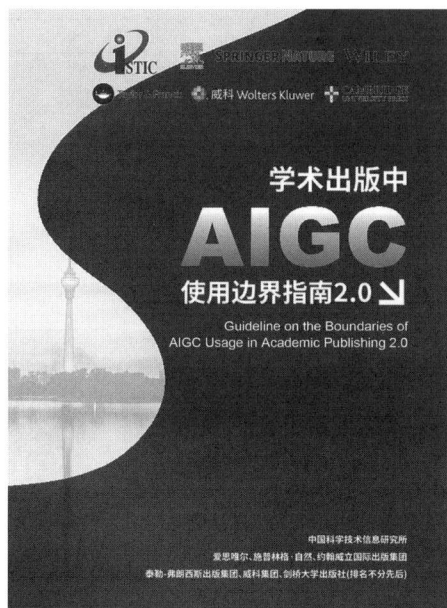

图 17 - 1　学术出版中 AIGC 使用边界指南 2.0

17.2 学术写作

17.2.1 成果形式

学术写作是指基于学术研究的目的和要求,通过专业、严谨的语言表达并传递知识、思想和观点的一种学术创作活动。按照学术界长期实践形成的学术规范和写作规范,立足于研究工作形成论文、报告、专著等多种形式的学术成果。

《科学技术报告、学位论文和学术论文的编写格式》(GB/T 7713—1987)是我国较早推出的关于学术写作的规范性文件,该标准旨在统一科学技术报告、学位论文和学术论文等三种主要学术成果的撰写和编辑格式,包括了相关成果的形式构成、题录著录以及撰写、编辑、印刷、出版等的规范化要求。如表 17－2 所示,目前该标准已被新的系列标准所替代;另外,还有关于学术出版规范的相关行业标准,如《学术出版规范 一般要求》(CY/T 118—2015)及相关标准规定了学术作品编辑和出版的基本要求,覆盖了科学技术名词、引文、注释、插图、表格等。建议学术写作过程中采用最新的标准规范,以便于学术成果的检索与传播,促进高质量的学术交流和知识共享。

表 17－2　学术写作相关参考标准更新进展

原始标准	现行标准	
GB/T 7713—1987 科学技术报告、学位论文和学术论文的编写格式 发布日期:1987－05－05 实施时间:1988－01－01 废止时间:2023－07－01	GB/T 7713.1—2006　学位论文编写规则 发布日期:2006－12－05 实施日期:2007－05－01	
	GB/T 7713.3—2014　科技报告编写规则 发布日期:2014－05－06 实施日期:2014－11－01	
	GB/T 7713.2—2022　学术论文编写规则 发布日期:2022－12－30 实施日期:2023－07－01	

17.2.2 基本要求

为保证有效的学术交流,学术写作须满足以下五个特征:准确、清晰、简洁、一致和恰当。[①]

---

① 刘红.学术写作与规范[M].北京:北京大学出版社,2021:14－15.

（1）准确，指文章报道内容严格符合真相和事实，表现为内容、格式和技术准确三个方面。

（2）清晰，指文章在阅读时易于理解，可通过使用专业的语言、详细的数学分析、复杂的清晰阐述来实现，涉及结构、语言、格式、文脉等方面。

（3）简洁，指仅仅传递需要的信息，通过聚焦达到简洁，包括明了的引言、详细的提纲、文章长度和范围的控制、附录和图表的准确使用。

（4）一致，指文章写作目的与读者需求保持一致，要求通过逻辑组织文章素材，引导读者更好地阅读和理解文章。

（5）恰当，指针对不同的读者群使用不同的写作方法，依据科学共同体的普遍规则和特殊专业习惯进行写作。

17.2.3　学术论文写作

学术论文是指对某个学科领域中的学术问题进行研究后，记录科学研究的过程、方法及结果，用于进行学术交流、讨论或出版发表，或用作其他用途的书面材料。学术论文一般由前置、正文和附录三个部分组成，包含题名、作者信息、摘要、关键词、引言、主体、结论、参考文献等若干构成元素（见表 17 - 3）。

表 17 - 3　学术论文的构成

构成元素		说明	必备性
前置部分	题名	论文的总纲，是反映论文中重要特定内容的恰当、简明的词语的逻辑组合	必备
	作者信息	提供拥有著作权的声明、文责自负的承诺以及联系作者的渠道，一般包括作者姓名、工作单位及通信方式等。对论文有实际贡献的责任者应列为作者	必备
	摘要	对论文的内容不加注释和评论的简短陈述，应具有独立性和自明性。内容通常包括研究的目的、方法、结果和结论，可分为报道性或指示性摘要	必备
	关键词	为便于文献检索从题名、摘要或正文部分选取出来用以表示论文主题内容的词或词组	必备
	其他项目	要求、建议或允许标注的其他项目，如：基金资助信息、收稿（修回）日期、引用本论文的参考文献格式、论文增强出版的元素及相关声明等	部分必备或可选

（续表）

构成元素		说明	必备性
正文部分	引言	通常包含研究的背景、目的、理由,预期结果及其意义和价值	必备
	主体	论文的核心,占论文的主要篇幅,论文的论点、论据和论证均在此部分阐述或展示。主体部分的结构,一般由具有逻辑关系的多章构成,如理论分析、材料与方法、结果和讨论等内容	必备
	结论	对研究结果和论点的提炼与概括,也可写作"结束语"进行必要的讨论提出建议或待研究解决的问题等	有则必备
	致谢	作者对论文的生成作过贡献的组织或个人予以感谢的文字记录	可选
	参考文献	引用与研究主题密切相关的参考文献,著录项目、著录符号、著录格式以及参考文献在正文中的标注法,应符合标准 GB/T 7714 的规定	必备
附录部分	附录	对正文部分的有关内容进行补充说明	有则必备

案例 17 - 3　学习借助 AI 工具辅助学术论文写作

分析:关于学术论文写作指导的学习资源较多,写作过程大体包括如下环节:确定选题、资料准备、拟定提纲、写作初稿、实施论证、论文修改等,根据个人的研究习惯和进程可以对写作过程中的各环节进行适当调整和细化。图 17 - 2 为 DeepSeek 关于"学术论文写作过程的关键步骤"的解答。尝试结合自己的专业设计一份可行的学术论文框架。

> 已深度思考（用时 50 秒）
>
> **学术论文写作过程关键步骤:**
>
> **1. 准备阶段**
> - 确定研究主题与问题
> - 文献综述与理论框架构建
> - 设计研究方法与实验方案
> - 拟定论文大纲与写作计划
>
> **2. 撰写阶段**
> - 完成各章节初稿（引言、方法、结果、讨论等）
> - 整合实验数据与图表
> - 确保逻辑连贯与论证清晰
>
> **3. 修订阶段**
> - 调整结构与内容完整性
> - 精炼语言并修正语法错误
> - 校对引用格式与图表规范
> - 整合同行评审或导师反馈
>
> **4. 定稿阶段**
> - 最终全文校对与细节核查
> - 符合目标期刊/会议格式要求
> - 提交论文并跟进出版流程

图 17 - 2　DeepSeek 关于"学术论文写作过程的关键步骤"的解答

第18章　写作辅助工具及其应用

本章重点

◇ 掌握常用的参考文献管理工具，重点了解
　EndNote 工具用于写作辅助的相关功能
◇ 掌握常用的 AI 科研辅助工具，重点了解
　CNKI AI 和 Scopus AI 等的科研辅助应用

学术写作过程中通常需要借助参考文献管理工具提高文献检索、浏览、引用与管理的效率，而生成式人工智能技术对科研辅助的作用也逐渐显现。本章以代表性参考文献管理工具及 AI 科研辅助工具为例，介绍提升科研效率的学术写作辅助工具。

18.1　参考文献管理工具

参考文献管理工具的作用包括研究人员收集、管理和利用文献，在学术写作过程中可以帮助研究人员辅助文献阅读、规范文献引用，从而提高科研工作效率。

18.1.1　EndNote

EndNote 文献管理软件是科睿唯安公司提供的文献管理系统，能有效支持研究资料的收集、整理和格式化引用。其核心功能如下：

（1）建立个人文献数据库：收集相关参考文献并快速导入个人文献数据库，提供文献题录批量导入、在线检索导入、PDF 文件导入、手工录入等多种方式；

扫码看视频

（2）管理和分析参考文献：以某一项目、学科、课题或研究人员等为单位，通过工具提供的分组功能分门别类管理不同来源的中英文文献；根据需要分组管理文献信息，实现去重、排序、分析、添加附件、阅读笔记、标签及更新；

（3）论文写作辅助：支持论文撰写过程中相关文献、图片、表格等的引用插入；自动生成符合期刊要求的参考文献格式；提供文稿匹配功能，推荐合适的投稿期刊。

案例 18-1　利用 EndNote 建立自动驾驶技术专题的个人文献数据库

近年来，自动驾驶技术受到了各界的广泛关注，为有效跟踪相关技术研究进展，本例将利用 EndNote（Desktop 版 EndNote20）建立自动驾驶技术专题的个人文献数据库，并提供文献管理与利用方法。

分析：（1）新建文献数据库：打开 EndNote 软件，选择 File 菜单的新建选项（New），输入技术主题"自动驾驶"，建立文献数据库；

（2）检索并添加相关参考文献，有如下四种方法完成个人文献数据库的建设。

方法 1：批量导入文献题录数据

（1）检索文献数据库并保存检索结果：以万方数据库为例，进行主题检索"自动驾驶 or 无人驾驶"，将检索结果导出为 EndNote 格式的题录数据文件（见图 18-1）。

图 18-1 导出 EndNote 格式题录数据

（2）打开个人文献数据库，选择选择 File 菜单的导入选项（Import）进行题录数据导入，导入选项（Import Option）默认设置"EndNote Import"，去重处理（Duplicates）可以设置全部导入（Import All）或去重（Discard Duplicates）（见图 18-2）。

图 18-2 EndNote 批量导入文献题录数据

［提示］处理不同数据库来源的文献题录数据时，请注意题录数据导出格式（文献数据库大多提供 EndNote 格式的题录导出功能）以及 EndNote 导入选项的设置（采用"Endnote Import"选项）。也有其他的处理情况，如：Web of Science 核心合集的文献题录数据导出时选择"EndNote Desktop"格式保存为 ciw 文件，EndNote 导入选项设置为"ISI-CE"。

方法 2：手工录入文献题录信息

打开个人文献数据库，选择 References 菜单的新建参考文献选项（New Reference）
进行题录信息的手工录入，点击 Save 进行题录保存（见图 18–3 所示）。

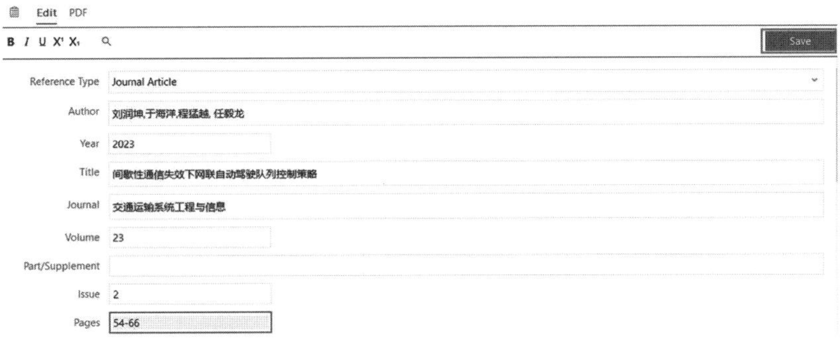

图 18–3　EndNote 手工录入文献题录数据

方法 3：利用 EndNote 在线检索功能添加相关参考文献

选择 Tools 菜单的在线检索选项（Online Search）进行文献检索，从检索结果列表中
勾选相关文献；从 References 菜单中选择"Copy References To"，将检索结果添加
至个人文献数据库（见图 18–4）。

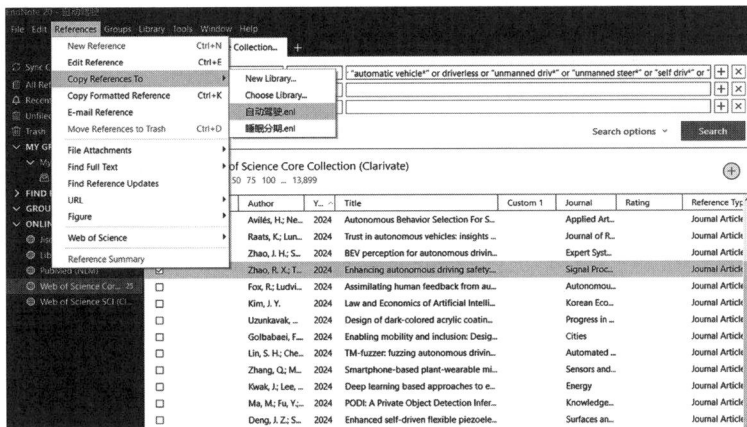

图 18–4　EndNote 在线检索添加相关参考文献

方法 4：导入 PDF 文件添加相关参考文献

打开个人文献数据库，选择 File 菜单的导入文件选项（Import），选择 File 进行单个
PDF 文件的导入，或选择导入文件夹选项（Folder）批量导入特定目录下的多个
PDF 文件，导入选项（Import Option）均设置为"PDF"。

（3）管理个人文献数据库：参考文献添加完成后，点击 All References 可以浏览个人
文献数据库的全部文献（All References），可以选中特定文献利用右键菜单进行删

除(Cut)、复制(Copy)、粘贴(Paste)、评级(Rating)、标记为已读(Mark as Read)等操作,或进一步查看单篇文献的详细信息并上传全文(见图18-5)。

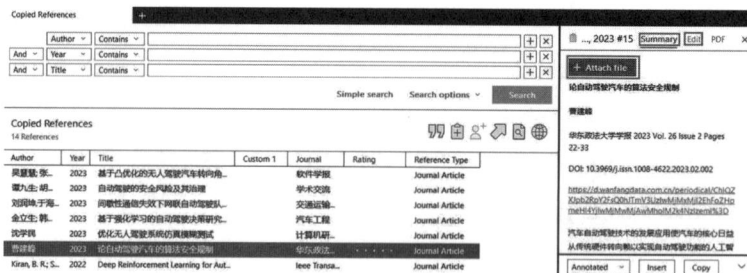

图 18-5　EndNote 查看单篇文献信息并上传全文

根据需要也可以对参考文献进行分组管理,在"My Groups"下创建新的分组(Create Group),利用右键菜单"Add References To"将相关文献复制到该分组;或者通过设置年份、作者等分组条件创建智能分组(Create Smart Group),工具按照设置的筛选条件自动将符合的文献条目放入该分组,后续有符合该条件的新添加参考文献,也会被自动放入其中(见图18-6)。

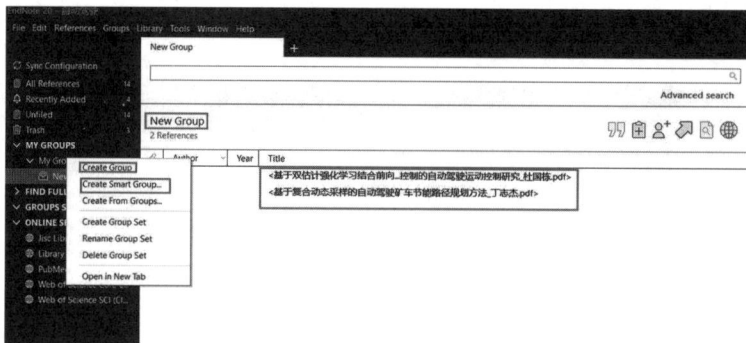

图 18-6　EndNote 参考文献分组管理

EndNote 提供笔记功能,在单篇文献详细信息界面点击 Edit,在相应的字段(如Research Notes)可输入文献阅读笔记,点击 Save 保存在"Research Notes"(见图18-7),也可对笔记内容进行检索。

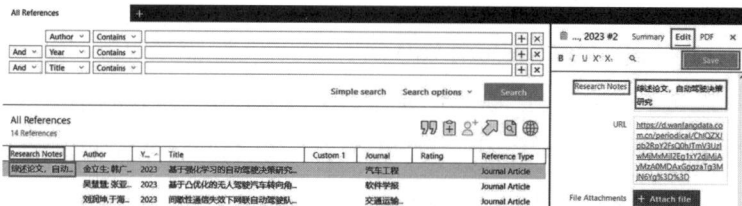

图 18-7　EndNote 阅读笔记功能

还可以对个人文献数据库中的文献进行排序筛选,选择 Library 菜单的排序选项(Sort Library),可按照年份、作者、标题等对文献进行升序(或降序)排序;使用"Simple Search"或"Advanced Search"设定条件进行文献筛选(见图 18-8),筛选 2023 年发表的相关主题文献。

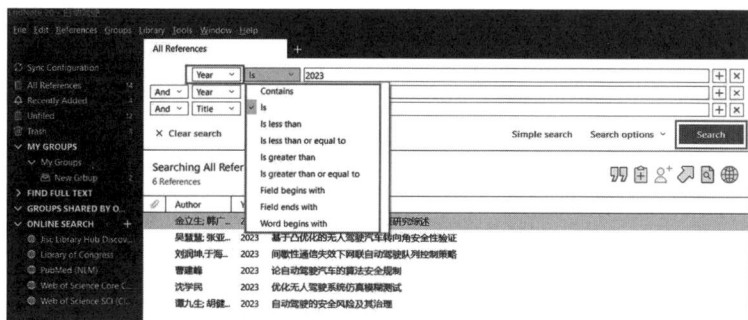

图 18-8　EndNote 按年份进行文献筛选

(4)利用个人文献数据库:完成个人文献数据库的基本建设后,就可以利用 EndNote 辅助写作。在撰写论文时边写作边引用,即将 EndNote 中的文献按照所选期刊要求的格式自动插入到论文的参考文献列表。以向期刊 *Science* 投稿为例,在个人文献数据库中选中要引用的文献,打开正在编辑的论文,将光标放在要插入文献的位置,使用 Word 文档的 EndNote 插件插入相应的参考文献(见图 18-9),自动生成符合投稿格式要求的参考文献列表。

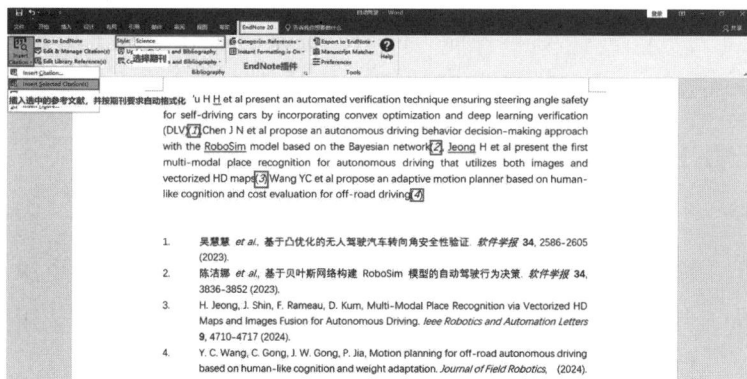

图 18-9　利用 EndNote 软件边写作边引用

18.1.2　其他参考文献管理工具

参考文献管理工具的常见功能主要包括:①支持主流写作软件的边写作边应用;②提供客户端、浏览器和写作插件协同工作;③文献管理实现传统分类和标签标记相结合;④内置多种参考文献格式模版。部分常用参考文献管理工具的基本功能如表 18-1 所示:

表 18-1　常见参考文献管理工具基本功能

常见工具	基本功能				
	①	②	③	④	备注
NoteExpress	√	√	√	√	支持 Word、WPS;数据分析与可视化;Markdown 笔记
Mendeley	√	√	√	√	支持 Word;云同步;多人协作;网络社区
Zotero	√	√	√	√	支持 Word、Google Docs;团队协作;插件扩展
RefWorks	√		√	√	支持 Word、Google Docs;仅提供浏览器和写作插件;多用户共同管理
CNKI E-Study（知网研学）	√	√	√	√	支持 Word;智能研读;在线投稿

18.2　AI 科研辅助工具

正如 6.4 节所述,GenAI 工具的内容生成技术优势极大地赋能了各类创作应用场景,在科研工作过程中也有广泛的应用空间。以研究人员为服务对象,中国知网、Scopus、WOS 等学术文献数据库相继推出基于可信数据的 AI 研究助手,简化检索流程,提升阅读效率,加速完成更复杂的研究任务和目标,成为常用的学术 GenAI 工具;与此同时,大语言模型的技术迭代推动了 AI 推理能力的快速提升。本节将重点关注 AI 推理能力加持下的通用 GenAI 工具如何发挥科研辅助作用。

18.2.1　CNKI AI 学术研究助手

扫码看视频

CNKI AI 学术研究助手是中国知网推出的服务于科研全流程的 AI 辅助研究工具。该平台将 AI 大模型技术、知网文献资源与科研场景相结合,面向科学探索、文献研读、知识管理与成果创作等需求提供问答式增强检索、AI 辅助研读与 AI 辅助创作的服务体系。

1）问答式增强检索

（1）智能问答(全库问答):全面分析与理解用户问题,基于知网全库资源提供回答,回答内容可追溯到专业文献。

（2）文献概览:展示与主题相关的文献全景地图,提供主题聚类时序图、知识结构旭日图、知识图谱、思维导图等功能,实现快速把握研究现状、发展趋势以及关键文献。

（3）文献综述:通过可信增强检索,为快速筛选目标文献并一键生成文献综述。

2）AI 辅助研读

（1）单篇问答：实现对文章核心思想、文章大纲、文献要点、研究方法、研究结论等核心内容及相关工作的快速提炼总结，节省甄选、了解文献的时间。

（2）专题问答：实现专题内多篇文献的观点对比、方法对比、结论对比及摘要总结等，实现同一主题文献的结构化、系统化阅读。

（3）文章伴读：对文献进行深入的阅读、理解和分析，为阅读过程提供概念解释、中英互译、文献推荐、引用问答、笔记摘录、文内检索等功能。

3）AI 辅助创作

（1）资料研参：将研读文献时总结记录的文献精要和研究心得等资料应用在论文创作中，实现研究与创作环节紧密结合。

（2）对话写作：在选题和开题阶段，提供选题推荐、文章大纲、文献综述、文献推荐等功能，帮助研究人员明确研究目标、规划研究过程；在论文撰写阶段，提供扩写、续写、缩写、改写等功能，提高文章的可读性和吸引力；在文章基本完成时，提供润色批改、据意查词、概念解释、言词答句等功能，改善语言表达、逻辑结构等，提高论文整体质量。

案例 18-2　如何利用单篇问答功能辅助文献研读？

　　某同学要开展关于人工智能素养教育的相关研究，想快速了解密切相关文献的主要观点及核心内容。

分析：本案例使用中国知网的 CNKI AI 学术研究助手辅助单篇文献阅读

（1）选择"研读模式"的"单篇问答"功能，检索或直接导入文献。

（2）通过"精要"功能浏览该文献的重要信息（见图 18-10），除文献摘要、关键词外，

图 18-10　利用 CNKI AI 学术研究助手辅助文献研读

提供自动生成的核心观点、研究方法、研究结论等。如果想快速了解文献的具体内容,还可以通过"问答"功能进一步提问,如"本文建立的人工智能素养教育内容框架有哪几个维度"等。

案例 18-3　如何利用全库问答功能了解技术研究进展?

分析:本案例使用中国知网的 CNKI AI 学术研究助手的问答式增强检索了解相关研究进展并推荐参考文献。

(1)选择"研读模式"的"全库问答"功能,描述问题需求,如"请提供氢能源研究领域关于电解制氢技术的研究进展"。

(2)AI 助手总结了当前的主要电解制氢技术,并简述了电解水技术的挑战与未来发展方向;同时,提供近年来电解制氢技术的密切相关文献进一步查阅(见图 18-11)。

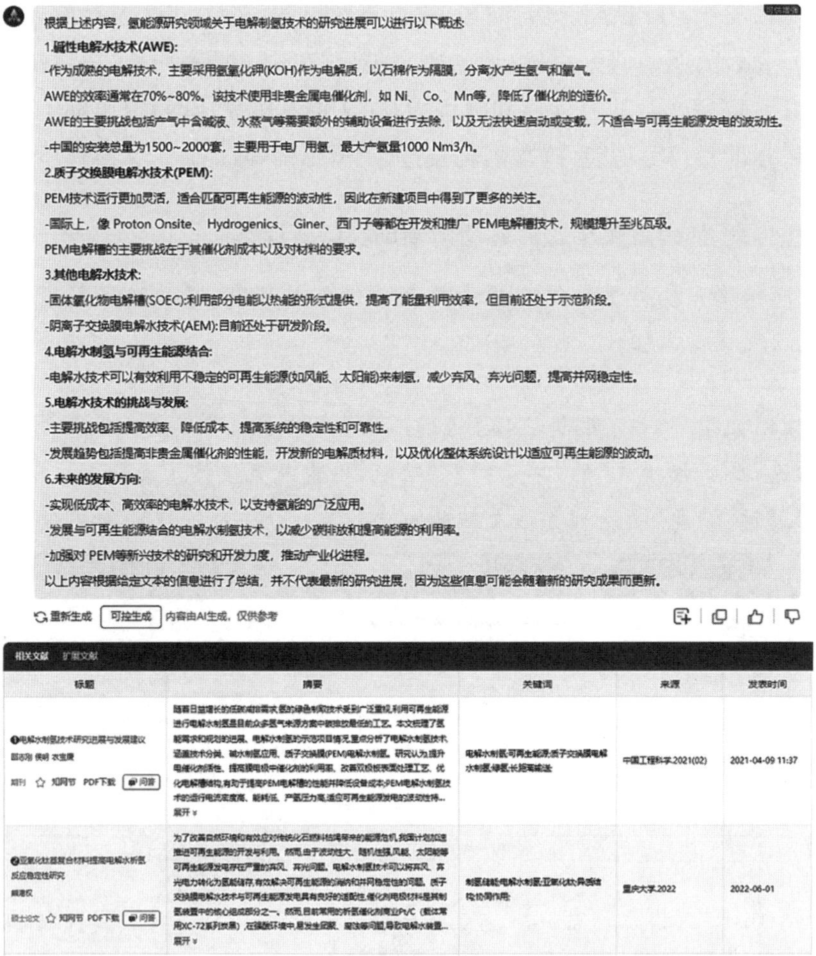

图 18-11　利用 CNKI AI 学术研究助手了解技术研究进展

[提示]将本案例与第 6 章案例 6-3 所示的 AI 问答相比较,两者均指出了当前电解制氢的四种主要技术(AWE、PEM、SOEC、AEM),但两者提供的参考信息源存在显著差异:前者基于知网文献资源,并为问答提供了参考文献清单,支持进一步的文献研读;后者主要来自新闻媒体、公众号等发布的科技资讯。

案例 18-4　如何利用全库问答功能辅助研究过程设计?

某同学正在进行聚合反应实验,遇到高粘度反应物处理的问题,想要参考已有研究中开展相关实验所采用的工具和方法。

分析:本案例使用中国知网的 CNKI AI 学术研究助手辅助实验设计过程。

(1)选择"研读模式"的"全库问答"功能,详细描述问题需求,如"正在进行聚合反应实验,将高粘度的反应物放在烧瓶中聚合,并用油浴锅加热,手边有普通化学实验室常备的各种设施和工具。请为我推荐从烧瓶中取出高粘度的反应物样品的工具和方法"。

(2)问答结果推荐了可选用的实验工具,并对使用方法提供了简单建议以及安全提示(见图 18-12);同时,提供了涉及高粘度反应物实验报道的相关文献进一步查阅。

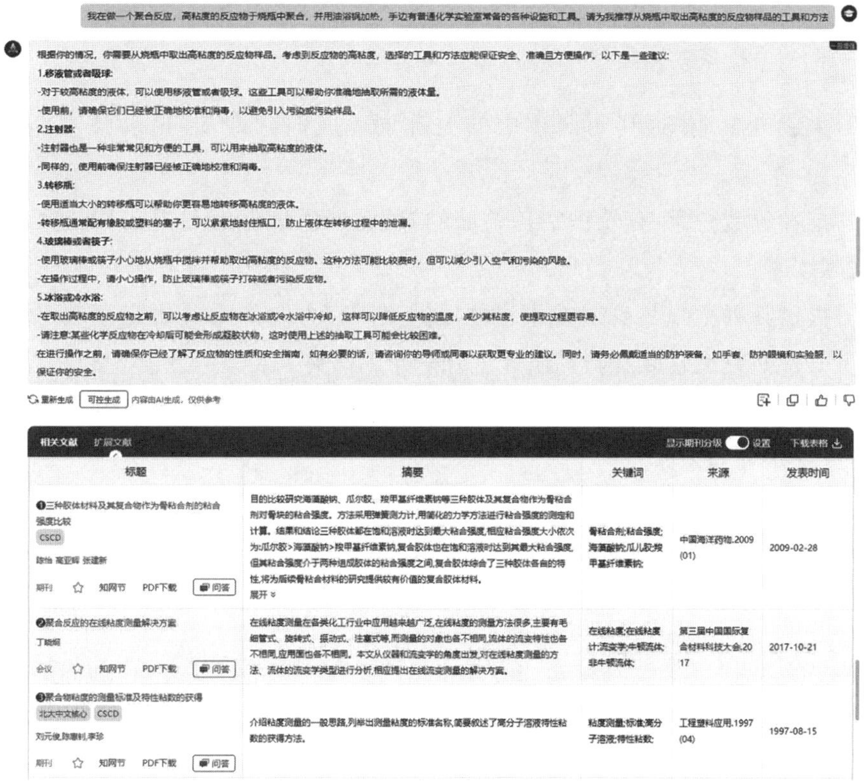

图 18-12　利用 CNKI AI 学术研究助手辅助实验设计

[提示] 根据 GenAI 工具使用技巧(见 6.4.4 节),建议提问内容包含参考信息、目标、动作及要求等,问题描述越详细,答案生成效果也会更理想。本案例中,详细描述了实验的反应类型、反应物的高粘度特性以及开展实验的基本条件,在此基础上提出推荐工具和方法的目标和要求,由此,AI 生成的答案中包含了可用于上述情境的化学实验工具,并提供了实验过程中的注意事项和风险提示。

注意:涉及可能有危险性的实验或类似风险时,不建议直接尝试 AI 生成的建议,务必谨慎对待,应当先进行充分地调查核实,也可咨询具备相关专业知识的人员。

18.2.2　Scopus AI

Scopus AI 以 Scopus 数据库中的科技文献内容、文献引用和作者信息为基础,将生成式人工智能和大语言模型与可信的数据库数据进行结合,提供简明且可信的研究主题摘要,同时支持实现"进一步探索""自然语言查询"和"思维导图演示"等功能。研究人员可以直接使用自然语言问答的形式来对科学问题进行渐进式研究和扩展。核心功能有如下六点。

(1)精确提炼领域信息:面对科研领域,快速生成简要、可溯源(提供参考文献)且提炼观点的问题概述。

(2)定位领域核心文献:快速锁定基础性、关键性文献,把握最新学术研究进展和相应学术影响力。

(3)生成概念地图:利用概述中的关键词生成概念地图,梳理技术路线,厘清主题脉络。

(4)推荐领域专家:有效识别各领域的专家,提供该专家与提问相关联的专业领域介绍和文献线索。

(5)提供新兴主题①:针对检索主题提供该研究方向的细分研究主题(如:持续性研究主题、上升性研究主题以及新兴研究主题),帮助研究人员发现更多值得关注的方向。

(6)强化研究主题的广度:除了可以扩展概述,还能提示更深入的问题,帮助研究人员深入研究并拓宽知识面。

案例 18－5　如何利用 Scopus AI 开展主题文献调研?

某同学想快速了解氢燃料电池高性能催化剂的研究进展,并获取该主题核心文献和领域专家。

分析:(1)在 Scopus AI 对话框中进行提问:"Research progress on high-performance

---

① 该功能目前还在测试中,请持续关注功能变化。

catalysts for hydrogen fuel cells"（见图 18‑13）。

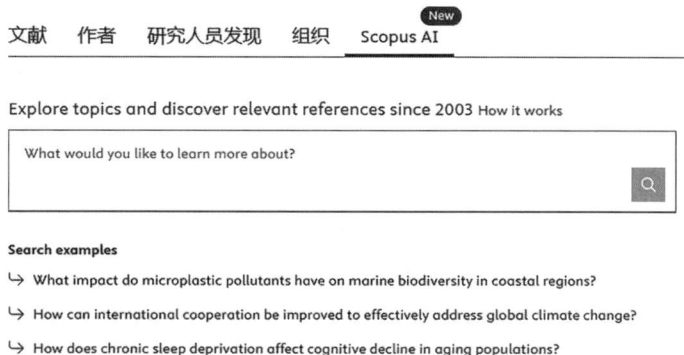

图 18‑13 Scopus AI 开启问答模式

（2）Scopus AI 基于相关文献生成回答"概述"（Summary），并且提供相应的参考文献（References）。通过工具提供的概述，了解到氢燃料电池的主要催化剂是碳负载的 Pt 和 Pt 合金纳米颗粒，但存在耐久性差、成本高和 Pt 储量低的阻碍；近期研究集中于高性能析氢反应催化剂，包括过渡金属、非金属催化剂和单原子催化剂，并重点关注其形态、结构及合成方法；未来质子交换膜燃料电池和氢氧根交换膜燃料电池的非 Pt 催化剂是研发的重点方向。

如果对生成的回答内容详细程度不满意，可点击"扩展概述"（Expanded summary）对选定的科学问题进行渐进式研究和扩展，得到基本综述框架，进而精读问题相关的核心文献（Foundational documents）（见图 18‑14）。

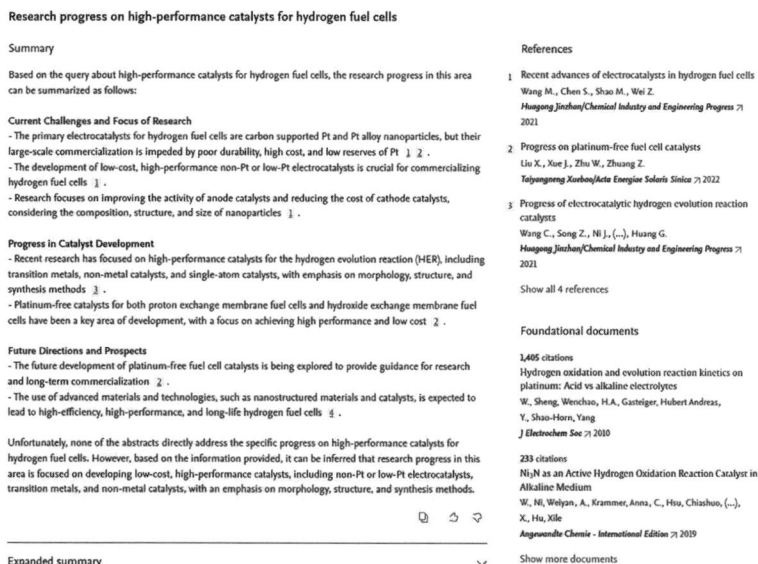

图 18‑14 Scopus AI 回答概述及其扩展

（3）点击"概念地图"（Concept map），可以浏览氢燃料电池高性能催化剂的概念分类,包括:铁/碳催化剂、金属氧化物催化剂、铂催化剂、钯催化剂等类型,辅助快速掌握知识脉络(见图 18-15)。

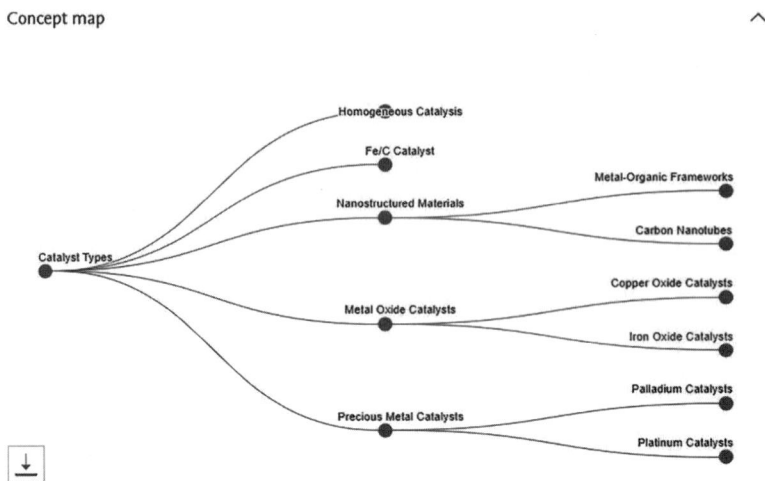

图 18-15　Scopus AI 概念地图

(4)点击"领域专家"(Topic experts),可以得到氢燃料电池高性能催化剂研究领域推荐专家的被引频次、H 指数、匹配文献数量和专业领域介绍;进一步点击"预览个人资料"(Preview profile),可获得专家贡献最多的主题方向以及 Scopus 收录的匹配文献。如厦门大学的孙世刚院士,长期从事电催化、表面电化学、谱学电化学、纳米材料、能源电化学(燃料电池/锂电池)等方向的研究,其被引频次 29329 次,匹配文献 11 篇,H 指数 98(见图 18-16)。

图 18-16　Scopus AI 领域专家推荐

(5)点击"新兴主题"(Emerging themes),可以查看检索主题近两年内发布的最新文献,并提供通过数据分析识别出的值得关注的细分研究主题(持续性研究主题、上升性研究主题以及新兴研究主题),该功能模块会针对每个主题提供一段摘要、参考资料和两个建议的研究假设。点击建议的研究假设可以直接开启新的 Scopus AI 查询,寻找相关的文献并提供概要,研究人员将能发现有许多值得深入思考的方向。

✓ 持续性研究主题(Consistent Theme):在过去两年中研究体量在不同时间段保持稳定的研究方向,如工业析氢用电催化剂;

✓ 上升性研究主题(Rising Theme):在过去两年中研究体量在不同时间段呈现出上升趋势的研究方向,如高电流密度水电解;

✓ 新兴研究主题"(Novel Theme):在近一年内新出现的研究方向,如氨与尿素燃料电池。

Electrocatalysts for Industrial Hydrogen Evolution `Consistent Theme`

The development of electrocatalysts for industrial-scale hydrogen evolution remains a consistent and critical area of research. Advances in materials such as Ni-based and dual-atom catalysts have shown promise in enhancing the efficiency and durability of hydrogen evolution reactions, particularly in alkaline media.

Show references

Potential Hypotheses:

• Dual-atom catalysts can significantly improve the efficiency of industrial hydrogen evolution reactions

• Ni-based electrocatalysts can provide long-term stability and high performance in industrial hydrogen production

High-Current-Density Water Electrolysis `Rising Theme`

Achieving high current densities in water electrolysis is essential for efficient hydrogen production. Recent advancements in catalyst design and material engineering have shown promise in enhancing the performance of water electrolysis systems, particularly through the use of novel materials and structural optimizations.

Show references

Potential Hypotheses:

• Novel high-entropy materials can significantly improve the efficiency of high-current-density water electrolysis

• Structural optimization of electrocatalysts can lead to breakthroughs in achieving stable high-current-density water electrolysis

Direct Ammonia and Urea Fuel Cells `Novel Theme`

The exploration of direct ammonia and urea fuel cells represents a novel approach to hydrogen energy conversion. These systems offer the potential for high efficiency and cost-effectiveness, particularly with advancements in nickel-based catalysts and innovative cell designs.

Show references

Potential Hypotheses:

• Nickel-based catalysts can enable high-performance direct ammonia fuel cells with improved cost-effectiveness

• Direct urea fuel cells can achieve higher energy conversion efficiencies through the development of advanced electrocatalysts

图 18-17　Scopus AI 新兴主题发现

(6)Scopus AI 可以基于提出的科学问题给出进一步的建议提问(Go deeper),比如

"氢燃料电池高性能催化剂的关键特性有哪些""不同催化剂如何影响氢燃料电池的效率"等,帮助拓展研究的深度与广度(见图18-18)。

Go deeper

↳ What are the key properties of high-performance catalysts for hydrogen fuel cells?

↳ How do different catalyst materials impact the efficiency of hydrogen fuel cells?

↳ What are the current challenges in developing high-performance catalysts for hydrogen fuel cells?

图 18-18 Scopus AI 建议提问

18.2.3 通用 GenAI 工具的科研辅助应用

AI 科研辅助的应用价值主要体现在 GenAI 工具凭借自然语言处理能力,能够实现文献研读、调研综述、数据处理、写作辅助等科研场景下基础性工作的支持功能。因此,ChatGPT、Gemini、KiMi、文心一言等通用 GenAI 工具与前两节所介绍的 CNKI AI 和 Scopus AI 等学术 GenAI 工具一样被广泛应用于科研场景,而推理大语言模型 DeepSeek-R1 的推出更是加速了通用 GenAI 工具在科研领域的深度运用。

事实上,DeepSeek 的技术突破性在于其实现了模拟人类分步推理过程的思维链(chain of thought,CoT)。这种长推理模式支持复杂问题的逻辑分解,显著提升了 AI 工具的推理可靠性和结果可解释性,也让 AI 工具拥有了深度思考的能力。目前,众多 GenAI 工具或者接入 DeepSeek 模型实现性能提升,或者自行研发跟进 DeepSeek 的"长推理+联网搜索"功能,也有开发者基于一种或多种模型开发专门的 AI 科研辅助工具提升科研效率。无论如何,擅长思考的"DeepSeek+"科研辅助模式已成为新的发展方向,支持学术场景的应用工具也在不断涌现,逐渐成为科研过程不可或缺的学术助手。现简单列举几种适合科研场景的通用 GenAI 工具及其主要功能[①]。

表 18-2 常用 GenAI 科研辅助工具及其功能

工具名称	主要功能	访问地址
DeepSeek	深度思考(R1)+联网搜索	https://www.deepseek.com/
Kimi	长思考(k1.5)+联网搜索 Kimi 探索版;Kimi+长文生成器	https://kimi.moonshot.cn/
文心一言	深度思考(X1)+联网搜索 创意写作、阅读分析、智慧绘图	https://yiyan.baidu.com/

---

① 本节内容提供截至 2025 年 3 月工具所提供的最新模型版本。

（续表）

工具名称	主要功能	访问地址
豆包	AI 搜索:深度思考＋全网搜索 帮我写作:深度思考＋搜索资料＋文档编辑器 AI 编程:代码文件＋GitHub 仓库 图像生成、AI 阅读	https://www.doubao.com/
秘塔 AI 搜索	长思考・R1＋全网(文库、学术、图片、视频等) 接入 DeepSeek-R1 模型,支持上传文件建立专题、书架作为知识库	https://metaso.cn/
纳米 AI	深度思考・R1＋联网搜索 接入 DeepSeek-R1 模型,支持添加其他大模型及自有模型;支持创建个人或企业知识库	https://deepseek.n.cn/

案例 18 - 6　如何利用通用 GenAI 工具辅助主题研究的开展?

分析:本案例对比使用 DeepSeek 和秘塔 AI 搜索两种工具,了解"教育数字化转型"的研究进展,并利用工具推荐可行的研究方向。

方法 1:

(1)DeepSeek 选择"深度思考(R1)＋联网搜索"功能,进行如下提问:

"作为一名教育学领域专家,请从专业角度出发,提供关于教育数字化转型领域的研究现状概述和关键研究主题,详细阐述相关背景信息及现有学术研究成果;然后,在此基础上指出适合进一步深入探索的 5 个具体研究方向,并提供相关论证和建议。"

(2)根据 DeepSeek 的深度思考过程,可知:

工具首先根据搜索结果(47 个网页)整理研究现状的关键主题,主要从背景、挑战、技术应用等方面进行现状总结与关键研究主题的归纳;然后,从个性化学习、AI 伦理与教育公平、教师角色转型、区域协同机制、终身学习体系等五个方面确定研究方向,并确保每个研究方向有足够的网页引用支持。

方法 2:

(1)秘塔 AI 搜索选择"长思考・R1＋学术"功能,进行与 DeepSeek 相同的提问。

(2)根据秘塔 AI 搜索的步骤拆解过程,可知:

工具认为首先需要搜索教育数字化转型的定义和背景以建立基础,然后查找主要的研究主题,可能涉及文献综述或权威报告;接着,可能需要搜索相关论文或书籍,之后分析这些成果中的不足或未被充分探讨的领域,从而确定新的研究方向。

工具提供了每个分解步骤的详细内容描述及参考文献支持(见图 18 - 19)。

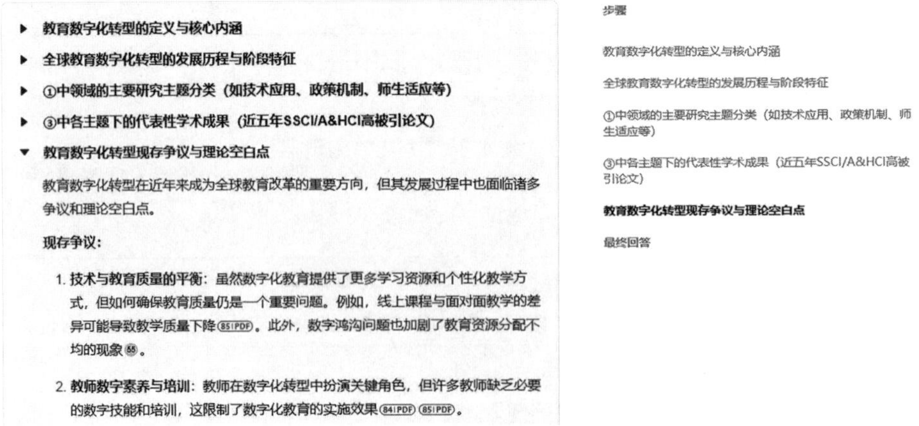

图 18-19　每个分解步骤的详细内容描述及参考文献支持

(3)根据秘塔 AI 搜索的思考过程,可知:

工具根据检索结果(102 篇中外文学术论文)指出:研究现状的概述需要涵盖背景、核心内涵、发展阶段、研究主题分类等;现有学术成果须引用高被引论文,因此覆盖了国际上的相关研究成果;从现有文献中找到未被充分探索的领域,比如现存争议和理论空白点,作为未来研究方向的依据。

两种工具的最终回答如下:

检索结果	DeepSeek	秘塔 AI 搜索
研究背景与现状概述	指出当前研究聚焦技术驱动与教育创新(如核心技术应用、新兴技术探索)、政策与实践结合、挑战与问题并存(如资源分配不均、师资能力短板、数据安全与伦理风险)	研究背景与核心内涵,根据已有研究界定教育数字化转型的定义内涵;全球发展阶段与技术渗透特征,将研究划分为早期数字化阶段(2000—2015)、深度融合阶段(2016—2020)、智能转型阶段(2021—今)
关键研究主题与代表性成果	归纳了技术赋能教学模式创新、教育公平与数字鸿沟、教师角色转型与专业发展、数据治理与伦理框架、终身学习与教育生态重构等五个关键研究主题,简述代表性成果及其核心观点	关键研究主题分类与代表性成果,基于近五年高被引文献从技术应用领域、政策机制研究和师生适应研究三方面呈现研究主题的核心内容、代表性成果、国际前沿以及争议焦点;现存理论争议与空白领域,包括:数字化转型的边界争议、数据治理的理论空白、成熟度评估体系缺失

（续表）

检索结果	DeepSeek	秘塔 AI 搜索
未来研究方向与建议	具体包括：个性化学习的效率与伦理平衡、教育 AI 的伦理与治理框架、教师"人机协同"能力培养模式、区域协同机制与资源共享模式、数字化转型与终身学习体系融合	具体包括：教师数字素养的动态培养机制、教育大模型的伦理约束与教学适配、数字教育治理的韧性体系构建、虚实融合教学的认知神经机制、数字技术赋能教育均衡的差异路径。从研究价值（研究空白）、突破路径两方面论证并建议

在本案例中，从形式上看两种工具都能基于检索结果进行深度思考得出最终回答，并且提供充分的参考文献支撑，但涉及答案的具体内容以及逻辑的合理性，仍需要人工对相关来源文献进行研读判断。

[提示] 值得注意的是，两种工具在检索结果和思考过程上存在一定差异：在检索结果上，由于 DeepSeek 未提供检索范围限定功能，尽管在提问中设定了专家角色并希望从专业角度进行分析梳理，但搜索结果仍包含了较多新闻报道等来自全网的开放信息源，而秘塔 AI 搜索则可以限定在学术文献中检索，获得更具专业性的学术论文作为参考文献；在思考过程中，两者都明确了各自的分析思路，相较而言秘塔 AI 搜索在高质量的检索结果基础上，更多地考虑了从定义内涵、发展历程、研究主题等方面进行现状梳理，同时基于对理论争议和研究空白的整理提出未来研究方向的论证建议，分析思路更加科学性，结论也更具参考性。

科研场景下使用通用 GenAI 工具能够极大地提高工作效率，但我们必须高度重视使用过程中工具技术特点可能引发的风险和问题，以下是科学合理使用 GenAI 工具的相关建议：

（1）明确使用目标。基于网络开放数据源的通用 GenAI 工具，由于其数据来源广泛，难以确保聚焦专业领域从而获得更为专业的检索结果和推理结论，建议优先选用垂直领域的学术 GenAI 工具，或可限定学术数据源的通用 GenAI 工具。

（2）保证数据全面性。GenAI 工具的生成算法不透明，其检索结果的全面性难以验证，并且模型训练数据也存在一定滞后性，无法保障及时获取最新研究进展，建议将其与传统的专业文献检索工具结合使用。

（3）核实信息准确性。GenAI 工具存在虚构参考文献、错误数据推导等"幻觉"现象，在涉及专业知识、数据和事实性信息时，建议通过权威渠道对 AI 生成的关键内容进行知识溯源及核实验证，例如获取并浏览回答中所标注参考文献的原文。

（4）合理评估生成质量。需从多维度评估 GenAI 生成内容的质量，涵盖逻辑性、连贯性、相关性和创新性等。可对比使用不同的 GenAI 工具，充分发挥各自技术优势。若出现逻辑混乱、前后矛盾、问题不相关等输出问题,可调整提问方式或协同选用其他工具,以获得高质量的结果。

(5)遵循伦理规范与保护隐私。充分了解并掌握 AIGC 在科研场景下的使用规范,科学、透明地使用 AI。同时,关注工具的隐私政策和数据使用条款,避免在 GenAI 工具中输入敏感信息或暂不宜公开的内容。

第 19 章 学术写作应用案例

本章重点

◇ 通过案例了解如何利用 AI 科研辅助工具开展探索性研究,并进行写作准备

◇ 通过案例了解课程论文选题与写作的基本步骤和方法

本章通过两个完整的案例介绍学术写作如何开展,分别呈现探索性研究与写作准备,以及课程论文选题与撰写的基本过程。

19.1 探索性研究与写作准备

19.1.1 案例背景

探索性研究是指对研究题目的范围和概念不甚清晰,对研究对象的内在联系不熟悉,且缺乏前人的研究信息和理论支持,无法直接提出具体假设和研究方向的情况下所进行的一种初步研究方法,其目的是获得对研究问题或现象的初步印象和感性认识,为后续更为周密、深入的研究提供基础和方向。

探索性研究侧重于广泛收集与研究问题相关的各种资料和信息,通过分析和整理初步形成关于研究问题的假设或理论框架。一般可以利用文献数据库的传统检索功能,通过输入相关检索词或编制检索式进行主题检索后浏览相关文献,总结研究现状;而使用 AI 科研辅助工具则可以通过问答互动等方式,逐步实现符合个人需求的文献调研过程。

下面通过一个实际案例来介绍如何利用 AI 科研辅助工具收集和分析文献信息,提高探索性研究的效率,为学术写作做好准备。

19.1.2 案例要求

针对"城市竞争力评价"这一课题,利用 CNKI AI 学术研究助手进行探索性研究,了解该主题研究的具体方法和步骤,初步形成研究框架。

19.1.3 实施过程

1)收集相关文献

选择"专题问答"进入研读模式,并新建"城市竞争力评价"专题,在新建主题页面点击

扫码看视频

"添加文章",选择"主题字段"在线检索城市竞争力评价的相关文献,支持对期刊、学位论文、会议论文、报纸等文献类型进行筛选,或者限定发表时间。本案例中将近五年发表的核心期刊论文添加至本专题以进行后续 AI 辅助阅读和分析(见图 19-1)。

图 19-1 创建专题与添加文献

2）了解研究现状

查阅相关领域的已有文献,了解当前研究现状,对于获得研究问题的初步认识至关重要。如何快速获得当前研究主题的概览,可以尝试提问"城市竞争力评价的研究综述"。根据回答可知,城市竞争力评价主要包括理论基础研究、评价模型研究以及方法论研究,并且 AI 助手还提供了一些文献线索(见图 19-2)。

3）明确研究思路

针对本例进行"城市竞争力评价的一般方法和步骤"的提问,获得该课题的一般研究思路。根据回答可知,开展城市竞争力评价研究,首先需要明确评价的目标和维度,如科技、经济、文化等;其次构建评价指标体系,通过一定方法确定指标权重,以反映指标对城市竞争力的影响程度;再次收集各城市需要分析的数据,利用建立的评价模型对数据进行分析,得到城市竞争力排名;最后对评价结果进行解释,分析各城市优劣势,为制定发展策略提供依据。

在此基础上,还可更进一步追问,"在城市竞争力评价体系中,一般采用哪些评价指标",得到相关研究中使用的基础性指标,如经济规模、经济结构、创新能力、基础设施、开放水平等指标,以及针对不同评价目标的具体指标,为后续研究提供参考借鉴(见图 19-3)。

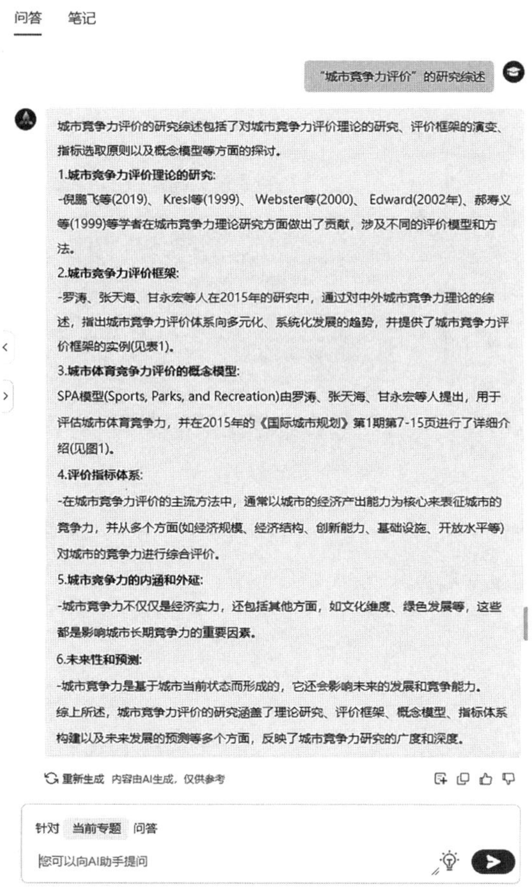

图 19-2　AI 生成研究现状总结

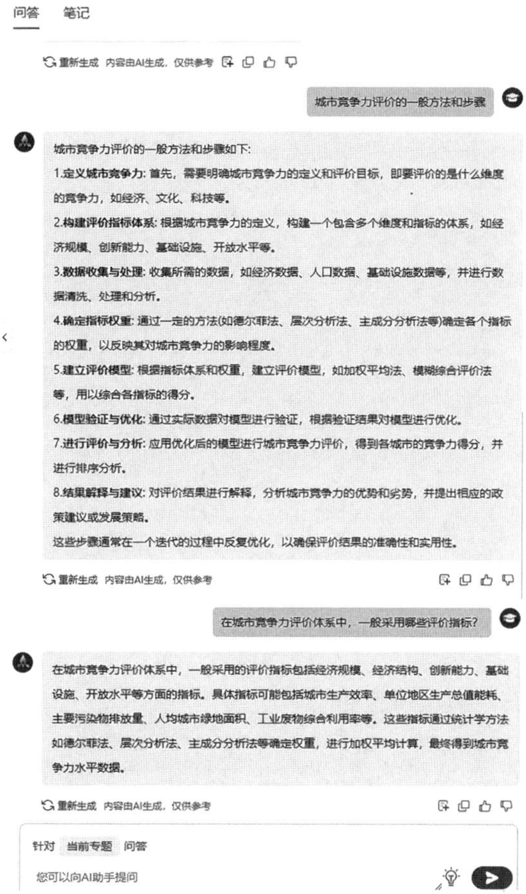

图 19-3　AI 助手专题问答

4）细化研究方法

对于城市竞争力评价而言，指标权重设置的合理性直接影响评价结果的准确性，因此，如何确定指标权重成为该课题研究的重点。根据前述专题问答，在城市竞争力评价研究中，指标赋权的方法主要有德尔菲法、层次分析法、主成分分析法、熵权法、综合模糊评价法等，那么应该选择哪种方法呢？

如图 19-4 所示，借助"趋势"分析，可查看本专题文献所关联的主题词发表年度趋势图。通过统计发现，相关文献较多采用熵权法和主成分分析法确定指标权重，且发文量呈现上升趋势，是当前该领域研究的主流选择。更进一步，可以提问"在城市竞争力评价中，使用熵权法和主成分分析法有什么区别"，了解两种方法的原理及数据处理方式的差异，其中熵权法更注重指标的相对重要性，而主成分分析法则更注重提取主要的指标，后续深入研究中，可以根据具体场景选择合适的方法高效开展研究。

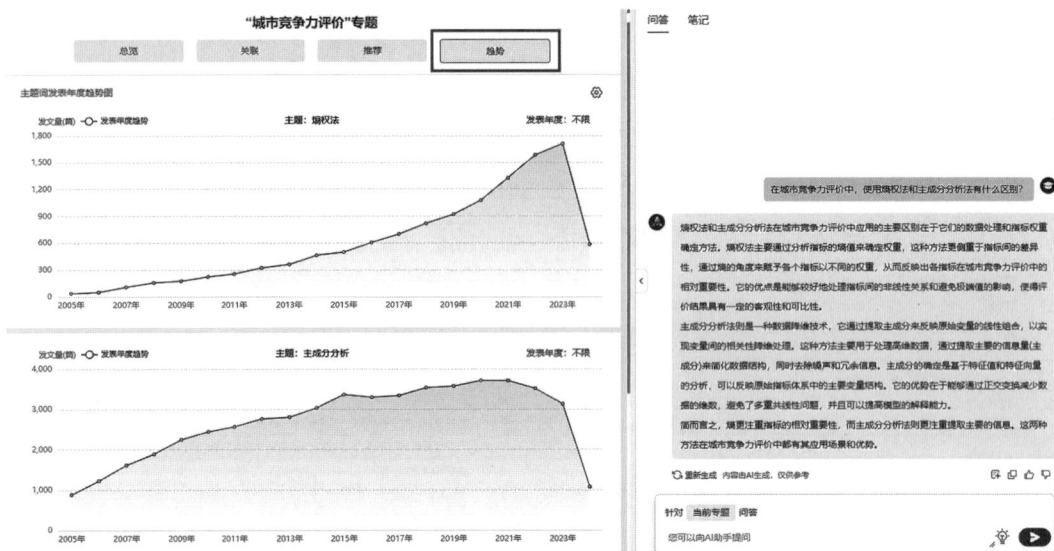

图 19‑4　相关主题发文趋势分析

5）构建研究框架

通过 AI 辅助研读，现在已经对城市竞争力评价这一课题的研究思路和研究方法有了基本认识，接下来，可以选择一个明确的研究目标，对某一具体方向进行深入研究，撰写学术论文。本例计划以城市科技竞争力评价为研究目标，利用熵权法为指标赋权，构建评价模型并进行实证研究。

进入"创作模式"，在提问框中输入"生成'城市科技竞争力评价研究——基于熵权法'的论文写作框架"，AI 助手给出的文章大纲如图 19‑5 所示。该大纲步骤明确，基本可为后续开展研究提供指导。但需要注意，AI 生成的研究框架仅供参考，具体的内容要根据实际研究情况进行填充和修改。例如，该大纲第五章"城市科技竞争力评价模型的建立"中，在第一节直接进行了"评价指标体系的建立"，但评价指标建立的依据并没有在前述部分体现，使得研究的严谨性有所缺失。因此，可以考虑在第五章前加入"城市科技竞争力的影响因素分析"部分，具体可以分析创新能力、基础设施、政策环境、人才结构等影响因素，在此基础上选择相应指标构建评价体系。最后，在撰写论文时，要注意各部分之间的逻辑关系，确保论文的理论性、科学性和实用性。

19.1.4　案例总结

探索性研究的过程强调基于收集到的各种文献、信息等，通过分析、整理初步形成关于研究问题的假设或理论框架。基于专业文献资源的学术 GenAI 工具可以在文献研读、总结提炼、论文写作等环节提供帮助，有利于提升科研效率，但 AI 生成的内容不应全盘接

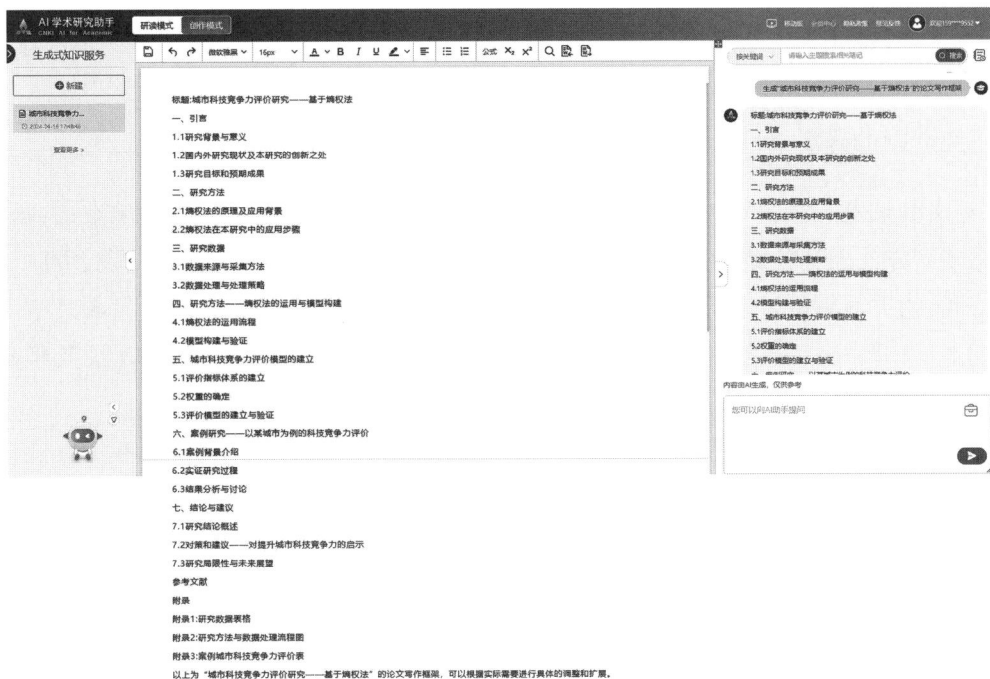

图 19‑5　AI 生成文章大纲

受,还需要加入自己的思考和验证。

19.2　课程论文选题与撰写

19.2.1　案例背景

1）背景分析

　　学校部分专业课程以论文作为考核方式,课程论文的内容要紧扣课程知识点,题目自拟或由老师指定,可以是综述论文或围绕某一具体问题的研究方案。在 AI 技术广泛应用的背景下,学术论文写作如何借助 AI 科研辅助工具提升效率? 本节将通过实际案例进行介绍。

2）案例要求

　　结合数字信号处理课程中的知识点,自拟题目撰写一篇课程论文,要求主题明确,逻辑清楚,参考文献标注规范,合理使用 AI 科研辅助工具。

19.2.2　实施过程

1）研究选题的确定

论文的选题直接决定论文的学术价值与实践效用,好的选题能聚焦领域空白或研究热点,使研究成果具备理论突破或现实指导意义。选题的过程是确定研究范围、方向以及核心问题的关键决策过程,因此选题要明确研究的边界,注意避免范围过大或过窄。例如,要撰写一篇"睡眠分期"主题的课程论文,应该首先了解该主题的相关背景及研究现状,结合课程的知识点,从现有的研究方向中寻找并明确可行的选题。

这里我们以秘塔 AI 搜索为例介绍利用 GenAI 工具实现选题的基本过程。

（1）工具。

秘塔 AI 搜索,选择"长思考.R1"模型,在"学术"所有文献范围内检索,选择研究模式的"先想后搜"功能。

（2）提问。

结合大学课程《数字信号处理》的知识点,确定"睡眠分期"相关的课程论文选题,请从专业角度出发,梳理"睡眠分期"相关的研究现状及主要研究方向,在此基础上推荐五个具体可行的论文选题,并提供相关论证和建议(见图 19－6)。

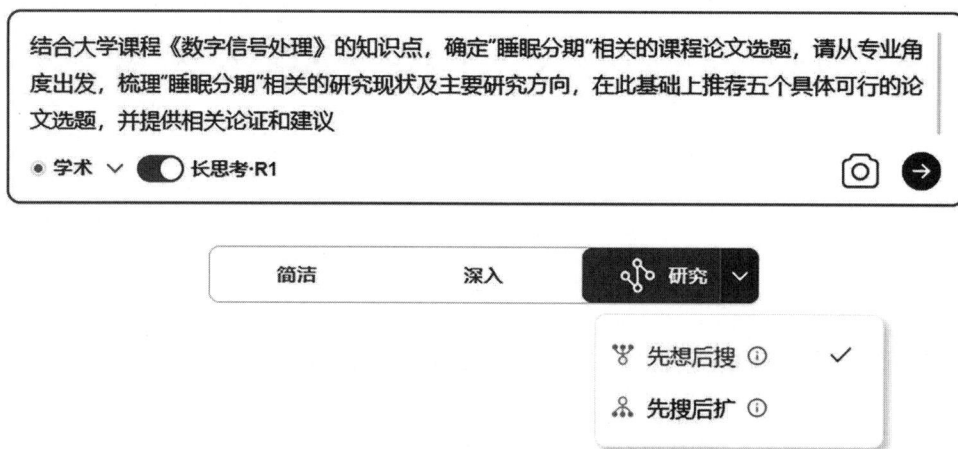

结合大学课程《数字信号处理》的知识点，确定"睡眠分期"相关的课程论文选题，请从专业角度出发，梳理"睡眠分期"相关的研究现状及主要研究方向，在此基础上推荐五个具体可行的论文选题，并提供相关论证和建议

● 学术 ∨　　长思考·R1

简洁　　　　深入　　　　研究 ∨

先想后搜 ⓘ　　✓

先搜后扩 ⓘ

图 19－6　秘塔 AI 搜索主界面

（3）检索结果与思考过程。

秘塔 AI 首先将选题任务进行步骤拆解,分别搜索睡眠分期的基本概念和技术方法、当前睡眠分期的研究现状、数字信号处理(DSP)在睡眠分期中的应用案例,然后分析主要研究方向,结合 DSP 知识点提出选题,最后综合所有信息进行选题推荐与建议。共检索

到相关学术文献 96 篇，梳理现有研究方向包括：特征提取与降噪、多模态信号融合、深度学习传统方法对比、轻量化与实时处理、数据不平衡与模型鲁棒性。

［提示］如图 19-7 所示，秘塔 AI"先想后搜"功能会针对检索任务拆解的每一个分主题进行相关文献检索，并提供标注参考文献的归纳总结，便于进行研究现状的梳理。

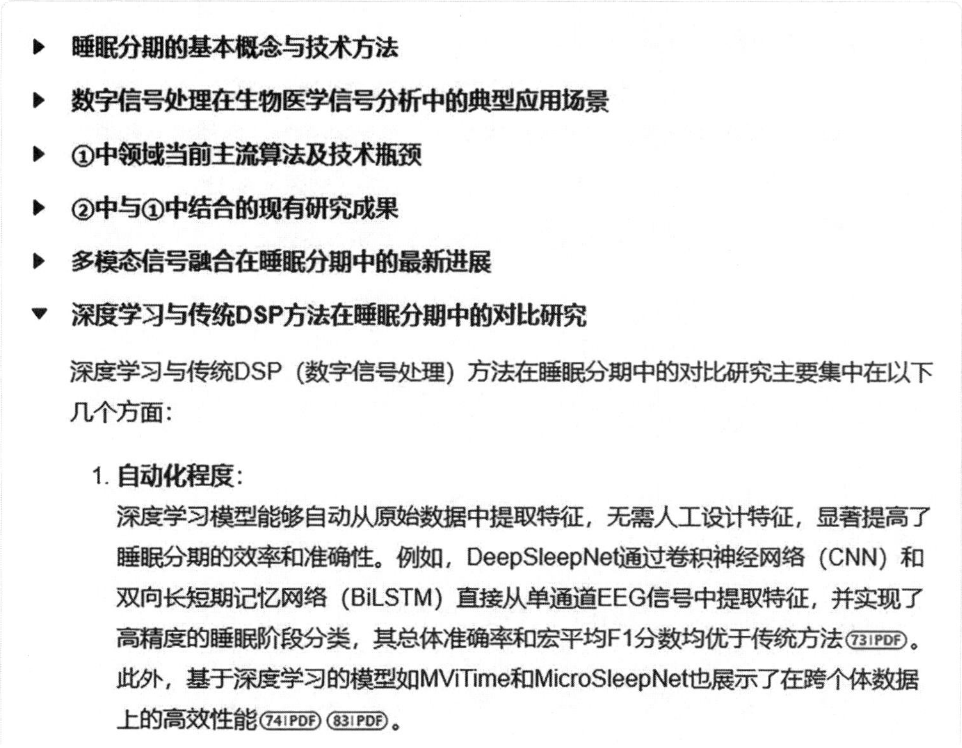

▶ **睡眠分期的基本概念与技术方法**

▶ **数字信号处理在生物医学信号分析中的典型应用场景**

▶ **①中领域当前主流算法及技术瓶颈**

▶ **②中与①中结合的现有研究成果**

▶ **多模态信号融合在睡眠分期中的最新进展**

▼ **深度学习与传统DSP方法在睡眠分期中的对比研究**

深度学习与传统DSP（数字信号处理）方法在睡眠分期中的对比研究主要集中在以下几个方面：

1. **自动化程度：**

深度学习模型能够自动从原始数据中提取特征，无需人工设计特征，显著提高了睡眠分期的效率和准确性。例如，DeepSleepNet通过卷积神经网络（CNN）和双向长短期记忆网络（BiLSTM）直接从单通道EEG信号中提取特征，并实现了高精度的睡眠阶段分类，其总体准确率和宏平均F1分数均优于传统方法 [7|PDF]。此外，基于深度学习的模型如MViTime和MicroSleepNet也展示了在跨个体数据上的高效性能 [74|PDF] [83|PDF]。

图 19-7　秘塔 AI 搜索的"先想后搜"检索结果

（4）最终回答。

分为研究现状梳理、主要研究方向以及推荐论文选题与论证三部分，其中：研究现状梳理部分，指出睡眠分期的概念内涵，认为 DSP 技术应用主要体现在信号预处理与特征工程、分类算法演进、多模态融合与轻量化、数据挑战与解决方案等方面；主要研究方向包括了时频分析与非线性动力学结合、深度学习与传统 DSP 方法对比、多模态信号时空融合机制、边缘计算场景优化、无监督/半监督学习等；秘塔 AI 给出的 5 个推荐选题如下：①基于多尺度显著特征融合的睡眠分期模型研究；②Hilbert-Huang 变换与深度学习的混合架构研究；③面向单通道 EEG 的轻量化睡眠分期网络优化策略；④基于对比学习的跨个体睡眠分期模型鲁棒性研究；⑤多模态信号时空特征融合与注意力机制优化。

图 19-8 为秘塔 AI 搜索的选题论证内容。根据 AI 生成的推荐选题方向及论证建议，结合个人的兴趣方向，综合考虑确定论文选题。

选题1：基于多尺度显著特征融合的睡眠分期模型研究

- **研究价值**：传统小波变换仅覆盖固定频带，而睡眠阶段转换涉及多时间尺度生理变化（如REM期高频EEG与肌电抑制）。

- **技术路线**：
    - i. 采用U²-Net结构[20]提取EEG的多尺度时频特征（δ/θ波用宽卷积核，α/spindle波用窄核）。
    - ii. 引入残差收缩模块[20]抑制噪声，通过注意力机制加权融合特征。
    - iii. 在Sleep-EDF数据集验证，对比单尺度方法（如[9]的HHT）的分类性能提升。

- **创新点**：首次将计算机视觉中的显著目标检测架构迁移至睡眠分期任务。

图 19‒8　秘塔 AI 搜索的选题推荐论证内容示例

[提示] 使用 GenAI 工具进行选题推荐仅供参考，在使用相关 AI 生成内容的时候，应注意加强对生成内容及其引用参考文献的真实性考证，同时可以考虑基于 AI 推荐选题进一步使用专业文献数据库扩展检索，验证选题方向的研究价值并对选题进行优化。

2）研究现状的调研

最终选题确定后进入文献调研阶段。在这一阶段，可以先使用 GenAI 工具对最终选题的研究背景、主要理论与方法以及当前的研究趋势与挑战等研究现状进行概述，参考 AI 深度思考过程中拆解形成的多个分检索主题及其检索结果形成对该选题的基本认识。在此基础上再利用专业文献数据库进行扩展检索，最后综合 AI 生成内容以及扩展检索结果形成文献综述，以保证对该课题研究现状的全面了解。下面以"基于深度学习的脑电信号睡眠分期方法研究"选题为例，介绍文献调研的基本过程。

首先，继续选用秘塔 AI 搜索进行提问"对基于深度学习的脑电信号睡眠分期方法的研究现状进行综述"，获得相关检索结果 242 篇（见图 19‒9），覆盖了脑电信号睡眠分期的基本概念和传统方法、深度学习在脑电信号处理中的应用现状、领域常用公开数据集、用于睡眠分期的深度学习模型架构等检索方向。

在此基础上，可以进一步追问"请提供上述综述过程的检索策略"，获得工具所检索的核心数据库、关键词设计以及筛选标准等，作为扩展文献检索的参考。在本案例中，建议选择中外文相关文献数据库进行全面检索，如：中国知网 CNKI、Web of Science、Scopus 等通用检索工具，以及领域相关的 Medline、IEEE Electronic Library 等专业检索工具。

为了更有效地了解研究现状文献研读的过程必不可少，推荐从阅读综述文献开始。"综述"是作者针对某一专题，就某一时间内，对大量原始研究论文中的数据、资料和主要观点进行归纳整理、分析提炼而写成的论文。综述文献大多是公开发表的期刊或会议论文,在文献数据库中可以直接在检索结果中进行文献类型筛选(见图 19–10)。另外,除了独立的综述文献,学位论文的绪论和相关章节也会包括具有参考价值的研究进展或学术史梳理,因此也可以作为重点阅读的目标,比如可以通过文献数据库的精炼检索功能,找到近两年的学位论文作为优先关注的参考文献(见图 19–11)。

≡ 研究模式   ⌘ 242

步骤拆解 ⌄

▸ 脑电信号睡眠分期的基本概念和传统方法

▸ 深度学习在脑电信号处理中的应用现状

▸ ①中领域常用公开数据集列表

▸ ②中用于睡眠分期的主要深度学习模型架构

▸ ④中各模型在③中数据集上的性能对比

▸ 当前研究存在的主要技术挑战

▸ 未来研究方向及跨学科融合趋势

图 19–9 秘塔 AI 研究现状综述检索步骤拆解

图 19–10 WOS 数据库精炼检索综述论文

图 19－11　中国知网 CNKI 数据库精炼检索近两年学位论文

［提示］鉴于现有 GenAI 工具生成质量受限于数据源的范围和时效,因此论文选题及文献调研过程仍建议在 AI 生成初步研究现状概述的基础上,进一步使用专业文献数据库进行全面检索;采用 GenAI 工具所提供的参考文献,则需浏览阅读原文以确认其真实性和准确性,尤其在关键文献的检索、筛选与分析等方面仍建议借助专业文献数据库的相关功能。

3）学术论文的撰写

经过初步的文献调研与阅读整理之后,我们可以根据研究思路形成论文提纲,然后按照框架开始论文的撰写。在撰写过程中,GenAI 工具仍然能在很多环节起到很好的辅助作用,简单列举几种常见的应用场景:

（1）概念解答:可以借助 AIGC 解答写作过程中遇到的基础概念问题,但要注意对生成内容的真实性进行考证。提问示例如下:

"请介绍自动睡眠分期模型 DeepSleepNet,从模型架构、技术特点、性能表现及改进方向等方面展开"

（2）资料收集:可以借助 AIGC 补充写作所需的相关资料,直接参考由工具提供的最新参考文献,或者通过工具提供的数据库选择、关键词组合等检索策略自行开展文献检索。提问示例如下:

"请补充脑电信号特征融合相关主题文献,提供检索策略以及近两年发表的代表性成果"

（3）数据处理:针对实验或其他方式获得的研究数据,可以借助 AIGC 选择适合的预处理和分析方法,或进行简单的统计分析和结果描述,但不能直接采用 AI 生成的分析结论取代研究人员对数据现象的解释,同时应注意甄别生成结果的正确性,必要时可结合其他可靠工具进行判断。提问示例如下:

"请根据所提供的 Sleep－EDF 数据,对睡眠类别分布进行描述性统计,具体要求如下

（略）"

（4）图表制作：根据研究数据特点和统计类图表的作图目的，可以借助 AIGC 生成可视化图表，但实验生成类图像必须基于真实开展的实验研究获得，禁止通过 AI 直接生成。提问示例如下：

"请根据所提供的 DOD－H 数据，选择合适的可视化形式制作睡眠类别分布图，具体要求如下（略）"

值得注意的是，写作全过程都应恪守基本学术规范，正如《学术出版中 AIGC 使用边界指南 2.0》中所指出的："在论文撰写过程中，AIGC 可用于提高文本可读性、启发内容逻辑性、提供句式等，也可用于在研究过程中总结其他学术出版物或生成文献综述部分，以供研究人员参考撰写，但不应该用来产生研究假设、直接撰写整篇论文文本或解释数据、得出科学结论等"，"所有属于科学或智力贡献范围的任务都应该由研究人员自己来完成，特别是论文重要部分的撰写。"随着技术的深入发展以及相关规范的逐步完善，人与工具在学术创作过程中的协同边界必将越来越清晰。

4）投稿准备

如果准备进行期刊投稿，需要按照目标期刊的投稿要求进行论文格式的规范化，写作内容格式可同时参考学术论文编写规则（GB/T 7713.2－2022），参考文献则需要按照期刊要求或参考文献格式著录标准（GB/T 7714－2015）进行恰当引用标注。

特别注意：如果在写作过程中使用了 GenAI 相关工具，必须在方法或致谢部分对 AIGC 使用情况进行充分、正确的披露和声明。

> 声明：在本作品的准备过程中，作者使用了【AIGC 具体工具/服务名称】来【使用目的，如文献调研/数据分析/图表制作等】。使用此工具/服务的日期和时间为【具体日期和时间】，并通过【提示和问题】生成了相关文本。使用此工具/服务后，作者根据需要对内容进行了审查和编辑，并对出版物的内容承担全部责任。
> ——本模版由《学术出版中 AIGC 使用边界指南 2.0》提供

19.2.3　案例总结

本案例以课程论文选题与写作过程为应用场景，对各阶段 AI 科研辅助工具的运用给出了实例参考，通过该案例能够切实体会到 AIGC 技术应用正在改变传统的学术创作习惯，这种人机协同的创作模式极大地提升了学术写作效率。但同时值得我们警惕的是，无论是在论文选题、文献调研还是论文撰写的各个阶段，都要时刻谨记在学术规范的框架下合理使用工具。

附录 1 文献检索报告范例：光催化海水制氢

1. 检索选题

随着人类社会对可持续清洁能源的需求日益增加，多相光催化分解水产氢体系受到了越来越多的关注。该催化体系可以将太阳能转化为氢燃料，在能源、环境、催化等多个领域具有重要价值。然而，目前对该体系的报道中，还存在能量转化效率过低，与实际生产应用的要求存在较大差距等问题。此外，该技术对纯净水的大量需求也可能进一步加剧淡水资源的紧张状况。因此，开发新的催化体系，并充分利用地球广泛存在的海水资源，成为该领域科研工作者面临的新挑战。

2. 检索的数据库及检索策略

1）中国知网

检索策略：专业检索，TKA＝（（光催化）＊（海水＋浓盐水）＊（制氢＋产氢＋析氢））

检索结果数量：104

相关文献数量：92

备注：该数据库 TKA 字段表示在标题、摘要、关键词中同时检索；

检索时可勾选同义词扩展或中英文扩展，此检索结果为勾选同义词扩展选项所得。

2）万方数据库

检索策略：专业检索，主题：（光催化 and（海水 or 浓盐水）and（制氢 or 产氢 or 析氢））

检索结果数量：59

相关文献数量：40

备注：勾选主题词扩展，文献类型选择全选，发表时间限制为 2023 年至今。

3）中国国家知识产权局

检索策略：命令行检索，关键词＝（光催化）and（海水 or 浓盐水）and（制氢 or 产氢 or 析氢））

检索结果数量：73

相关文献数量：61

备注：该数据库关键词字段表示在标题、摘要、权利要求中同时检索。

4）SCIE/SSCI

检索策略：基本检索，仅选择核心合集－SCIE，主题字段输入（photocataly＊）and（seawater or "concentrated brine"）and（hydrogen product＊））

检索结果数量：112

相关文献数量：80

5）欧洲专利局数据库

检索策略：（ctxt ＝ "photocataly＊"）AND（ctxt ＝ "seawater" OR ctxt ＝ "concentrated brine"）AND（ctxt ＝ "hydrogen product＊"）

检索结果数量：57

相关文献数量：46

备注：该数据库 ctxt 字段表示在标题、摘要或权利要求中同时检索。

3. 中国知网中被引次数 TOP 5 的重要参考文献

［1］彭绍琴，刘晓燕，丁敏，等. 复合光催化剂 CdS-Pt/TiO$_2$ 制备及可见光光解海水制氢性能［J］. 分子催化，2013，27（05）：459－466.

摘要：水热法制备了单斜 CdS 与 Pt/TiO$_2$ 复合的光催化剂。通过 X 射线衍射、紫外－可见漫反射光谱、荧光光谱、扫描电子显微镜和 BET 方法对催化剂进行了表征。以可见光光解纯水和海水制氢为探针反应，考察了 CdS－Pt/TiO$_2$ 光催化剂的活性。结果表明：海水中无机盐的存在有利于电子给体捕获光生空穴，提高了电子和空穴的分离效果；海水中单斜 CdS 可转化为立方和六方混合晶相. 最佳条件下，催化剂光解海水制氢活性比纯水提高了 33％，而且有较高的稳定性。

一句话提炼：该文以可见光光解纯水和海水制氢为探针反应，考察了 CdS-Pt/TiO$_2$ 光催化剂的活性。

［2］万晶晶，张军，王友转，等. 海水制氢技术发展现状与展望［J］. 世界科技研究与发展，2022，44(02)：172－184.

摘要：目前工业化制氢原料基本来自化石能源，碳达峰背景下，未来氢能利用需要寻求更为绿色便捷的来源和制取方式。以丰富的海水资源制备氢气，理论上极富前景。本文结合近年来国内外海水制氢的研发现状，分别总结了海水直接电解制氢和光解制氢的总体进展，并介绍了国内外海水淡化制氢的产业化开发情况，最后展望了海水制氢的未来发展前景。研究发现，海水直接制氢技术尚停留在技术研发与验证阶段，依然面临着很大挑战；海水间接制氢则仍需通过示范解决复杂生产流程中存在的问题。其未来发展取决于氢能发展对氢产量的需求、电力来源的成本和可行性以及技术可行性三个因素。未来氢能源如能实现广泛应用并带来氢需求规模的高度膨胀，且可再生能源并网供电及电力成本降低，海水制氢有可能迎来发展机遇。

一句话提炼：该文对国内外海水制氢的研发现状、产业化开发情况等进行了综述，并对海水制氢的未来发展前景进行了展望。

[3] 高丹，李志龙，彭绍琴，等. 乙二醇作电子给体的 Pt/TiO_2 光催化海水制氢反应 [J]. 南昌大学学报（理科版），2010，34（01）：82-84+93.

摘要：研究了以乙二醇为电子给体在 Pt/TiO_2 上光催化分解海水制氢的反应。研究了反应时间、乙二醇起始浓度、溶液 pH 值、乙二醇中共存物甘油和葡萄糖对光催化放氢的影响。结果表明乙二醇能显著地提高光催化分解海水制氢效率，并且其自身的降解活性也很好。

一句话提炼：该文研究了以乙二醇为电子给体在 Pt/TiO_2 上光催化分解海水制氢的反应，结果表明乙二醇能显著地提高光催化分解海水制氢效率，并且具有良好的自降解活性。

[4] 马荣，孙杰，李东辉，等. 基于 $Cu/TiO_2/C$-Wood 复合材料的聚光太阳能驱动自漂浮高效海水汽化催化分解制氢体系 [J]. 化工学报，2022，73（04）：1695-1703.

摘要：利用储量丰富且易获得的太阳能和海水资源为人类提供可持续的清洁能源是一项具有深远影响的探索。在本工作中，设计合成了一种自漂浮复合材料（$Cu/TiO_2/C$-Wood），该材料具有高效的毛细输液、全光谱太阳能光热转化及光-热协同催化能力，可通过快速的界面相转移过程实现太阳能驱动海水汽化与水蒸气催化分解制氢的一步协同增效反应。其中，具有大量微通道和极轻质量的碳化木（C-Wood）作为漂浮载体，通过毛细作用将液态水快速输送至局部升温的 C-Wood 表面，借助高效光热转化过程使海水汽化脱盐，同时负载等离子金属 Cu 的 TiO_2 纳米粒子作为催化活性组分触发水蒸气光-热协同催化分解制氢反应，从而实现太阳能驱动高效海水汽化催化分解制氢。实验结果表明：该复合材料在 $15\ kW \cdot m^{-2}$ 的光照条件下，产氢速率达到 $179\mu mol \cdot h^{-1} \cdot cm^{-2}$（$35.8\ mmol \cdot h^{-1} \cdot g^{-1}$），且在循环利用 5 次后产氢速率仍基本保持不变。更重要的是，通过聚光太阳能和自漂浮毛细输液条件的共同作用，可以获得海水中主要成分氯化钠对产氢性能的显著促进，从而打破了海水制氢技术一直以来面临的氯离子副作用瓶颈问题，证实了聚光太阳能驱动自漂浮高效光热协同催化体系在规模化、绿色、可持续太阳能海水制氢中的应用潜力。

一句话提炼：开发了一种自漂浮的 $Cu/TiO_2/C$-Wood 复合材料，通过光热协同催化实现了高效太阳能驱动的海水汽化及制氢，在实验中表现出优异的产氢速率和循环稳定性，展示了聚光太阳能驱动自漂浮体系在规模化绿色制氢中的应用潜力。

［5］魏小亮. g-C₃N₄修饰半导体纳米阵列的制备及其制氢性能研究［D］. 导师：李远刚；周安宁. 西安科技大学，2016.

摘要：近年来，利用太阳能光电化学分解水制氢，被认为是制取氢能最具有发展前景的技术之一。设计和合成高光电化学性能，稳定性良好的半导体光电极是太阳能光电化学分解水制氢的关键。本文合成出 CdS 和 WO₃两种半导体纳米阵列，并且采用类石墨相氮化碳（g-C₃N₄）对两种半导体纳米阵列进行修饰。通过对半导体形貌、结构的调控及修饰改性，研发出具有优异光电化学分解水制氢性能的半导体光阳极。该研究为设计和开发高光电化学性能，稳定性良好的半导体光阳极提供了借鉴，同时为实现高效的太阳能光电化学分解水（海水）制氢应用奠定了基础。主要创新性研究结果如下：（1）利用水热法结合热缩聚过程制备出 CdS@ g-C₃N₄核壳型纳米棒阵列（CdS@g-C₃N₄ CSNRs）。（2）采用 XRD、XPS、FTIR、FESEM、EDS、TEM、UV-Vis DRS、IPCE 和光电化学测试对半导体纳米棒阵列进行了系统的表征和研究。

一句话提炼：通过制备并修饰 CdS 和 WO_3 半导体纳米阵列，研发出高性能的光电化学水分解制氢光阳极。

4. 中国知网中最新发表的 TOP 5 参考文献

［1］巩耀泽. 非金属掺杂/修饰石墨相氮化碳光催化剂的制备及其天然海水产氢性能研究［D］. 导师：陶霞；刘丙学. 北京化工大学，2024.

摘要：氢能作为一种绿色可再生能源，可用于替代传统化石燃料以有效解决严重的环境污染以及能源短缺问题；同时，太阳能和天然海水作为地球上最丰富的两种自然资源，光催化技术可以利用太阳能将天然海水中的 H^+ 以化学能的形式储存在 H_2 中，这对于工业催化更具有实际意义。因此，设计并开发出在天然海水中具有高效稳定产氢能力的光催化剂便成为了当前研究的重点。石墨相氮化碳（g-C₃N₄，CN）作为一种二维无金属聚合物，因其在天然海水中具有优异的抗腐蚀性，加上其合适的能带结构，简便的合成方法以及低毒性，被视为一种极具应用潜力的光催化剂候选材料，但其商用应用受限于比表面积小，可见光利用率低以及载流子复合严重等缺陷。除此之外，天然海水中各种微生物、杂质以及离子共存的复杂环境也对光催化剂的活性以及稳定性提出了重大挑战。针对以上问题，本文通过对不同的富氮前驱体进行热处理并加以改性制备出了两种在天然海水中具有优异产氢性能的 g-C₃N₄基光催化剂。这项工作为制备出在天然海水中扩展合成后依旧具有高效催化性能的光催化剂提供了新的指导。

一句话提炼：通过热处理和改性不同的富氮前驱体制备了两种在天然海水中具有优异产氢性能的 g-C₃N₄ 基光催化剂，为开发高效稳定的海水制氢催化剂提供了新思路。

［2］吴林泽. TiO₂一维纳米结构表面改性及光电化学海水氧化的性能研究［D］. 导

师:张倬.曲阜师范大学,2024.

摘要:氢能以其高热值、零碳排放和无毒害的特性,被视为理想的可再生能源。在众多工业制氢技术中,光电化学(PEC)水分解制氢技术能够高效地将太阳能转化为氢能。目前淡水资源短缺,海水是地球上最丰富的水资源,因而光电催化分解海水制氢具有巨大潜力。然而,该技术的发展受限于光电极材料的光电化学性能,尤其是催化剂在海水中的催化活性和稳定性。因此,亟需开发一种高效稳定的光电极材料。二氧化钛(TiO_2)是一种常见的 n 型半导体,具有无毒无害、易于制备、稳定性良好等特点,可用作光阳极参与光电化学海水分解。然而,它的光吸收能力主要局限于紫外光区域,限制了太阳能的利用效率。因此,本文以 TiO_2 一维纳米结构作为研究对象,通过元素掺杂以及构建纳米复合阵列的方式来改善光电化学海水氧化性能。

一句话提炼:通过元素掺杂和构建纳米复合阵列改进 TiO_2 一维纳米结构,以提升其光电化学海水氧化性能,从而提高太阳能制氢效率。

[3] 吕成华. TiO_2 异质纳米结构及其在光电化学分解海水中的应用[D]. 导师:张倬.曲阜师范大学,2024.

摘要:氢气作为一种绿色的高能载体,被广泛认为是一种极具前途的传统化石燃料的替代品。考虑到全球淡水资源亟需保护,通过光电化学(PEC, photoelectrochemical)分解海水制氢将可再生清洁太阳能转换为便于储运的气态氢能被认为是应对化石燃料耗竭和环境污染重大危机的可行并可持续的最佳策略,因而在科技领域受到了人们的广泛关注。尽管海水分解制氢应用前景广阔,但由于海水环境复杂,反应过程中会在电极表面生成不溶性沉淀,堵塞和毒害电极,同时因为 Cl 的存在还会造成电极的腐蚀,加速电极老化,所以海水分解制氢的工业化应用仍是一项艰巨的挑战。因此设计高效、稳定、持续的海水基催化剂成为了当下研究的热点。二氧化钛(TiO_2)作为一种传统的光催化剂,具有合适的水分解能带结构和良好的化学稳定性,已成为光电催化的热点材料。然而,由于其较低的可见光响应和较快的载流子复合速率,这极大地限制了 TiO_2 在 PEC 分解水制氢中的应用。为了提高 TiO_2 PEC 分解水制氢性能,本文首先通过水热法在 FTO 基板上制备 TiO_2 纳米柱(NRs)阵列结构,之后又利用窄带隙半导体对其进行修饰,构建二元、三元异质结构,以提高 TiO_2 NRs 的可见光利用率,促进光生电荷载流子的分离,进而提升其 PEC 分解海水制氢性能。

一句话提炼:通过水热法制备 TiO_2 纳米柱阵列并用窄带隙半导体修饰,构建异质结构以提升其可见光利用率和光生载流子分离效率,从而增强 TiO_2 在光电化学分解海水中制氢的性能。

[4] 何亚倩. TiO_2 光催化海水制氢的关键影响因素及性能提升的研究[D]. 导师:孙

再成. 北京工业大学，2023.

摘要：利用太阳能驱动的光催化水分解生产清洁能源氢气已被公认为是解决当前能源危机的一种潜在的策略。虽然地球表面 70% 以上的面积被水覆盖，但仍然面临淡水资源短缺的现状。而海水是地球上最丰富的资源，占世界水资源总量的 96.5%。直接利用天然海水光催化产氢是一种低成本绿色能源方式，对光催化海水裂解制氢的研究是非常必要和迫切的。然而，在大多数情况下，同样的光催化剂在海水中产生 H_2 的速率比在纯水中的产氢速率要低。通常认为是海水中含有较高浓度的无机盐导致产氢速率降低，然而高盐度（3.5 wt%NaCl）水溶液中光催化产氢的速率却高于真实海水。因此，海水产氢速率低的原因值得进一步探究。二氧化钛（TiO_2，Titanium dioxide）作为一种常见的半导体光催化剂，由于其具有稳定性好、成本低、无毒等优点被认为是极具潜力的光催化制氢催化剂。因此，本论文选择典型的 TiO_2 光催化剂为研究对象，以探究影响海水制氢速率的关键因素为研究目标，研究并揭示了海水制氢影响因素和影响机理，并提出了一个简单可行的 pH 调控方案，使海水产氢的速率保持在可以与淡水产氢相当的水平（为纯水产氢的 85%），低成本且有效地解决光催化海水制氢速率低这一科学问题。为光催化海水制氢所面临的一些问题提供了宝贵经验借鉴。

一句话提炼：通过研究典型 TiO_2 光催化剂在海水中的制氢效率，揭示了影响海水制氢速率的关键因素，并提出通过 pH 调控提高制氢效率的方法，使得海水制氢速率接近淡水水平。

[5] 钟鸣. 中国绿色制氢关键技术发展现状及展望 [J]. 现代化工，2023，43（04）：13 - 17.

摘要：介绍了传统制氢技术的体系概况，着重综述了当前主流的绿色制氢关键技术，并在此基础上，对比不同先进制氢技术的优势和不足，深入分析了其在制氢装备、技术、经济及标准体系等方面存在的瓶颈和壁垒，同时指出推动制氢产业有序发展的相应对策，最后指明了我国绿色制氢技术的发展前景。

一句话提炼：综述了传统与绿色制氢技术，对比了各种技术的优劣，分析了制氢产业面临的瓶颈，并提出了推动产业发展的对策及展望了绿色制氢技术的未来发展方向。

5. SCIE/SSCI 中被引次数 TOP 5 的重要参考文献

[1] Hsu SH，Miao JW，Zhang LP，et al. An Earth-Abundant Catalyst-Based Seawater Photoelectrolysis System with 17.9% Solar-to-Hydrogen Efficiency [J]. Advanced Materials，2018，30(18)：文献号：1707261

摘要：The implementation of water splitting systems，powered by sustainable energy resources，appears to be an attractive strategy for producing high-purity H-2 in the absence of the release of carbon dioxide （CO_2）. However，the high cost，impractical operating conditions，and unsatisfactory efficiency and stability of conventional methods restrain their large-scale development. Seawater covers 70% of the Earth's surface and is one of the most abundant natural resources on the planet. New research is looking into the possibility of using seawater to produce hydrogen through electrolysis and will provide remarkable insight into sustainable H-2 production，if successful. Here，guided by density functional theory （DFT） calculations to predict the selectivity of gas-evolving catalysts，a seawater-splitting device equipped with affordable state-of-the-art electrocatalysts composed of earth-abundant elements（Fe，Co，Ni，and Mo）is demonstrated. This device shows excellent durability and specific selectivity toward the oxygen evolution reaction in seawater with near 100% Faradaic efficiency for the production of H-2 and O-2. Powered by a single commercial III-V triple-junction photovoltaic cell，the integrated system achieves spontaneous and efficient generation of high-purity H-2 and O-2 from seawater at neutral pH with a remarkable 17.9% solar-to-hydrogen efficiency.

一句话提炼：通过密度泛函理论计算设计配备有电催化剂装备的海水裂解装置，实现了在中性 pH 条件下从海水中高效产氢，太阳能到氢气转换效率达 17.9%。

［2］Zhu C，Liu CA，Fu YJ，et al. Construction of CDs/CdS photocatalysts for stable and efficient hydrogen production in water and seawater［J］.Applied Catalysis B-Environmental，2019，242：178－185.

摘要：Photocatalytic hydrogen production on semiconductors has been intensively researched in the past years，yet it still lacks research on efficient and stable photocatalysis in seawater. In this paper，with cadmium sulfide（CdS）as a sample photocatalyst and carbon dots（CDs）as cocatalyst，we fabricated a series of CDs/CdS composites serving as efficient hydrogen production photocatalysts in both water and seawater. In this case，the optimal CDs/CdS-S composites（nanosheet with cocatalyst content of 0.01 g（CDs）/g（catalyst）exhibit prominent H-2 production rate of 4.64 mmol · h^{-1} · g^{-1}（6.70 mmol · h^{-1} · g^{-1}，water）and AQE of 11.8%（19.3%，water）under 420 nm light irradiation in seawater，which are about 265 and 169（78 and 77，water）times of those of the non-modified irregular CdS in seawater，respectively. The excellent activity and stability are attributed to the competency of CDs that not only dramatically improves the charge separation efficiency，but also plays indispensable role in resisting the distraction from various ionic components in seawater. We hope our work can provide a feasible perspective for constructing high-efficient photocatalyst towards practical applications.

一句话提炼：使用碳点修饰的硫化镉复合材料作为光催化剂，在海水中实现了高效的光催化产氢，其性能相较于未改性的硫化镉提升了数百倍。

[3] Ji SM，Jun H，Jang JS，et al. Photocatalytic hydrogen production from natural seawater[J]. Journal of Photochemistry and Photobiology A-Chemistry，2007，189(1)：141 - 144.

摘要：Hydrogen could be produced photocatalytically from natural seawater with simple pre-treatments as demonstrated with $La_2Ti_2O_7$ suspension under ultraviolet light，CdS/TiO_2 suspension under visible light，and Fe_2O_3 film under photoelectrochemical conditions. In all cases，the formation of harmful chlorine gas was not detected. The role of salts in the seawater was elucidated.

一句话提炼：研究了通过不同光催化剂体系从简单预处理的海水中高效制氢（紫外线照射下使用 $La_2Ti_2O_7$ 悬浮液、可见光下使用 CdS/TiO_2 悬浮液以及光电化学条件下使用 Fe_2O_3 薄膜）。

[4] Fukuzumi S，Lee YM，Nam W，et al. Fuel Production from Seawater and Fuel Cells Using Seawater[J]. Chemsuschem，2017，10(22)(SI)：4264 - 4276.

Abstract：Seawater is the most abundant resource on our planet and fuel production from seawater has the notable advantage that it would not compete with growing demands for pure water. This Review focuses on the production of fuels from seawater and their direct use in fuel cells. Electrolysis of seawater under appropriate conditions affords hydrogen and dioxygen with 100% faradaic efficiency without oxidation of chloride. Photo-electrocatalytic production of hydrogen from seawater provides a promising way to produce hydrogen with low cost and high efficiency. Microbial solar cells(MSCs) that use biofilms produced in seawater can generate electricity from sunlight without additional fuel because the products of photosynthesis can be utilized as electrode reactants，whereas the electrode products can be utilized as photosynthetic reactants. Another important source for hydrogen is hydrogen sulfide，which is abundantly found in Black Sea deep water. Hydrogen produced by electrolysis of Black Sea deep water can also be used in hydrogen fuel cells. Production of a fuel and its direct use in a fuel cell has been made possible for the first time by a combination of photocatalytic production of hydrogen peroxide from seawater and dioxygen in the air and its direct use in one-compartment hydrogen peroxide fuel cells to obtain electric power.

一句话提炼：综述了从海水中制取燃料并通过燃料电池直接使用的研究进展，包括电解海水制氢、光电催化制氢、微生物太阳能电池发电以及光催化制过氧化氢的应用。

［5］ Van Tam T，Bhamu KC，Kim MJ，et al. Engineering phosphorous doped graphene quantum dots decorated on graphene hydrogel as effective photocatalyst and high-current density electrocatalyst for seawater splitting［J］. Chemical Engineering Journal，2023，480：文献号：148190

摘　要：Designing metal-free catalyst with outstanding activity for both photocatalytic and electrocatalytic seawater splitting is highly demand and still remained challenge. This work demonstrates the synthesis of P-doped graphene quantum dots（PGQDs）containing different P-configuration bonding of PC_3，PO_4 and PO_3 via synthesis temperature controlled simple hydrothermal process. Specifically，PGQDs having PC_3-bonds（$PGQD_3$）shows effectively tunable electronic structure，significant enhancing visible light absorption，then their hybrid composite with graphene hydrogel（$PGQD_3$/GH）is prepared. The $PGQD_3$/GH composite possesses excellent photocatalytic hydrogen production with yield of 20.47 mmol・g^{-1}・h^{-1} in seawater splitting. Furthermore，the $PGQD_3$/GH composite performs superior electrochemical activities of hydrogen evolution reaction（HER）toward seawater with an overpontetial of 41 mV at 10 mA・cm^{-2} as well as oxygen evolution reaction（OER）with 262 mV at 10 mA・cm^{-2}. In seawater electrolysis cell，the $PGQD_3$/GH composite delivers small overall voltage of 1.62 V to obtain high current density of 500 mA・cm^{-2} with excellent stability for 1000 h continuous operation，outperforming the commercial Pt/C and IrO_2. This work demonstrates the role of PC_3-bond in modulating the band gap and active site for photocatalytic and electrocatalytic seawater splitting reaction that may provide new idea for developing porous non-metal all-carbon catalyst for seawater splitting by both photocatalysis and electrocatalysis.

一句话提炼：通过控制合成温度制备的磷掺杂石墨烯量子点与石墨水凝胶复合材料，在光催化和电催化海水分解中展现出优异的活性和稳定性。

6. SCIE/SSCI 中最新发表的 TOP 5 参考文献

［1］ Ma XY，Qu JY，Zhang L，et al. Direct seawater splitting by photo-piezoelectric coupling based on surface protonated perovskite［J］. International Journal

Of Hydrogen Energy，2024，55：441 - 454.

摘要：Photocatalytic water splitting for hydrogen evolution has become one of the most important and effective ways to produce green and renewable hydrogen energy，the centre of which is the efficient，stable and inexpensive photocatalyst. The part of perovskite oxides have a wide range of properties such as ferroelectricity，piezoelectricity and pyroelectricity，as well as good photoresponsivity and chemical stability，which are promising for catalytic conversion applications. In this study，the Ruddlesden-Popper（RP）phase perovskite La_2NiO_4 is investigated from enhanced charge separation as well as accelerated surface redox reaction rates. In the case of the existence of piezoelectric response of La_2NiO_4，the photo-piezoelectric coupling strategy not only realize the catalytic pure water splitting，but also greatly improve the efficiency. The lattice structure is twisted when the catalyst is subjected to external stress and the electric dipole moment is no longer zero. The resulting piezoelectric potential not only enables the free charge in the bulk phase to migrate directionally，but also inhibits the recombination of photogenerated carriers，which ultimately achieves highly efficient photo-piezoelectric coupling for water splitting for hydrogen production. In addition，the protonation of the catalyst surface is used to further enhance the interfacial reaction of the catalysts，which improves the solution-catalysts contact efficiency and generates vacancy defects to strengthen the spontaneous polarization of the lattices，contributing to the enhancement of the redox reaction rate. This optimization strategy of surface protonation treatment combined with photo-piezoelectric coupling is not only applicable to nanocatalyst powders but also has a significant enhancement effect in perovskite ceramic membranes. When La_2NiO_4 powders are sintered into the porous ceramic membrane and the surface is protonated with 0.006 mol L^{-1} hydrochloric acid，the hydrogen production rate of seawater splitting under the photo-piezoelectric coupling condition can reach 7750.41 mu mol m-2 h^{-1}. This study contributes to further understanding of photo-piezoelectric coupling catalysis，leading to a new solutions for expanding the application of coupled multifield water splitting for hydrogen evolution.

一句话提炼：通过表面质子化处理与光—压电耦合策略优化的 La_2NiO_4 钙钛矿催化剂显著提升了海水分解制氢的效率。

［2］Pelayo D，Pérez-Peña E，Rivero MJ，et al. Shedding light on the photocatalytic hydrogen generation from seawater using CdS［J］. Catalysis Today，

2024，433：文献号：114672.

摘要：The current energy crisis，in addition to the severe drought our planet is suffering，had led to the search for new alternatives to obtain green and sustainable fuel sources. Green hydrogen as an energy vector is one of the most promising possibilities. In this context，emerging technologies，such as photocatalysis，that can be driven by solar light，become especially challenging when using natural seawater （NSW）directly，avoiding previous purification steps. The exploitation of this endless resource is key to tackle the climate and energy emergency，although it faces questions derived from the presence of dissolved salts at significant concentrations. So far，some reports attribute to the latter the catalyst deactivation and loss of performance，whereas other authors have compared the results obtained with NSW and synthetic seawater and have reported higher rates of hydrogen generation with NSW. To solve this controversy，further research is needed to assess both the viability of the photocatalytic hydrogen generation from NSW and the conditions for the optimum process performance. Within this context，this study has evaluated two easy to purchase photocatalysts，TiO_2 as benchmark，and CdS，in a concentration range from 50 to 150 mg L^{-1}. Different sacrificial agents are used depending on the catalyst，20% CH_3OH for TiO_2 and $0-0.1$ mol L^{-1} Na_2S/Na_2SO_3 range for CdS. The experiments performed in batch mode gave promising results and shed new light on the positive influence of the buffer capacity of NSW，providing information about the mechanisms that take place during the process. Furthermore，this study fosters the advancement of hydrogen production technologies based on abundant and inexpensive raw materials.

一句话提炼：研究评估了两种廉价易得的 TiO_2 和 CdS 作为光催化剂在天然海水中的应用，揭示了海水缓冲能力对提升氢气生成率的积极作用，希望能推进利用廉价材料制氢的技术进步。

[3] Dang VH，Nguyen TA，Le MV，et al. Photocatalytic hydrogen production from seawater splitting：Current status，challenges，strategies and prospective applications[J]. Chemical Engineering Journal，2024，484：文献号：149213

摘要：The utilization of photocatalysis technology for solar-driven water splitting is a highly promising approach to produce green hydrogen fuel. This renewable energy has significant promise for progressively replacing fossil fuels in the foreseeable future. In order to efficiently take advantage of endless natural energies and address the current scarcity of freshwater resources，the usage of saltwater sources has garnered significant interest and emerged as a promising solution in the water-splitting photocatalysis field for hydrogen generation. Nevertheless，the complex components in seawater that cause high photo-corrosions and the use restrictions on appropriate photocatalysts have resulted in a relatively low number of studies on hydrogen production from seawater splitting compared to those in pure water solutions. This review aims to provide a comprehensive understanding of the current advancements in photocatalytic seawater splitting. It focuses on various aspects，including seawater properties，thermodynamics- kinetics and fundamental mechanisms in photocatalytic seawater splitting，solar-driven conversion efficiency，state-of-the-art photocatalyst design，and the main factors affecting the photocatalytic seawater-splitting performance. Additionally，it summarizes the latest strategies for hydrogen production designed to solve the challenges and limitations associated with the overall seawater splitting reaction. This work provides an overview of the present status and future development of green fuels derived from photocatalytic seawater splitting.

一句话提炼：综述了光催化海水分解制氢的最新进展，包括海水特性、光催化分解海水的热力学—动力学机制、太阳能转换效率、催化剂设计及影响因素，并提出了克服相关挑战的策略。

[4] Lopes PAL，Campos RA，Mercante LA，et al. Nanohybrid of two-dimensional tellurium and metal sulfotelluride for solar-driven photocatalytic hydrogen production from seawater［J］. Materials Today Communications，2024，38：文献号：108085

摘要：The use of sunlight radiation to cause the dissociation of seawater has tremendous promise as a green method for hydrogen production. Herein，tellurides and sulfotellurides of cadmium and zinc and solid solutions like $CdxZn_{(1-x)}SyTe_{(1-y)}$ were synthesized by a coprecipitation method at room temperature. The prepared materials were tested as photocatalysts to produce H_2 from seawater using lactic acid as a sacrificial reagent assisted by a solar simulator. All photocatalysts were active for hydrogen production from seawater and artificial sunlight. The cadmium-free photocatalyst（ZnSTe）was the most active one with a hydrogen production rate of $378.85\mu mol \cdot g^{-1} \cdot h^{-1}$，followed by CdZnSTe（$374.7\mu mol \cdot g^{-1} \cdot h^{-1}$）. The low sulfur content profoundly changes the UV-vis absorption spectra of the sulfotellurides，improving photocatalytic activity. XPS and TEM analysis revealed that the ZnSTe is composed of elemental tellurium nanosheets decorated with nano amorphous ZnTe and cubic phase ZnO. Thus，the p-n heterojunction formation between the ZnTe and ZnO improves the separation and migration rates of photogenerated carrier pairs，improving the solar-driven H_2 production. Furthermore，the presence of 2D Te nanosheets dispersed in ZnSTe may contribute as support for charge transfer，which is essential in increasing photocatalytic activity.

一句话提炼：通过室温共沉淀法合成了镉和锌的碲化物及硫碲化物材料，用作光催化剂在人工光照下成功实现了从海水中产氢，其中无镉的 ZnSTe 表现出最高的产氢速率，归因于其形成的 p-n 异质结促进了光生载流子的分离和迁移。

[5] Li HX，Ahmed KW，Abdelsalam MA，et al. From seawater to hydrogen via direct photocatalytic vapor splitting：A review on device design and system integration [J]. Frontiers In Energy，2024，18（3）特刊：SI：291-307.

摘要：Solar-driven hydrogen production from seawater attracts great interest for its emerging role in decarbonizing global energy consumption. Given the complexity of natural seawater content，photocatalytic vapor splitting offers a low-cost and safe solution，but with a very low solar-to-hydrogen conversion efficiency. With a focus on cutting-edge photothermal-photocatalytic device design and system integration，the recent research advances on vapor splitting from seawater，as well as industrial implementations in the past decades were reviewed. In addition，the design strategies of the key processes were reviewed，including vapor temperature and pressure control during solar thermal vapor generation from seawater，capillary-fed vaporization with salt repellent，and direct photocatalytic vapor splitting for hydrogen production. Moreover，the existing laboratory-scale and industrial-scale systems，and the integration principles and remaining challenges in the future seawater-to-hydrogen technology were discussed.

一句话提炼：该综述重点关注了先进的光热—光催化装置设计与系统集成，并总结了近期在海水蒸汽裂解方面的研究进展及过去几十年来的工业实践，也回顾了关键工艺的设计策略，探讨了现有实验室规模和工业规模的系统，以及未来海水制氢技术的集成原则和面临的挑战。

7. 选择需要精读的文献（选择要详细阅读的文献并写出选择的理由）

[1] 万晶晶，张军，王友转，等.海水制氢技术发展现状与展望[J].世界科技研究与发展，2022，44（02）：172-184.

摘要：目前工业化制氢原料基本来自化石能源，碳达峰背景下，未来氢能利用需要寻求更为绿色便捷的来源和制取方式。以丰富的海水资源制备氢气,理论上极富前景。本文结合近年来国内外海水制氢的研发现状,分别总结了海水直接电解制氢和光解制氢的总体进展,并介绍了国内外海水淡化制氢的产业化开发情况,最后展望了海水制氢的未来发展前景。研究发现,海水直接制氢技术尚停留在技术研发与验证阶段,依然面临着很大挑战;海水间接制氢则仍需通过示范解决复杂生产流程中存在的问题。其未来发展取决于氢能发展对氢产量的需求、电力来源的成本和可行性以及技术可行性三个因素。未来氢能源如能实现广泛应用并带来氢需求规模的高度膨胀,且可再生能源并网供电及电力成本降低,海水制氢有可能迎来发展机遇。

来源数据库:中国知网

选择理由:这是被引次数最多的中文综述文献,方便全面了解海水制氢领域的研究进展。

[2] 北京理工大学. 一种利用太阳能光催化海水制氢联产淡水的装置及方法:北京市,CN118441285A[P]. 2024 - 08 - 06.

摘要:本发明提供一种利用太阳能光催化海水制氢联产淡水的装置及方法,该系统由半导体电极、海水换热腔、氢气连通腔、浓海水排出管、微孔疏水膜等部分组成;太阳光直射半导体电极与海水换热腔,半导体电极利用太阳光吸热升温同时进行光催化,产出氢气与氧气;海水换热腔内海水吸收太阳辐射能,同时与半导体电极进行换热升温,参与光催化反应后进行海水淡化,高温海水产生的水蒸气透过微孔疏水膜,在光催化产物氢气作为小分子气体的作用下加速向下方扩散并冷凝为淡水,下层海水吸收上层淡水的冷凝潜热后继续蒸发冷凝产出淡水,经过多级化设置可增加淡水产出,淡化后的高温浓盐水与系统内海水换热,实现海水余热回收,减少热量损失,提高系统能量利用率。

来源数据库:中国知网

选择理由:这是最新公开的一份专利文献,可及时了解相关技术领域的最新动态。

[3] Lee WH, Lee CW, Cha GD, et al. Floatable photocatalytic hydrogel nanocomposites for large-scale solar hydrogen production[J].Nature Nanotechnology, 2023,18(7):754 -

摘要:Storing solar energy in chemical bonds aided by heterogeneous photocatalysis is desirable for sustainable energy conversion. Despite recent progress in designing highly active photocatalysts, inefficient solar energy and mass transfer, the instability of catalysts and reverse reactions impede their practical large-scale applications. Here we tackle these challenges by designing a floatable photocatalytic platform constructed from porous elastomer-hydrogel nanocomposites. The nanocomposites at the air-water interface feature efficient light delivery，facile supply of water and instantaneous gas separation. Consequently，a high hydrogen evolution rate of 163 mmol $\cdot$ h^{-1} $\cdot$ m^{-2} can be achieved using Pt/TiO$_2$ cryoaerogel，even without forced convection. When fabricated in an area of 1 m^2 and incorporated with economically feasible single-atom Cu/TiO$_2$ photocatalysts，the nanocomposites produce 79.2 ml of hydrogen per day under natural sunlight. Furthermore，long-term stable hydrogen production in seawater and highly turbid water and photoreforming of polyethylene terephthalate demonstrate the potential of the nanocomposites as a commercially viable photocatalytic system. Floatable hydrogel nanocomposites，with facile intercalation of various photocatalysts，effectively produce hydrogen. The easily scalable nature of the nanocomposites demonstrates the practical application of this new type of photocatalytic platform.

来源数据库：SCIE

选择理由：近两年来被引次数最多、发表于高影响力期刊 Nature Nanotechnology 的论文，报道了一种凝胶纳米复合材料通过有效掺入多种光催化剂实现了高效的氢气生产以及未来的实际应用潜力，文献内容符合本次检索的要求。

8. 检索总结（检索过程中遇到的问题、解决办法和感想等）

我们首先对检索课题进行了调研和分析，检索课题主要涉及自然科学中的化学、材料科学等学科范畴。检索课题本身包含三个概念，即光解、海水和制氢，三者之间是"逻辑与"的关系。

然后在此基础上查找每个概念的同义词，如光解和光催化，海水和浓盐水，制氢和产氢在本例中具有相近含义。为了构建英文检索式，我们还需要查找英文同义词，并且要注意英文中会存在词形变化，如光催化或光催化剂有名词 photocatalysis 和 photocatalyst、形容词 photocatalytic 等，经过上述分析，我们可以总结并构建出通用检索式。

关于文献类型和字段选择：检索时为了查全一般默认需要检索数据库的全部文献类型；字段建议选择主题字段，若没有主题字段则选择篇名、摘要、关键词字段。

关于数据库选择，需要根据检索课题涉及的学科和实际情况来判断。本课题属于化学材料类的自然科学类，所以在 Web of Science 数据库的子库 SCIE 和 SSCI 中选择了科学引文索引 SCIE，同时因为该检索主题涉及工程技术，还会选择在中外专利数据库中进行文献检索。

最后，在所选择的数据库中，将确定的通用检索式转换为符合数据库规则的检索策略进行检索。如果检索结果中出现了不相关的文献，可以通过以下方法解决：

（1）中文检索结果中出现一些生物传感分析技术会议类文献，因为这些会议论文的篇关摘中提及光敏剂也可用于光催化有机合成、光催化制氢、光催化降解等所以被检索命中，可以通过限定文献类型或排除不合适主题等方式，来精炼检索结果；

（2）英文检索结果中出现了一些关于海水光催化制备过氧化氢的文献，要仔细阅读文献进行人工筛选。

总之，"纸上得来终觉浅，绝知此事要躬行"，检索是一个学习、试错、总结、改进的循序渐进的过程。

附录 2 基本术语一览

附录 *3* 检索工具推荐

外文：

1. SciFinder

CAS SciFinder 是美国化学文摘社（CAS）出品的权威的化学及相关学科智能研究平台，提供全球全面、可靠的化学及相关学科研究信息和分析工具。

CAS ✦ SciFinder

https://scifinder-n.cas.org

2. Reaxys

Reaxys 数据库由爱思唯尔（Elsevier）公司出品，是内容丰富的化学数值与事实数据库，为 CrossFire Beilstein/Gmelin 的升级产品，是一个专为帮助研究者更有效地设计化合物合成路线而设计的新型工具。

Reaxys°

https://www.reaxys.com

3. ScienceDirect

ScienceDirect 系统是世界著名学术期刊出版商荷兰 Elsevier 公司的核心产品，提供自然科学与工程、生命科学、健康科学以及社会科学与人文科学等四大学科领域高质量资源。

ScienceDirect°

https://www.sciencedirect.com

4. Scopus

Scopus 数据库是 Elsevier 公司科研管理解决方案的重要产品之一，是全球最大的同行评议文献摘要与引文数据库。

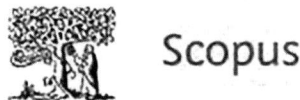

Scopus

https://www.scopus.com

5. Web of Science

Web of Science 是 Clarivate Analytics（科睿唯安）公司开发的科研信息检索平台，该平台将 Web of ScienceTM 核心合集与多个区域性引文索引、专利数据、专业领域的索引以及研究数据引文索引连接起来，并基于引文数据开发了相关的科研和期刊评价工具，能够满足用户所需检索和分析的数据广度。

Web of Science™

https://www.webofscience.com

6. EI

《工程索引》(The Engineering Index)是由美国工程师学会联合会于 1884 年创办,是供查阅工程技术领域文献的综合性情报检索刊物,简称 EI,在全球的学术界、工程界、信息界中享有盛誉,是科技界共同认可的重要检索工具。

https://www.engineeringvillage.com

7. ProQuest(PQDT)

PQDT 学位论文全文数据库是目前国内最完备、高质量、提供国外大学(北美地区为主)优秀博硕士论文全文的数据库,覆盖了大部分北美地区高等院校以及世界其他地区数千个高等院校每年获得通过的博硕士论文。

https://www.pqdtcn.com

8. PubMed

PubMed(PubMed = Public + Medicine)是由美国国立医学图书馆(NLM)附属美国国家生物技术信息中心(NCBI)开发研制的基于 Web 的医学文献检索系统,该系统具有强大的检索和链接功能,是目前世界上查找医学文献利用率最高的免费文摘型数据库。

http://www.ncbi.nlm.nih.gov/pubmed

9. DOAJ(Directory of Open Access Journals)

DOAJ(Directory of Open Access Journals,开放获取期刊目录)是由瑞典兰德(Lund)大学图书馆创建和维护的开放获取期刊目录。该目录涵盖了免费的、可获取全文的、高质量的、同行评审学术期刊。

https://doaj.org/

10. OALIB(Open Access Library)

开放存取资源图书馆,致力于为学术研究者提供全面、及时、优质的免费阅读科技论文,同时也作为一个开源论文的发布平台,为更多的优质论文提供第一时间发布的机会。

https://www.oalib.com

中文

1. 中国知网

CNKI 总库囊括了多种文献资源，通过跨库检索和知网节关联功能，为读者提供一站式的文献检索与信息获取服务。

https://www.cnki.net

2. 万方

万方数据知识服务平台整合数亿条全球优质知识资源，实现海量学术文献统一发现及分析，支持多维度组合检索。

https://wanfangdata.com.cn

3. 维普

维普资讯有限公司推出的中文学术期刊大数据服务平台，是中文学术期刊最重要的传播与服务平台之一。

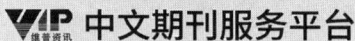

https://qikan.cqvip.com

4. 国家哲学社会科学文献中心

世界上文献量最大的中文哲学社会科学开放获取平台，立足全国、面向世界提供公益服务。

https://www.ncpssd.cn

5. 全国图书馆参考咨询联盟

由广东省立中山图书馆牵头，面向全社会、免费服务、高效快捷的文献资源服务平台。支持网络表单咨询、文献咨询、实时在线咨询、电话咨询等多种方式。

http://www.ucdrs.cn

6. NSTL 国家科技图书文献中心

面向全国的国家科技文献保障基地，文献服务是NSTL 的一个主要服务项目。非注册用户可以免费获得除全文提供以外的各项服务，注册用户同时可以获得全文提供服务。

https://www.nstl.gov.cn

参考文献

[1] 图书馆·情报与文献学名词审定委员会. 图书馆·情报与文献学名词[M]. 北京:科学出版社,2019.

[2] 管理科学技术名词审定委员会. 管理科学技术名词[M]. 北京:科学出版社,2016.

[3] 经济学名词审定委员会. 经济学名词[M]. 北京:科学出版社,2020:4.

[4] 中华人民共和国国家质量监督检验检疫总局,中国国家标准化管理委员会. 信息与文献参考文献著录规则:GB/T 7714－2015[S]. 2015－05－15.

[5] 中国科学技术情报研究所. 文献类型与文献载体代码:GB/T 3469－1983[S]. 1983－01－29.

[6] 吉久明,孙济庆. 文献检索与知识发现指南[M]. 上海:华东理工大学出版社,2010.

[7] 吉久明,孙济庆. 文献检索与知识发现指南[M]. 2版. 上海:华东理工大学出版社,2013.

[8] 吉久明,孙济庆. 文献检索与知识发现指南[M]. 3版. 上海:华东理工大学出版社,2018.

[9] 孙济庆,高祀亮,王雅琼,等. 新编化学化工信息检索[M]. 3版. 上海:华东理工大学出版社,2010.

[10] 潘燕桃,肖鹏. 信息素养通识教程[M]. 北京:高等教育出版社,2019.

[11] 任福兵. 导向式文献检索实用教程[M]. 上海:华东师范大学出版社,2014.

[12] 沙勇忠,牛春华. 信息分析[M]. 北京:科学出版社,2016.

[13] 解学梅,余生辉,吴永慧. 国外创新生态系统研究热点与演进脉络——基于科学知识图谱视角[J]. 科学学与科学技术管理,2020,41(10):20－42.

[14] 吉久明,孙济庆. 文献检索与知识发现指南[M]. 4版. 上海:华东理工大学出版社,2022.

[15] 联合国教科文组织(UNESCO). 人工智能与教育:政策制定者指南[EB/OL]. [2024－08－01]. https://unesdoc.unesco.org/ark:/48223/pf0000378648.

[16] 科技部监督司. 负责任研究行为规范指引(2023)[EB/OL]. [2023－12－21]. https://www.most.gov.cn/kjbgz/202312/W020231221582942330036.pdf.

[17] LONG D,MAGERKO B. What is AI literacy? competencies and design considerations[C]. Proceedings of the 2020 CHI conference on human factors in computing systems. Honolulu HI USA:ACM,2020:1－16.

［18］黄如花，石乐怡，吴应强，等. 全球视野下我国人工智能素养教育内容框架的构建［J］. 图书情报知识，2024，41（3）：27-37.

［19］教育部社会科学委员会学风建设委员会.高校人文社会科学学术规范指南［M］. 北京：高等教育出版社，2009.

［20］教育部科学技术委员会学风建设委员会.高等学校科学技术学术规范指南［M］.北京：中国人民大学出版社，2017.

［21］王福，刘俊华，刘艳秋.管理类论文写作与学术规范［M］.北京：化学工业出版社，2023.

［22］教育部. 关于印发教育部社会科学委员会《高等学校哲学社会科学研究学术规范（试行）》的通知［EB/OL］.（2004-8-16）［2024-8-21］.http：//www.moe.gov.cn/srcsite/A13/moe_2557/s3103/200408/t20040816_80540.html.

［23］中国科学技术信息研究所等. 学术出版中 AIGC 使用边界指南［EB/OL］.［2023-9-22］.https：//www.istic.ac.cn/html/1/245/1701698014446298352.html.